DuMont Schnellkurs

# HINDUISMUS



Werner Scholz, geb. 1964, studierte Indologie, Philosophie, Germanistik und Pädagogik und promovierte mit einer Arbeit über Arthur Schopenhauer. Zahlreiche Reisen führten ihn in den Nahen und Fernen Osten, über ein Jahr lang lebte er in Nordindien und Benares. Gegenwärtig arbeitet er als freier Journalist und Fotodesigner.

DuMont Schnellkurs

# HINDUISMUS

Werner Scholz

DUMONT

# Impressum

**Umschlagvorderseite von links nach rechts und von oben nach unten:**
Aum (Om) – die mystische Silbe, geschrieben in Sanskrit / Krishna spricht vor der Schlacht mit Arjuna über die Unvergänglichkeit des wahren Selbst, Gita-Handschrift des 19. Jh. (British Museum, London) / Zwei der sieben Haupt-Chakras des Menschen / Mahatma Ghandi im August 1934 nach Beginn seines Hungerstreikes / Sitar-Spieler / Lakshmi, Gemahlin Vishnus und Göttin der weiblichen Schönheit, der Freigebigkeit, des Glücks und Erfolgs

**Umschlagrückseite:**
Der sechsköpfige Kartikeya, ein Sohn Shivas, auf seinem Gefährt, dem Pfau, Skulptur des 1509 errichteten Shri-Ekambareshvara-Tempels im südindischen Kanchipuram

**Frontispiz:** Shiva mit Dreizack, Kobra und seinem Reittier, dem Stier »Nandi« – ein Poster, wie es überall in Indien verbreitet ist

Originalausgabe

2. Auflage 2003

Druck und buchbinderische Verarbeitung: Editoriale Lloyd

Printed in Italy ISBN 3-8321-5332-2

# Inhalt

# Inhalt

## SHIVA UND SEINE GEFOLGSCHAFT



## TANTRA UND DIE TANTRIKER



## HEILIGE ORTE, FLÜSSE, BERGE, BÄUME UND PFLANZEN



## DER MODERNE HINDUISMUS



## DAS LEBEN IM HINDUISMUS

# Vorwort

Ohne Zweifel ist es ein überaus problematisches Unterfangen, den Hinduismus in Form eines ›Schnellkurses‹ darzustellen. Gewöhnlich bezeichnen wir den Hinduismus schlicht als Religion, wobei unsere Vorstellung von Religion geprägt ist durch den Begriff des Glaubens, durch die christliche Tradition – und genau mit dieser ist der Hinduismus ganz und gar nicht vergleichbar. Die Geisteswelt der Hindus ist weit mehr als nur Religion im westlichen Sinn. Der Hinduismus ist eine Lebensweise, eine Kultur, die in der Vielfalt ihrer Erscheinungsformen bildlich gesprochen geradezu den Eindruck eines offenen Ozeans erweckt. Schwer ist es zu definieren, was Hinduismus überhaupt ist. Schließlich gibt es gar keine einheitliche religiöse Lehre. Auch gibt es nicht die eine Hinduphilosophie, sondern völlig unterschiedliche philosophische Richtungen, wobei Religion und Philosophie in Indien kaum von einander zu trennen sind. Der Hinduismus kennt keine Kirche, kein Religionsoberhaupt wie den Papst, stattdessen begegnen wir verschiedenen Sekten. Noch größer wird also unser Verwirrspiel, wenn wir an die vielen Gurus, Svamis und Yogis denken, an Begriffe wie Tantra oder an die lebendige Mythologie der Hindus. Und dann wäre da noch das Kastensystem ... Das alles lässt die Geisteswelt der Hindus für den westlichen Betrachter nicht nur als farbenprächtig und faszinierend, sondern auch als geradezu unbegreiflich erscheinen.

Klar ist, dass ein Schnellkurs Hinduismus dem interessierten Laien lediglich einen kurzen informativen Überblick bieten kann. Der Einfachheit halber habe ich auf die für Indologen gebräuchliche Umschrift der Sanskritbegriffe verzichtet. Durch zusätzliche Punkte und Striche wird ein einführender Text nicht unbedingt lesbarer und verständlicher. Experten mögen mir verzeihen. Verwendet habe ich die internationale Schreibweise. Dabei ist sh zu lesen als sch und v ist ein deutsches w. Zitate werden mit »...« eingefasst. Übersetzungen und Interpretationen in den Zeichen ›...‹.

Werner Scholz

Weder hat der Hinduismus einen Religionsstifter, noch kennt er einen einheitlichen und unveränderlichen Kanon an Texten. Schon im Rigveda, dem ältesten Zeugnis indischer Literatur, heißt es: *ekam sat vipra bahudha vadanti,* »die Wahrheit ist eine, aber die Weisen nennen sie unter verschiedenen Namen.« Relativität und Pluralität sind Grundzüge des Hinduismus. So schwierig es ist, die komplexe Geisteswelt der Hindus erfassen zu wollen, so einfach ist es – wenn auch mit kleinen Einschränkungen – einen ganz entscheidenden gemeinsamen Nenner der Hindusekten, ja, der indischen Religionen überhaupt zu finden: Es gibt keinen Anfang und kein Ende, das Weltwerden ist zyklisch. Welten entstehen und vergehen, ewig ist der Daseinskreislauf, *samsara,* ›die Wanderung‹, die sich in unermesslichen Zeitdimensionen abspielt. Die Bühne des Geschehens, sei es die physische Welt oder auch die Welt geistiger Sphären, ist nur ein endloses Spiel der Wandelbarkeit und Vergänglichkeit all dessen, was wir je für bedeutsam halten. Wir täuschen uns gemäß hinduistischem Denken, wenn wir glauben, die Welt in der wir leben sei die wahre Realität. Doch unser Festhalten am materiellen Geschehen nimmt uns gefangen und verhindert die eigentliche spirituelle Befreiung *(moksha),* die zu vergleichen ist mit dem Erwachen der Buddhisten *(buddh* = ›Erwachen‹). Durch unser Handeln *(karma)* bestimmen wir unser Schicksal, unseren Weg durch eine schier endlose Folge von Wiedergeburten.

Es sind unzählbare Wesen, die in verschiedenen Lebensformen existieren und das Universum bevölkern, seien es Götter, Menschen oder auch Tiere. Wesen können je nach Entwicklung und Karma in den unterschiedlichsten Erscheinungsweisen wiederverkörpert werden. Aus diesen Gedanken erwächst eine Ethik, welche die Tierwelt nicht etwa essentiell, sondern nur graduell von der des Menschen unterscheidet. *Ahimsha,* das ›Nicht-Verletzen‹, ist ein religiöses Gebot, das daher auch die Tierwelt umfasst. Gewaltverzicht gilt als der Eckstein traditioneller indischer Ethik.

Ein Dhaba – solche vegetarischen Restaurants wie dieses in Delhi sind immer gut besucht

Für den Yogi oder Brahmanen etwa ist Ahimsha – der Verzicht auf Gewalt, Verletzen oder Töten – höchstes Gebot. Es gilt, den Kreaturen kein Leid zuzufügen.

Vor dem religiösen Hintergrund einer Ethik des Nicht-Verletzens ist auch der Fleischverzehr in Indien eher unüblich. Vegetarische Kost ist die Norm. An vielen kleinen Restaurants findet man heutzutage den Hinweis »vegetarian food only« oder auch »pure vegetarian«.

Allerdings gab es in Indien sehr wohl Zeiten, in denen allgemein Fleisch verzehrt wurde und in denen die Brahmanen-Priester an Tieropfern nicht sparten. Das war die Epoche der vedischen Religion, einer Vorform des heutigen Hinduismus, die mit dem 5. Jh. v. u. Z. ausklang. Besonders Gautama Buddha (ca. 563–483 v. u. Z.) war ein scharfer Gegner der damaligen Opferpraxis. So hat vor allem das Aufkommen des Buddhismus in Indien diese Praxis nahezu verschwinden lassen. Auch Mahavira, ›der große Held‹, Zeitgenosse Buddhas und Begründer der Jaina-Religion, war ein entschlossener Gegner der damaligen Tieropferzeremonien. Was den Tierschutz anbelangt, so ist der Jainismus konsequent: Wer einen Jain-Tempel betritt, der muss zuvor alle Bekleidungsstücke aus Leder ablegen. Im heutigen Hinduismus sind rituelle Tieropfer eine auf Bengalen beschränkte Seltenheit. Die Göttin Kali, ›die Schwarze‹, wird dort verehrt. Wie es heißt, sei sie überaus blutdurstig. Am Kali-Tempel in Kalkutta wer-

unter pakistanischer Verwaltung
unter chinesisch
Verwaltung
AFGHANISTAN
PAKISTAN
Indus
Srinagar
Jammu & Kashmir
Jammu
Dharamsala
Amritsar
Himachal Pradesh
Chandigarh
Shimla
Badrinath
Punjab & Haryana
Haridwar
Delhi
Uttar Pradesh
Rajastan
Mathura
Ganges
Jaipur
Agra
Pushkar
Ajmer
Yamuna
Allahabad
Udaipur
Khajurah
Gandhinagar
Bhopal
Ujjain
Dwarka
Gujarat
Madhya Pradesh
Nasik
Maharashtra
Bombay
Poona
Godawari
Hyderabad
Krishna-Fluss
Panaji
Goa
Andhra Pradesh
Karnataka
Bangalore
Mysore
Srirangam
Kanchipur
Arabisches Meer
Tamil Nadu
Kerala
Madurai
Rameswaram
Trivandrum
N
0
300 km
SRI LA

CHINA
a
j
a
Katmandu
Sikkim
Gangtok
BHUTAN
Arunachal Pradesh
Itanagar
Brahmaputra
Nagaland
Kohima
Guwahati
Assam
Shillong
Meghalaya
Imphal
Manipur
Patna
BANGLADESH
enares
Gaya
Bihar
Bodhgaya
n
Hooghly
Agartala
Tripura
Auzawl
Mizoram
Ganges
Kalkutta
West Bengalen
MYANMAR [BURMA]
Bhubaneswar
Orissa
Puri
Golf von Bengalen

An diesem Kali-Tempel in Kalkutta werden Ziegen geschlachtet

den noch heute Ziegen geschlachtet. (Der Name Kalkutta bzw. *kali-kutta* ist Bengalisch und heißt ›Festung der Kali‹.)
Jeder Geburt, *jati,* folgen unausweichlich das Sterben und der Tod. *Shiva,* der kosmische Zerstörer – der für seine Anhänger freilich weit mehr ist als nur Zerstörer –, tanzt seinen Tanz, solange die Welt besteht. In der heiligen Stadt Benares, der Stadt Shivas, sagt man, die Flammen, mit denen dort die Toten am berühmten Manikarnika-Ghat verbrannt werden, brennen endlos. Alle Freuden unseres Lebens werden durch die Vergänglichkeit zunichte gemacht. »Alter, Krankheit und Tod«, so lehrte schon Gautama Buddha, sind unausweichliche Eigenheiten des Daseins. Der Gedanke, das Leben sei etwas wesentlich Leidvolles, aus dem jedoch eine innere Befreiung möglich ist, stellt keine Eigenheit des Buddhismus dar. Dieser Gedanke ist gleichermaßen in der Hindu-Philosophie zu finden.

Wer dieses Spiel des endlosen Werdens und Vergehens im Kreislauf des Samsara durchschaut, der sehnt sich nach Befreiung, nach Selbsterkenntnis. Er stellt sich die Frage nach dem Warum des Daseins. Wer oder was sind wir selbst? Was ist das Ewige, das Unsterbliche?

Die dazugehörige Antwort liegt, so die Vedanta-Philosophie der Hindus, tief verborgen in uns, und zwar so tief, dass wir uns dessen gewöhnlich überhaupt nicht bewusst sind. Mit der Frage nach dem Warum und der Thematik der Befreiung aus dem Daseinskreislauf und der Selbsterkenntnis sind wir bei einem für den Hinduismus bedeutenden Begriff angelangt, dem *sadhana.*

Sadhana ist aus dem Sanskrit-Wort *sadh,* ›zum Ziel gelangen‹, abgeleitet, und lässt sich mit ›Realisation‹ oder ›Verwirklichung‹ übersetzen. Damit sind die spirituellen Praktiken und die dazugehörigen gedanklichen religionsphilosophischen und metaphysischen

Systeme bezeichnet. Meditation, der Gebrauch von Mantras, Yoga-Techniken, kurz alles was der Befreiung aus dem Verhaftet-Sein im Materiellen und der Erlangung eines gehobenen und spirituellen Bewusstseins dienlich ist, bedeutet Sadhana. Dazu gehört auch die Verehrung eines *ishta-devata*, eines ›erwählten Ideals‹ bzw. einer Gottheit. Für den Anhänger eines spirituellen Weges gehört es sich unbedingt, nur ein einziges Ideal zu verehren. Daher ist etwa für einen Shiva-Anhänger Vishnu belanglos und umgekehrt.

Die vielen Sadhanas der Hindus weichen hinsichtlich ihrer Inhalte und Methoden stark voneinander ab. Womit auch an dieser Stelle erneut deutlich wird, dass der Hinduismus insgesamt mehr ist als nur *eine* Religion. Sadhana ist dasjenige Element des Hinduismus, welches in den vergangenen Jahrzehnten vor allem bei vielen jungen Menschen unseres eigenen Kulturkreises ein besonderes Interesse geweckt hat. Sadhana ist spirituelle Praxis, nicht Glaube!

Europäisches Denken kennt die Begriffe von Gott und Gebot, von Sünde und Vergebung, damit auch die Vorstellungen von Gut und Böse, und zwar in einem absoluten und allgemeingültigen Sinn. Nicht aber der

Zu einer guten vegetarischen Ernährung gehören viel Milch und Joghurt. Auf Hindi heißt ein solcher Joghurt-Händler Dahi-Wallah. Joghurt gehört in Indien zu den Speisen, die ein Ausländer bedenkenlos kaufen und genießen kann

**Wo beginnt der Orient?**
Wir sind es gewöhnt, eine Trennlinie zwischen ›Orient‹ und ›Okzident‹ bzw. dem Westen, zu ziehen. Dabei beginnt diese Trennlinie mit dem islamischen Kulturraum. Die Türkei ist schon ein ›orientalisches‹ Land, und der Iran wird – seitdem islamische Mullahs die Macht ausüben und antiamerikanische Positionen beziehen – als Gegenpol zur westlichen Kultur gesehen. Die Trennlinie zwischen Islam und Christentum ist historisch begründet, da zwischen beiden monotheistischen Religionen Feindseligkeiten bestanden (und z. T. noch immer bestehen). Bei genauerer Betrachtung wird aber deutlich, dass die gebräuchliche Definition von ›östlich‹ und ›westlich‹ unzureichend ist. Islam, Judentum und Christentum schöpfen aus gemeinsamen Quellen und sind sich bei aller Verschiedenheit in den grundlegenden Glaubensfragen ähnlich. Die tatsächliche Grenzlinie zwischen den Kulturräumen des Westens und des Ostens verläuft jenseits der islamischen Welt, wobei die Religionen östlich des Hindukusch wie Hinduismus, Jainismus, Buddhismus, Konfuzianis-

Hinduismus. Karma und Wiedergeburt sind hier entscheidend, d. h. Egoismus und Festhalten an der personalen Identität treiben das ›Rad der Wiedergeburten‹ an. Der ›Illusion‹ einer solchen Identität stehen die spirituelle Erkenntnis durch Loslösung vom Ego gegenüber.

Spricht man im Hinduismus von der Quelle einer Moralität, so ist es nicht der Wille eines persönlichen Gottes, sondern eine unpersönliche und universelle Macht, die als dem Universum immanentes Prinzip wirkt. In den Veden, den ›heiligen Wahrheiten‹, auf die der Hinduismus aufbaut, ist es *rita,* das Weltgesetz, und im späteren Hinduismus das Karmagesetz, das unabänderliche Gesetz von Ursache und Wirkung.

Die Vorstellungen davon, was Gut und Böse zu sein vermögen, können von Mensch zu Mensch, von einer gesellschaftlichen Position und Aufgabe zur anderen durchaus variieren. Damit kommen wir zu einem weiteren grundlegenden Begriff des Hinduismus, dem *dharma.* Das Wort Dharma lässt sich mit ›Gesetz‹, ›Lehre‹, ›Sitte‹ oder ›Ordnung‹ übersetzen. Auch die Übersetzung ›Religion‹ ist geläufig, aber dennoch unzureichend. Die Hindus nennen ihre Kultur (der Begriff ›Religion‹ ist zu eng) *sanatana dharma,* was oftmals als ›ewige Religion‹ ins Deutsche übertragen wird, doch ›ewige Weltordnung‹ käme der eigentlichen Bedeutung näher. Der Hinduismus ist vereinfacht gesagt eine Kultur, die ihrem geläufigen Selbstverständnis entsprechend die kosmische Ordnung abbildet, und zwar wie sie durch die vedischen Offenbarungen dargelegt ist. Das Dharma als Weltordnung ist unumgänglich. Hier gibt es keine Gnade oder Vergebung. Gegenüber dem Sadhana bedeutet Dharma die Summe der sittlichen, rechtlichen, sozialen und moralischen Regeln, die das Leben des Einzelnen und der Gesellschaft beherrschen. Zum Dharma zählt nicht nur die Summe der religiösen Opfer, Feierlichkeiten und Zeremonien, die *samskaras,* die zu den jeweiligen Lebensabschnitten gehören, auch die Ordnung der vier Kasten ist Teil des Dharma. Für den Einzelnen gestaltet sich das Dharma als *svadharma*, ›Eigengesetz‹, als die ganz individuelle Rolle, die ihm zukommt.

Eben auf das Svadharma hat er seine Aufmerksamkeit zu richten. In der berühmten *Bhagavad Gita*, dem ›Evangelium der Hindus‹, heißt es, es sei besser, die eigene Aufgabe, die eigene Rolle in der Gesellschaft, das Svadharma, fehlerhaft zu erfüllen, als dass das Svadharma eines anderen perfekt erfüllt werde (III, 35). Über die vier Kasten heißt es in der Bhagavad Gita:

»*Das Handeln der Brahmanen, Kshatriyas und Vaishyas und auch das der Shudras … unterscheidet sich je nach Eigenschaft ihrer inneren Natur.*

*Weisheit, Selbstbeherrschung, Friedfertigkeit, Reinheit, Aufrichtigkeit und Wissen bilden die Pflichten eines Brahmanen, entsprechend seiner Natur.*

*Heldenhaftigkeit, Kraft und Ausdauer; nicht zu fliehen, auch nicht in der Schlacht, Großzügigkeit und Führungsqualitäten, dies sind die Pflichten eines Kshatriyas gemäß seiner Natur.*

*Ackerbau, Viehzucht und Handel sind die Aufgaben eines Vaishyas. Aufgabe der Shudras ist es, niedere Dienste zu verrichten.*« (XVIII, 4144)

Dharma sollte nicht mit Moral im christlichen Verständnis verwechselt werden. Auch mit Gut oder Böse im uns vertrauten Sinn hat das Dharma an sich nichts zu tun. Zwar ist das ›Nicht-Verletzen‹ ein bedeutender Aspekt der hinduistischen Ethik, aber das Svadharma eines Kshatriyas, d. h. eines Kriegers, ist der Kampf, so erklärt Krishna dem Arjuna in der Bhagavad Gita. Er solle nicht zögern, in der Schlacht seine Pflicht des Tötens zu üben – auch gegenüber seinen eigenen Verwandten! Das Svadharma des Brahmanen ist diametral entgegengesetzt. Seine Pflicht ist es, *nicht* zu töten und sich nach Erfüllung familiärer Pflichten weltlicher Dinge möglichst zu enthalten, um sich ausschließlich religiösen Themen widmen zu können.

Gefährdet wird die Ordnung, so heißt es, durch Begierde *(kama)*, Geiz *(lobha)*, Zorn *(krodha)* oder

mus, Taoismus und Schintoismus Gemeinsamkeiten aufweisen, die sie deutlich von Judentum, Christentum und Islam unterscheiden.

Auch das ist Dharma: Seit Generationen arbeiten die Steinmetze von Puri in Orissa an ihren Skulpturen

auch Angst *(bhaya)*. Jeder ist an das Dharma gebunden. Dieser Bindung schaden persönliche Affekte. Im negativen Sinn ist ›Begierde‹ hinduistisch gesehen allerdings eher allgemein als ein egoistisches Verlangen zu verstehen, aber nicht vordergründig als Liebesfreude, wie es in der christlichen Tradition üblich ist. Zudem ist Sexualität im Hinduismus nicht mit Sünde gleichgesetzt. Eine ›Erbsünde‹ gibt es dort nicht. Der Begriff Kama ist beispielhaft für die Vielfalt hinduistischer Denkweisen. Im Rigveda z. B. ist Kama der Wille des Absoluten, sich zu manifestieren. Kama ist zugleich auch ein Liebesgott: *Kama-Deva*. Gäbe es die Liebe nicht, so gäbe es auch kein Dharma. Liebe oder Kama kann selbstsüchtig oder selbstlos sein.

Das Dharma ist um seiner selbst willen zu erfüllen. Was der Europäer heute als Selbstbestimmtheit und Freiheit auffasst und als kulturellen Wert versteht, spielt im Hinduismus traditionsgemäß eine wenig bedeutsame Rolle. Jeder ist Teil des Gesamten. Individualismus ist in Indien längst nicht so verbreitet wie im Westen.

Die gesamte klassische Hindu-Literatur kennt keine ethischen Grundsätze und sittlichen Anweisungen, die sich auf ›den Menschen‹ schlechthin beziehen. Das Dharma teilt Verhaltensweisen dahingehend ein, ob sie für bestimmte Personen in bestimmten Situationen förderlich *(hita)* oder nicht förderlich *(ahita)* sind. Wie der oder die Einzelne mit dem Gesetz von Ursache und Wirkung umgeht, das ist stets Sache seines oder ihres ganz persönlichen Karmas. Diese Denkweise entspricht einem gesellschaftlichen Nebeneinander und Zusammenwirken verschiedener Wertvorstellungen.

Der auch im Westen bekannte Yogi Vivekananda hat einmal erklärt, wir seien keine ›Sünder‹. Unser tatsächliches Selbst sei identisch mit dem Absoluten, so dass es darum gehe, uns unserer göttlichen Natur bewusst zu werden. Das Christentum sei hingegen die Religion des Sündenbewusstseins, während das Bewusstsein, das Absolute zu sein, Stärke verliehe. Aber dennoch: Zahllose Hindu-Pilger, zumeist einfache Menschen, denen die Philosophie eines Vivekananda unbekannt ist, sind Jahr für Jahr unterwegs zu den heiligen Orten und Flüssen, um sich ihrer ›Sünden‹ zu entledigen.

Ein Bad im Ganges reinigt – so die weitverbreitete Volksfrömmigkeit – von schlechtem Karma. *Hita* und *ahita* – das Wohltätige, Glückbereitendc und Förderliche gegenüber dem Schädlichen und Unglückbringenden, kennt der Hinduismus sehr wohl. *Sukha* versus *asukha,* Glück gegen Unglück sind durchaus moralische Kategorien, die allerdings niemals in einem absoluten Sinn gebracht werden, wie es in der europäischen Tradition üblich ist. Doch trotz aller Unterschiede der Kulturen: Hindus verhalten sich allgemein nicht mehr oder weniger moralisch oder unmoralisch als Christen, Buddhisten oder Moslems.

Dörfliche Lebensformen prägen noch heute das Leben der meisten Hindus. Diese Aufnahme stammt aus Süd-Rajastan

Weil der Hinduismus von seinem Selbstverständnis her das Abbild kosmischer Ordnung ist, versteht es sich für die meisten Hindus fast von selbst, dass die Geburt in einem ganz bestimmten sozialen Umfeld ebenfalls Teil dieser Weltordnung ist. Wer in einer bestimmten sozialen Schicht bzw. Kaste geboren ist, der hat die Umstände seiner Geburt verdient. Kein Wunder also, dass diejenigen, welche in sozial unterprivilegierten Schichten geboren waren und sind, nicht selten von anderen gnadenlos ausgenutzt wurden und werden. Der Alltag im Hinduismus ist oft genug hart, man möchte mit kritischer Stimme sagen *zu hart,* um die Lebenswelt des indischen Subkontinents pauschal zu idealisieren, wie es oft von Anhängern neo-hinduistischer Richtungen und umstrittener Gurus getan wird. Die Spiritualität des Hinduismus erweckt bei vielen westlichen Menschen den Eindruck einer außerordentlichen Freiheit und Tiefe, die sie womöglich in ihrer eigenen Religion vermissen.

In der Tat: In der vielfältigen Geisteswelt des Hinduismus existieren spirituelle Freiheiten und Lebensformen, die im christlichen Europa schlichtweg unmöglich wären. Dennoch ist hier Vorsicht geboten: Hindus sind bei aller Vielfalt der Kultur überaus tradi-

Diese Pilger nehmen in Haridwar, wo der Ganges in das Flachland strömt, ein Bad im Fluss

tionsbewusste Menschen. Viele Freiheiten, die sich das Individuum in westlichen Gesellschaften erlauben kann, sind in der Welt des Hinduismus einfach undenkbar. Das gilt besonders für die Bereiche Sexualität, Partnerschaft und Ehe. Noch heute ist beispielsweise die Rolle der Frau in Indien zumeist eine völlig andere als im Westen. Der Kreis innerhalb dessen sich das Leben eines Menschen abzuspielen vermag, ist daher in Indien für Abermillionen von Menschen unvergleichlich enger gefasst als in Europa. Das Leben in der durch den Hinduismus geprägten Gesellschaft ist heutzutage vielleicht entschieden strenger reglementiert als es etwa vor 1500 oder 2000 Jahren einmal der Fall war. So sehr der Hinduismus mehr ist als nur Religion, und so sehr im Westen Ganzheitlichkeit ein Modewort geworden ist, so sehr fordert diese in Indien ihren Preis: Alles Geschehen spielt sich in einem Rahmen ab, der durch die Tradition abgesteckt ist.

Die hinduistische Kultur ist bei allem Unterschied zum Westen eine Hochkultur, die neben ihrer tiefen Spiritualität auch eine Vielzahl von Leistungen auf den Gebieten anderer Wissenschaften aufzuweisen hat. Wer von uns weiß, dass wir beispielsweise die Zahl

Null den Indern verdanken? Beachtlich sind u. a. auch die Leistungen auf dem Gebiet der Naturheilkunde. Zudem kennt auch der Hinduismus eine analytische und streng rationale Form der Philosophie. Die Logik philosophischer hinduistischer Schulen ist ebenso streng wie die diverser westlicher Philosophen. Hindus sind sich der Größe ihrer eigenen Kultur durchaus bewusst, und so halten sie auch gerne an den Traditionen fest. Auf den Europäer wirkt der traditionsbewusste Hinduismus oft träge, ja geradezu erstarrt. Aber dennoch ist er überaus lebendig – in der Fülle seiner Erscheinungsformen ist er eine Einheit des Gegensätzlichen. So ist die auch für Inder selbst oft kaum überschaubare Breite der kulturellen und gesellschaftlichen Gegebenheiten bezeichnend für das Leben in Indien. Die Welt der Hindus ist eine der Extreme:

Etwa 75 Prozent der über 700 Millionen Hindus leben auf dem Lande, in kleinen Dörfern größtenteils ohne Maschinen, Telefone und moderne Technik, dafür aber eingewoben in ein Netz uralter Lebensregeln. Dem entgegen bedient man sich in Indien der Atomkraft, exportiert Industriegüter und hat in Bombay die weltweit größte Filmindustrie. In Indien reichen sich sozusagen ›steinzeitliche‹ Lebensformen und moderne Hochtechnologie die Hand.

Wer sich unter Hindus bewegt, der kann auf fanatische Geister treffen, aber auch auf Menschen, die sich durch eine für den Westler erfrischende Weite und Tiefe ihres Denkens auszeichnen. Er begegnet Analphabeten und genialen Wissenschaftlern, die mehrere Sprachen sprechen; entsetzlichem Elend und berauschender Sinnlichkeit; er vermag auf Asketen und Heilige zu stoßen, aber auch auf Verschwender und Betrüger. Scheinbar Unmögliches verwirklicht sich in Indien oft ungeahnt schnell, und die einfachsten Dinge des Lebens scheitern nicht selten. Das Unverhoffte, so möchte man sagen, ist im Lande des Hindus die Norm. Tasten wir uns also vorsichtig etwas näher heran an die farbenprächtige Welt des Hinduismus.

**um 7000 v. u. Z.**
erste Formen des Ackerbaus in Nordindien
**ab 4000**
erste Siedlungen im Industal
**2800–2600**
die Induskultur entsteht
**2600–1750**
Blüte und Niedergang der Harappa-Kultur
**um 2000**
arische Völker wandern in verschiedene Richtungen
**ab 1500**
frühvedische Zeit beginnt; Aryas wandern in das Industal ein; Niederschrift des Rigveda
**um 1200**
mittelvedische Zeit; Aryas werden sesshaft und betreiben Ackerbau
**900–600**
spätvedische Zeit; vedische Zivilisation breitet sich im östlichen Gangestal aus
**um 800**
die Niederschrift der Brahmanas beginnt; Brahmanen festigen ihre gesellschaftliche Stellung
**ab 600**
die indischen Reiche Kausambi und Maghada entstehen
**5. Jh.**
Zeit des ›asketischen Reformismus‹ setzt ein; Entstehung der Puranas und Upanishaden
**etwa 599–527**
Leben Mahaviras (Begründer der Jaina-Religion)
**etwa 563–483**
Gautama Buddha
**327–325**
Alexander der Große zieht nach Indien, überschreitet 326 den Indus

### Die Harappa-Kultur und die Einwanderung der Aryas

Vom 4. bis Anfang des 2. Jt. v. u. Z. erblühte in Nordwestindien eine hochentwickelte städtische Zivilisation, die Harappa-Kultur. Diese war verbreitet im Industal, in Sind, im Punjab und in Gujarat, dazu auch auf der Halbinsel Kathiawar und an der Küste Belutschistans sowie im heutigen Afghanistan.

Die beiden wichtigsten Städte sind Mohenjo daro und Harappa. Man verfügte über eine Hieroglyphenschrift, ausgeklügelte Bewässerungsanlagen und besaß hochentwickelte Kenntnisse in der Architektur. Von Archäologen ausgegrabene Kupferstatuetten stellen eine Muttergöttin dar, und weitere Figuren und Siegel, die man fand, lassen auf einen Fruchtbarkeitskult schließen. Auch wurden kleinere Statuen gefunden, die Stiere und Götter mit Hörner darstellen. Die Mondsichel, die zu den Shiva-Abbildern gehört, findet hier ihren Ursprung. Die Hörner symbolisierten die Männlichkeit. Ebenso entdeckte man Steine in Phallusform, dazu eine Figur, die sich, umgeben von Tieren, mit aufgerichtetem Phallus in einer Yoga-Haltung befindet. Diese bedeutet möglicherweise eine Urform Shivas. Shivas Reittier ist der Stier. Oft wird Shiva mit seinem Stier namens ›Nandi‹ gemeinsam dargestellt, auch vor Shiva-Tempeln ist der Stier häufig zu sehen.

Im ersten Drittel des 2. Jt. v. u. Z. ging die Harappa-Kultur unter. Forscher vermuten einen Klimawechsel als Ursache, denn zu dieser Zeit gingen die Niederschlagsmengen drastisch zurück. Um 1750 v. u. Z., als diese Kultur im Sterben lag, war das weite Steppenland, das von Zentralasien bis nach Polen reichte, von halbnomadischen Völkerstämmen bewohnt, die von der Viehzucht lebten. Diese Stämme hatten bereits Pferde gezähmt und Streitwagen gebaut, die sich auf Speichenrädern bewegten. Ihrer Erscheinung nach waren diese Menschen großgewachsen und hellhäutig. Schätzungsweise in der Mitte des 2. Jt v. u. Z. begannen sie nach Westen, Osten und Süden zu wandern. Über den Khaiber-Pass kamen die *Aryas*, die ›Edlen‹, wie sie sich nannten, nach Indien. Im Laufe der Jahrhunderte beherrschten die einwandernden Stämme ganz Nordindien, während die drawidischen Ureinwohner ihre Kultur in Südindien fortsetzten. Im Zuge der Eroberung des Nordens vermischten sich die religiösen Vorstellungen der Einwanderer mit denen der dort lebenden Ureinwohner, obwohl die einwandernden Aryas die Urbevölkerung für kleine, schwarzhäutige und ›plattnasige‹ Verehrer von Phallus-Symbolen mit einer ›fürchterlichen Sprache‹ hielten.

In den alten Texten heißt es, sie besäßen viele Herden und lebten in befestigten Siedlungen, *pur* genannt. Nicht ohne Grund trägt der vedische Gott Indra den Titel *purandara,* ›Zerstörer der Befestigungen‹. Zahllose solcher Siedlungen fielen den Einwanderern zum Opfer. Im Rigveda wird auch eine feindliche Bevölkerung erwähnt: die *Pani,* von denen es heißt, sie hätten Kühe gestohlen und den vedischen Kult abgelehnt.

Der genaue Vorgang der Vermischung von arischer Kultur und der ursprünglichen Induskultur ist nur in sehr begrenztem Maße bekannt. Schon in den frühen

**etwa um 320**
Candragupta begründet die Maurya-Dynastie
**etwa 268–233**
Kaiser Ashoka schafft das erste indische Großreich, wendet sich nach dem Kalinga-Krieg dem Buddhismus zu
**ab etwa 256**
Entsendung buddhistischer Missionare nach Griechenland und Südostasien
**ab 232**
Zerfall des Maurya-Reiches in Einzeldynastien
**ab ca. 200**
Zeit des ›vorklassischen Hinduismus‹; Einwanderungswelle verschiedener Völkerschaften aus Baktien; Handelsbeziehungen mit Zentralasien und dem Römischen Reich

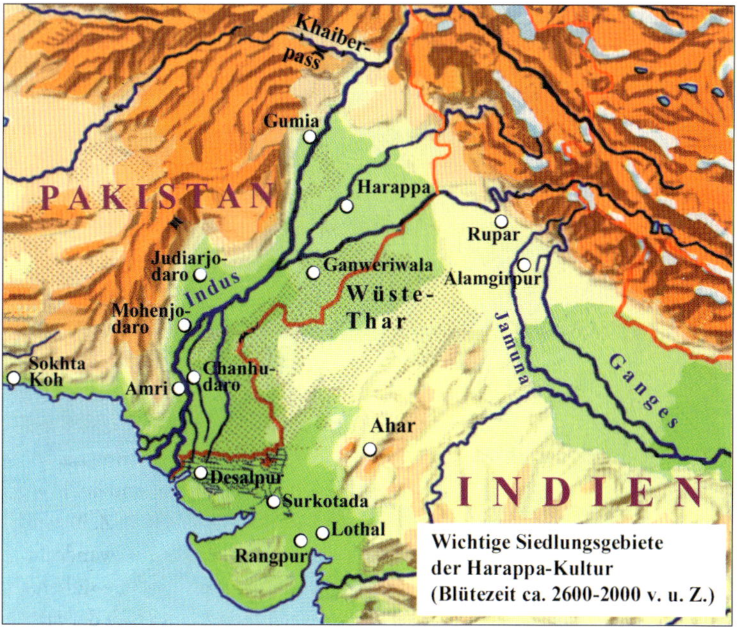


Wichtige Siedlungsgebiete der Harappa-Kultur (Blütezeit ca. 2600-2000 v. u. Z.)

Ein Tonsiegel aus Harappa mit Büffeldarstellung

Hymnen des Rigveda sind sprachliche Einflüsse der indischen Ureinwohner festzustellen. Dasjenige, was wir heute als Hinduismus verstehen, ist das Ergebnis dieser Vermischung verschiedener Kulturen. Dabei ist auch die soziale Ordnung, *varna* (›Farbe‹), aus der sich das – im späteren indischen Mittelalter rigoros gehandhabte – Kastenwesen entwickelte, auf die Einwanderer zurückzuführen. Zum ersten Mal wird die Kastenordnung in einem sehr späten Hymnus des Rigveda angeführt, dem *Purusha-Sukta* (X, 90).

Schon bald bildeten die sehr beweglichen und eher kämpferischen Einwanderer eine neue Herrenschicht. Streitwagenkämpfer und Reiter standen neben der Priesterschaft an der Spitze einer traditionell hierarchischen Gesellschaftsform. Zunächst nahmen die adligen Krieger den höchsten Rang ein. Zwischen Kriegeradel und Priestern entfachte bald ein erbitterter Streit darüber, welche Gruppe die höchste Gesellschaftsschicht bildete. Die Brahmanen-Priester setzten sich im Laufe der Jahrhunderte durch.

Zu den Einwanderern, die nicht nur gegen die Urbevölkerung kämpften, sondern auch oft untereinander Kriege führten, zählten Stämme, deren Priester bereits über eine hochentwickelte Dichtkunst verfügten und Götterhymnen schufen, die sie zu entsprechenden Opferhandlungen sangen und rezitierten. Der bedeutendste dieser Stämme war das Volk der *Bharata,* das sich hauptsächlich im östlichen Punjab und in der Region zwischen den Flüssen Satlaj und Yamuna niederließ.

Das berühmte indische Heldenepos *Mahabharata* erzählt vom großen Kampf der Bharata. Auch Arjuna, der berühmte Kriegsheld der Bhagavad Gita, trägt den Beinamen *Bharata*. Während der heutige Name ›Indien‹ auf den Indus-Fluss zurückgeht, bezieht sich der in Indien selbst gebräuchliche Name des Landes, ›Bharat‹, auf eben diesen Stamm. Die Hymnen, welche die Priester der Bharata und anderer Stämme schufen, wurden von Priestergeneration zu Priestergeneration sorgfältig memoriert und weitergegeben. Noch heute

**etwa 185**
Pushyamitra gründet die Shunga-Dynastie
**etwa 155–130**
Herrschaft des Indo-Griechen Menander
**ab Anfang d. 1. Jh.**
Shakas wandern nach Nordwestindien; Shatavahanas steigen zur Vormacht Zentralindiens auf;, König Kharavela von Kalinga in Ostindien; Gründung des Kushana-Reiches durch Kujala Kadphises
**etwa ab 94**
Maues erster Shaka-König auf indischem Boden; gemeinsam mit seinem Nachfolger Azes I. Gründung eines nordwestindischen Großreiches; Untergang indogriechischer Reiche in Indien
**58 v. u. Z.**
Beginn der Vikrama-Ära
**etwa 20 u. Z**
mit König Gondophernes (bis ca. 46 u. Z.) werden die Shakas kurz durch Indo-Parther abgelöst; Apostel Thomas in Indien

sind die zumeist über 3000 Jahre alten Hymnen der damaligen Einwanderer erhalten: die Veden.

Büste des sog. ›Priesterkönigs‹, Mohenjo daro, Pakistan, Ende des 3. Jh. v. u. Z.

### Die Veden, vier ewige Wahrheiten der Hindus

Die Religion der Brahmanenpriester ist in den Veden tradiert, die im heutigen Hinduismus ebenso als offenbarte göttliche Wahrheiten gelten wie schon zur damaligen, ›vedischen‹ Zeit. Das Wort *veda* ist verwandt mit dem lateinischen *videre*, ›sehen‹. Die ›Wahrheit‹ ist demnach Ausdruck eines geistigen Schauens. Freilich sind die Veden längst keine einheitliche Textsammlung. In ihnen finden wir neben deutlich von einander abweichenden religiösen Auffassungen, die verschiedenen Stammeskulten entsprungen sind, auch Anschauungen, die sich auf einem hohen geistigen Niveau bewegen.

Die Veden setzen sich aus vier Sammlungen, den *Samhitas,* zusammen:

**Rigveda** ›Wissen in Versen‹,
**Samaveda** ›Wissen in Liedern‹,
**Yajurveda** ›Wissen der Opfersprüche‹,
und schließlich der
**Atharvaveda** ›Wissen der Zaubersprüche‹.

Der *Rigveda* ist mit seinen 1028 Hymnen und 10580 Versen die älteste und zugleich umfassendste der vier Sammlungen. Experten nehmen an, dass der Rigveda zwischen 1500 und 1000 v. u. Z. entstanden ist. Die Inhalte wurden nur mündlich tradiert, wozu man

**Einige Gemeinsamkeiten indogermanischer Religionen**

Wie tief die indogermanischen Religionen miteinander verbunden sind, zeigt sich an der Wortverwandtschaft. Die indoeuropäische Wurzel *deiwos,* die ›Himmel‹ bedeutet, ist in vielen Wörtern für ›Gott‹ wiederzufinden. Sanskrit: *deva,* Latein: *deus,* litauisch: *diewas,* altgermanisch: *tivar.* Noch heute ist *divine* das englische Wort für ›göttlich‹. Auch der Feuerkult ist eine besondere Eigenheit indogermanischer Religionen: *Agni* ist der vedische Feuergott, dessen Name wir im lateinischen *ignis* ebenso wiederfinden wie im litauischen *ugnis* oder im altslawischen *ogni* – und wer denkt heute schon daran, dass wenn es beim Start einer modernen US-Rakete heißt: »three, two, one – *ignition*«, sich hinter dem englischen Wort *ignition* für ›Zündung‹ ein uralter Feuergott verbirgt, der die Rakete antreibt? Unser heutiges Wort ›Tag‹ heißt auf Englisch *day.* Beide Worte wurzeln im uralten indogermanischen Himmelsgott *Dyaus,* einer Personifizierung der lichten Himmelsherrlichkeit bzw. der Transzendenz. Im Rigveda ist Dyaus noch im Urpaar *dyavaprithivi* (›Himmel und Erde‹) zu finden.

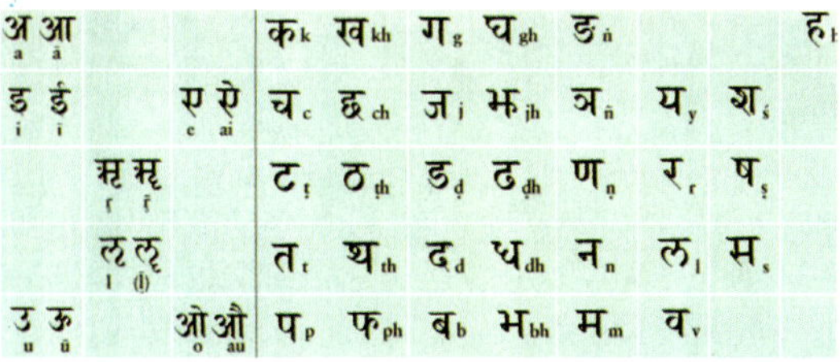

In der Devanagari-Schrift wurden schon die Veden geschrieben. Die Schrift verläuft von links nach rechts. Verwendet wird sie heute für Sanskrit, Hindi, Nepali und Marathi. Neben dieser Schrift gibt es in Indien noch über zehn anderer Schriftarten einheimischen Ursprungs. Muslime gebrauchen hingegen die arabisch-persischen Schriftzeichen

bereits sehr früh spezielle Methoden des Auswendiglernens entwickelt hatte, denn einer Schrift bedienten sich die Aryas zunächst nicht.

Der Rigveda ist in zehn *mandalas,* d. h. ›Kreise‹ eingeteilt, heute sagt man besser Bücher. Die meisten von ihnen werden verschiedenen *rishis* zugesprochen, den berühmten ›Sehern‹, die – den Propheten der jüdisch-christlichen Tradition vergleichbar – mit ihren übersinnlichen Wahrnehmungsfähigkeiten Offenbarungen empfingen. Der Rigveda besteht vor allem aus den Hymnen, welche im Zuge der fortschreitenden Entwicklung der vedischen Opfermystik der *hotar,* d. h. der ›Rufer‹ – einer der vier am Ritual beteiligten Priester –, bei den Opferhandlungen zu rezitieren hatte.

Im Rigveda werden alle Kräfte der Natur als lebendige göttliche Mächte verehrt. Der größte Teil der Hymnen richtet sich an Gottheiten wie Indra, den Herrn der Götterwelt, Agni, den Feuergott, an Soma oder an Varuna, Vishnu und andere, denen als personifizierte Naturkräfte Lob und Dank für persönlichen Schutz oder für die Früchte der Natur entgegengebracht wurden.

Auch bei Bestattungen und zu anderen wichtigen gesellschaftlichen Anlässen wurden entsprechende Hymnen zitiert und Zeremonien abgehalten. Im Rigveda finden wir noch eine feurige Lebensfreude, die längst nichts von einem weltverneinenden Pessimismus weiß, wie er etwa in der Zeit Gautama Buddhas aufkommen sollte. Verschiedene Hymnen geben noch heute Aufschluss über die Mentalität der damaligen Menschen: Sie liebten die Musik, den Tanz. Flöte, Laute und Harfe wurden gespielt. Auch frönten sie dem Glücksspiel und liebten berauschende Getränke.

Es war ein wildes und lebensfrohes Volk, das in Indien einwanderte und dem viele spätere Tabus des Hinduismus noch völlig unbekannt waren.

In religiöser Hinsicht ist eine Eigenheit des Rigveda bemerkenswert: Die Begriffe von Karma und Wiedergeburt sind dort noch nicht zu finden. Wie auch in vielen anderen Kulturen sah man sich zunächst von vielerlei Naturkräften umgeben, die als lebendige Gottheiten erlebt wurden und die es durch Opferrituale zu beeinflussen galt.

Der Rigveda enthält mehrere Schöpfungsmythen, die jeweils unterschiedliche Perspektiven zu erkennen geben. Vereinfacht lassen sich vier Typen ausfindig machen: Die Schöpfung durch Befruchtung der Urgewässer; durch die Zerteilung eines Urriesen, dem *Purusha;* die Schöpfung durch Trennung von Himmel und Erde sowie die Schöpfung aus einer All-Einheit, die Sein und Nichts umfasst. Nach Rigveda I, 121 ist es *hiranyagharbha,* ›goldenes Ei‹, der über den Urgewässern schwebt und als alleiniger Gott diese durchdringt, so dass sie befruchtet werden und Agni, den Feuergott gebären. »Und der Geist Gottes schwebte auf dem Wasser. Und Gott sprach: ›Es werde Licht!‹« (1. Mose 1, 2f) – Die Parallele zum jüdischen Schöpfungsmythos ist beachtlich. Zu bedenken ist, dass vor Jahrtausenden Wasser und Feuer (oder Licht) neben Luft und Erde in den verschiedenen Kulturen als *Elemente* verstanden wurden und nicht als tatsächliches Wasser oder Feuer. Es gibt aber noch eine weitere geradezu erstaunliche Übereinstimmung mit biblischen Gedanken. Das Johannes-Evangelium beginnt mit: »Am Anfang war das Wort bei Gott ... Alle Dinge sind durch dasselbe geschaffen, und ohne dieses ist nichts geschaffen, was existiert.« Im Rigveda heißt dieses göttliche ›Wort‹ *vak* oder *vac* und

Mahapurusha – der kosmische Mensch

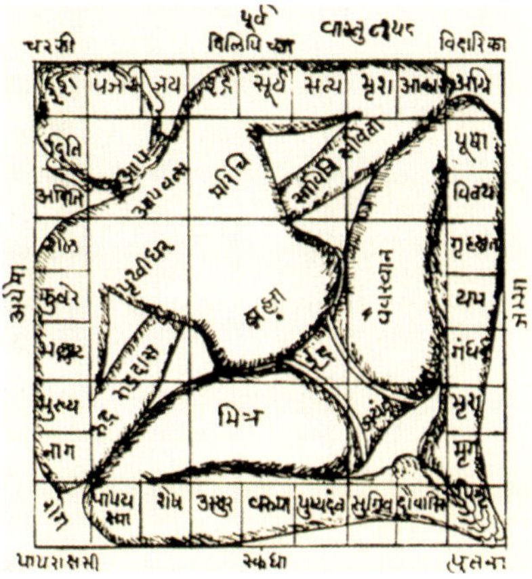

»Damals (im Uranfang) war nicht das Nichtsein noch das Sein.
Kein Luftraum war, kein Himmel drüber her.
Wer hielt in Hut die Welt, wer schloss sie ein?
Wo war der tiefe Abgrund, wo das Meer?
Nicht Tod war damals noch Unsterblichkeit,
Nicht war die Nacht, der Tag nicht offenbar.
Es hauchte windlos die Ursprünglichkeit
Das Eine, außer dem kein andres war.
Von Dunkel war die ganze Welt bedeckt,

Ein Ozean ohne Licht, in Nacht verloren;
Da ward, was in der Schale war versteckt,
Das Eine durch der Glutpein Kraft geboren.
Aus diesem ging hervor zuerst entstanden,

Als der Erkenntnis Samenkeim, die Liebe;
Des Daseins Wurzelung im Nichtsein fanden
Die Weisen, forschend, in des Herzens Triebe.
Als quer hindurch sie ihre Messschnur legten,
Was war da unterhalb? Was war da oben?

bezeichnet die schöpferische Urkraft. Alte Hindu-Texte, die Brahma gewidmet sind, berichten, Vak sei die göttliche Stimme Brahmas, mit der das Universum ins Dasein gerufen wurde.

Nach Rigveda X, 81 hat *vishvakarman,* ›der allschaffende‹ göttliche Architekt des Universums, die Welt wie ein Handwerker geschaffen. X, 82 besagt wiederum, er sei der Keim, der die Urgewässer befruchtete und so als Erstgeborener des Universums die Welt schuf. An anderer Stelle heißt es, Brahmanaspati, also die Gottheit Brahma (nicht *brahman!)* habe die Welt wie ein Schmied durch Blasen und Schmelzen erzeugt. Brahma wurde auch mit Hiranyagharbha gleichgesetzt, denn gemäß anderer Kosmologien war Brahma in Form eines goldenen Eis aus der unerklärbaren ersten Ursache hervorgegangen.

Hymnus X, 90, das *Purusha-Sukta,* berichtet, das Urprinzip der Schöpfung sei ein kosmischer, riesenhafter Mensch, dessen Körper die Welt enthält. Dieser Riese zeugt die weibliche Kraft *viraj,* die ihn gebiert. Die Schöpfung ist sein Opfer: Aus seinem Mund gingen die Brahmanen hervor, aus seinen Armen die Krieger; die Handwerker entsprangen seinen Schenkeln, und aus den Füßen erstanden die Diener ...

Es ist leicht zu erkennen, dass die Schöpfungsberichte des Rigveda durchaus heterogener Natur sind. Dabei bereitet es Schwierigkeiten, das Alter der jeweiligen Berichte zu bestimmen. Mündlich von Generation zu Generation überliefert sind die Hymnen vermutlich wesentlich älter als die bekannten Datierungen. Vor allem wird deutlich, dass sie unterschiedlicher Herkunft und voneinander unabhängig entstanden sind. Die für den Hinduismus bezeichnende Vielfalt finden wir daher bereits in den ältesten Texten Indiens, deren Herkunft heute rätselhaft ist.

Mit dem hier zitierten, sehr bekannten und vergleichsweise jungen Schöpfungsmythos des Rigveda, der sich deutlich von den übrigen unterscheidet, stellt sich bereits die für die später folgende Vedanta-Philosophie grundlegende Frage nach dem Absoluten, nach

Ein Blick in das Innere des Brahma-Tempels in Pushkar/Rajastan

der Einheit der Gegensätze, wobei die vedischen Götter selbst mit dieser Kosmologie an Bedeutung einbüßen. Sie sind mit diesem Mythos nicht Schöpfer, sondern geschaffen.

Die Zeit bis 1000 v. u. Z. lässt sich zu Recht als die Zeit der lebendigen Götterhymnen bezeichnen. Wie in anderen Kulturen wurde die Wirklichkeit als ein Zusammenwirken personaler göttlicher Kräfte erlebt, denen die Menschen ausgesetzt waren. Ab 1000 v. u. Z. gingen die Religionsinhalte in ritualisierte Formen auf, die zunehmend komplexer wurden. Die Priesterschaft strebte danach, diese Kräfte zu beherrschen. Dabei machte sie sich unentbehrlich und sicherte ihre gesellschaftliche Position, in der sie bald mehr Bedeutung beanspruchen konnte als die damaligen Stammesoberhäupter, die *rajas*. Ein Raja war zwar Stammesoberhaupt, aber dennoch kein ›König‹, denn mit seinen Entscheidungen war er abhängig vom Stammesrat. Die Zeit der großen Monarchen lag damals noch in weiter Ferne.

Mit der Zeit wandelte sich die vedische Religion in einen recht krassen Brahmanismus, wobei ›Brahmanismus‹ hier nicht als eine Richtung verstanden sein will, die den Gott Brahma verehrt, sondern als eine Form der allumfassenden Priesterherrschaft, was zugleich einen beachtlichen moralischen Verfall der Priesterkaste bedeutete.

Keimträger waren,
Kräfte, die sich regten,
Selbstzersetzung drunten, Angespanntheit droben.
Doch, wem ist auszuforschen es gelungen,
Wer hat, woher die Schöpfung stammt, vernommen?
Die Götter sind diesseits von ihr entsprungen!
Wer sagt es also, wo sie herkommen?
Er, der die Schöpfung selbst hervorgebracht,
Der auf sie schaut im höchsten Himmelslicht,
Der sie gemacht hat oder nicht gemacht,
Der weiß es! oder weiß auch er es nicht?«

(Rigveda X, 129, 17, Übersetzung: Paul Deussen, Allgemeine Geschichte der Philosophie, Bd. 1, Leipzig 1894, S. 126 f.)

**Ayurveda**
*Ayurveda,* ›das Wissen vom langen Leben‹, gehört nicht zu den eigentlichen vier Veden. Es ist der ganzheitliche Heilungsweg des alten Indien und eines der ältesten medizinischen Systeme überhaupt, das bis heute gelehrt und angewendet wird. In ganz Indien gibt es Ayurveda-Colleges und indische Firmen, die Ayurveda-Produkte herstellen und sie in großen Mengen auch an westliche Länder verkaufen.

Der *Samaveda* – *sama* heißt ›Melodie‹ oder ›Lied‹ – schließt sich mit seinen 1549 Versen bis auf 78 Verse dem Rigveda an. Die meisten Lieder entspringen dem achten und neunten Buch des Rigveda. Diese Sammlung enthält die Lieder, die der *udgatri,* der ›Sänger‹, als ein weiterer Priester zu singen hatte, während das Soma-Opfer zubereitet und dargebracht wurde. Soma war ein ausschließliches Getränk der Priesterschaft, das schon im Rigveda eine wichtige Rolle spielte. Nach festgelegten Rezepturen aus einer Schlingpflanze *(amshu)* und mit Milch, Honig und Gerstensaft zubereitet, möglicherweise auch mit Fliegenpilz vermischt, wirkte der Göttertrunk berauschend und rief Ekstasen und Visionen hervor. Kein Wunder, dass der Soma selbst als Gottheit geachtet wurde! Im Lauf der Zeit allerdings gerieten die Rezepturen und der Gebrauch des Somas in Vergessenheit. Ayurveda fußt auf der unterschiedlichen Wirkung verschiedener Kräuter und Wurzeln. Die beiden berühmten Ärzte Caraka (ca. 1.–2. Jh. u. Z.) und Sushruta (ca. 4. Jh. u. Z.) haben die bedeutendsten Abhandlungen über die Ayurveda-Medizin geschrieben. Diese zählen heute noch zu den wichtigsten Leistungen der traditionellen indischen Medizin.

Die Opfersprüche des *Yajurveda* wurden vom *adhvaryu,* dem Priester, der das Opferritual durchführte, während der Opferhandlung zur Weihe der Gerätschaften rezitiert, während der vierte Opferpriester als Aufseher über die Zeremonie wachte. Auch im Yajurveda ist vieles zu finden, das dem Rigveda entlehnt und durch nicht wenige rituelle Neuerungen ergänzt wurde. Vielleicht um 1000 v. u. Z. entstand der ›schwarze Yajurveda‹, der auch als ›gemischt‹ oder ›ungeordnet‹ bezeichnet wird. Ungeordnet ist er, weil er neben den zu murmelnden mystischen Götternamen und lobpreisenden Bezeichnungen auch Opfersprüche und detaillierte theologische Passagen enthält, während der ›weiße Yajurveda‹, der ›geordnete‹, jünger ist und nur noch kommentierte *bijas,* ›Saatworte‹ bzw. *mantras* enthält. Eines der ältesten Worte, das nach jeder Opferzeremonie gesprochen wurde, war *svaha,* ›so sei es!‹, vergleichbar mit dem christlichen »Amen«. Das heiligste und bekannteste Mantra freilich war und ist *aûm* oder *om.*

Der *Atharvaveda,* entschieden jünger als Rig-, Sama- und Yajurveda, gehörte mit seinen 731 Hymnen ursprünglich nicht zu den Veden. Er hat kaum eine Beziehung zum Opferritual, daher gehen nur wenige seiner Texte auf den Rigveda zurück. Noch im buddhistischen Kanon ist häufig die Rede von den ›dreivedenkundigen Brahmanen‹, mit denen sich Gautama Buddha des öfteren höchst kritisch, um nicht zu sagen polemisch auseinandersetzte. In einer Lehrrede des Pali-Kanons über ›die alten Brahmanensitten‹ erklärte Gautama Buddha sogar, dass selbst Hunde moralischer seien als die Priester seiner Zeit.

Die vierte ›Wahrheit‹ war zur Buddha-Zeit noch relativ unbedeutend. Im Atharvaveda, dem Veda der Zaubersprüche, finden wir viele Überlieferungen magischer Art, die weitere Schlüsse auf damals angewandte Praktiken manch eines königlichen Hofpriesters zulassen. Der Atharvaveda lag in den Händen der *Atharvans,* einer Gruppe von Priestern, die sich zugleich auch magischer und okkulter bzw. schamanistischer Methoden bedienten. Für die Kaste der Herrscher und Krieger vorgesehen, enthält der Atharvaveda Formeln zum Schutz der Rajas, zu deren Weihe und zum Schlachtensieg. Aber auch zu Sühnezeremonien, Verfluchungsritualen, Hochzeits- und Bestattungszeremonien sind dort passende magische Sprüche zu finden.

Verfasst sind die Veden in einem altertümlichen Sanskrit, das heute von den meisten Hindus keineswegs verstanden wird und zudem oft ernste Interpretationsprobleme bereitet. Dessen ungeachtet sind die Veden nach wie vor Schriften von höchster religiöser Autorität, was längst nicht ausschließt, dass im Hinduismus religiöse Meinungen und Anschauungen vertreten werden, die letztlich mit den Veden nicht mehr das Geringste zu tun haben.

Viele der zur Brahmanen-Kaste gehörigen Männer verzichteten zur vedischen Zeit oftmals gerne darauf, den Beruf des Opferpriesters auszuüben und arbeiteten stattdessen in anderen Berufen, zumeist als Farmer. Der Grund für dieses Desinteresse ist verständlich: Wer zum Zeremonial-Priester aufsteigen wollte, der hatte zwölf Jahre lang bei einem Brahmanen-Lehrer sämtliche Einzelheiten über Mantras, Hymnen und Rituale zu lernen. Er hatte die Grammatik zu beherrschen, und das richtige Intonieren musste ebenfalls geübt sein. Außerdem war er als Schüler verpflichtet, Askese zu halten.

In dieser Malerei aus dem 16. Jh. ist Indra in seinem Himmel zu sehen, umgeben von himmlischen Nymphen

INDRA, auch unter vielen anderen Namen bekannt, ist in den Veden König und Beherrscher der Götter. Zwar ist er nicht ungeboren, hat Vater und Mutter, doch Nationalgott der arischen Einwanderer war er trotzdem. Indra ist Herr der Natur, Gott des Himmels und des Lichtes. Er ist ein übergroßer Streitwagenlenker, der mit *vajra,* seinem Donnerkeil, in der Hand nicht nur Gewitter und Regen beherrscht; er ist Beistand und Hilfe der Arya. Die meisten vedischen Hymnen sind Indra gewidmet, doch im Laufe der Zeit schwand seine Bedeutung. In der nach-vedischen Zeit war er gegenüber Göttern wie Brahma, Vishnu und Shiva nur noch von untergeordneter Bedeutung.

VRITRA ist der Gegenspieler Indras, ein Schlangendämon, der Trägheit, Trockenheit und Erkenntnislosigkeit, aber auch Chaos und Unordnung darstellt. Im Rigveda ist es Vritra, der die Regenkühe gefangen hält und so für Trockenheit verantwortlich ist. Indra befreit die Regenkühe, indem er die Wolkenburg Vritras zerschlägt. Durch genügend Soma bestärkt – und Indra hat einen außerordentlichen Bedarf an Soma – erschlägt er Vritra. Dies ist zugleich auch ein Sinnbild dafür, dass die Erkenntnislosigkeit von dem Licht der Erkenntnis besiegt wird.

SOMA war nicht nur der ›Wein der Unsterblichkeit‹, sondern auch ein Gott. Er ist untrennbar mit der Kaste der Brahmanen verbunden, da er ihnen nicht nur Stärke und Macht verlieh, sondern auch göttliche Seligkeit.

AGNI ist der Gott des Feuers und des Lichts. Am Himmel ist es die Sonne, während das Feuer auf Erden zwei Seiten hat: Einerseits ist es das Behütende, Schützende, das heimische Herdfeuer, und andererseits die zerstörerische und vernichtende Feuersbrunst. Agni ist auch das Opferfeuer der Brahmanen und das Feuer, das die Leichen verbrennt.

VARUNA, der ›Allumfassende‹, zählt zu den ältesten Göttern des vedischen Pantheons. Er ist der Herr der Weltordnung, *rita,* und ist verantwortlich für das Scheinen der Sonne oder auch den Lauf der Flüsse und die Jahreszeiten. Er ist Herr über das Schicksal der Menschen und weiht die Rishis in die kosmischen Geheimnisse ein. Für Ritualfehler der Priester rächt er sich bitter. Im späteren Hinduismus ist Varuna zum Gott der Flüsse und Meere geworden. Seine ursprüngliche Kraft, mit der er die Ordnung ›vermessen‹, also geschaffen hat, war *maya.* Maya bedeutete im Rigveda Wunderkraft, aber auch schon Blendung und Trug. In der späteren Vedanta-Philosophie entwickelte sich daraus die Vorstellung vom illusionären Charakter der Natur. In enger Beziehung stand Varuna mit dem vedischen Sonnengott *Mitra,* entsprechend dem altpersischen Sonnengott *Mithras,* der zum späteren römischen Sonnengott wurde. In der Spätantike war der Mithras-Kult im Römischen Reich weitverbreitet und konkurrierte zunächst mit dem Christentum, durch das er verdrängt wurde.

VISHVAKARMA ist der Gott, der die fliegenden Streitwagen der anderen Götter entwarf. Den Menschen brachte er die Architektur und das Handwerk bei. Vishvakarma ist daher der oberste Gott des Handwerks und der Industrie. Das Industriegebiet von Jaipur in Rajastan ist nach ihm benannt und ebenso zahllose Firmen und Geschäfte in Indien.

RUDRA, ›der Heulende‹, ist eine mehrdeutige Gottheit mit vielen Namen. Einerseits ist er ein gefürchteter Bogenschütze, der mit seinen Giftpfeilen sogar Helden zu töten vermochte und Mensch und Tier krank werden ließ, andererseits jedoch ist Rudra auch der gnädige und segensreiche Gott der Heilpflanzen. Als solcher trägt er den Namen *Shiva,* ›der Gütige‹. Als Shiva stieg er zu einem der Hauptgötter des heutigen Hinduismus auf.

USHAS, die einstmals wichtige Göttin der Morgenröte, die Sonnengötter SURYA und SAVITAR, VAYU, der Windgott und Begleiter Indras oder Götter wie PUSHAN, dem etliche Hymnen der Veden gewidmet sind, haben hingegen mit dem Ausklang der vedischen Zeit an Bedeutung verloren.

Kolossalstatue des Sonnengottes Syrya im Sonnentempel von Konark

### Brahmanas und Upanishaden – weitere wichtige Werke der Shruti

Die heiligen Schriften, welche auf Offenbarungen beruhen, werden unter dem Begriff *shruti* zusammengefasst. Shruti bedeutet ›Gehörtes‹, vielleicht weil die Rishis nicht nur Seher waren, sondern den heiligen und ewigen Klängen der Wahrheit zudem mit den Ohren des Geistes lauschten. Vielleicht aber auch nur, weil die Hymnen mündlich tradiert und somit von Generation zu Generation ganz einfach mit den leiblichen Ohren gehört wurden. Von den Veden abgesehen, zählen auch die *Brahmanas,* die erst zur Zeit nach 1000 v. u. Z. innerhalb von etwa 200 Jahren entstanden sind, zur Shruti, ebenso die *Upanishaden* und einige weitere *sutras,* bzw. ›Lehrtexte‹.

Die Brahmanas sind Anleitungen zum praktischen Umgang mit den Texten der Veden. Grundlage der in den Brahmanas ausgearbeiteten Opfertheorie ist das Purusha-Sukta des Rigveda (X, 90). Die Bedeutung der Opferhandlungen wird in den Brahmanas in besonderer Weise hervorgehoben, wobei zusätzlich die Einzelheiten der Zeremonien genau erläutert werden. Dabei ist allerdings der Eindruck zu gewinnen, die Priester hätten sich zunehmend als Beherrscher der Götter verstanden: Sätze, denen gemäß die Götter vom Opfer abhängig sind, erscheinen in den Brahmanas nicht selten. Das heilige und allmächtige Zauberwort der Opferzeremonien heißt *brahman.* Wer es als Priester richtig einzusetzen versteht, der ist Meister über Götter und Geister: Werden einer Gottheit Opfer dargebracht, so hat sie auch die mit den Opfern verbundenen Wünsche zu erfüllen. Eine solche Geisteshaltung freilich war nicht ganz unzweckmäßig, sie festigte die gesellschaftliche Vormachtstellung

Ein Brahmanen-Priester in Udaipur/Rajastan

der Brahmanen-Priester ganz entschieden, was Hochmut und Überheblichkeit der Brahmanen in bisher ungeahnte Größe heranwachsen lies: »Brächte nicht der Priester bei Anbruch der Morgenröte das Feueropfer dar, so ginge die Sonne nicht auf!«, so heißt es in einer der Brahmanas. Die Überzeugung, Opfer hätten einen günstigen Einfluss auf das menschliche Schicksal in einer späteren Welt, finden wir in den Brahmanas ebenfalls.

Zweifel an den Opfern oder gar eine unkorrekte Durchführung wären verhängnisvoll gewesen. Das Opfer hätte seine Wirkung verfehlt. So bezahlte man die Priester großzügig, damit sie ordentlich arbeiteten, so dass diese wiederum selbst mit größter Sorgfalt die Exaktheit der Riten überwachten. Im Laufe der Zeit verzichteten die Priester freilich nicht darauf, ihre Zeremonien immer umfangreicher und verschwenderischer werden zu lassen und immer höhere Priesterhonorare zu verlangen; zugleich beanspruchten sie Rechte in der Gesellschaft, die ihnen in zurückliegenden Jahrhunderten unbekannt waren. Streitigkeiten beispielsweise zwischen Brahmanen und Angehörigen anderer Kasten wurden fast ausschließlich zu Gunsten der machtvollen Brahmanen entschieden, schließlich hielten sie die Macht über die Götter in ihren Händen.

Mit den Brahmanas entwickelte sich die Vorstellung, durch Askese könne man innere ›Hitze‹ *(tapas)*, eine Art mentaler Energie, ansammeln, was die magische Kraft steigert. Den Gedanken, das sichtbare Opfer könne durch Askese ersetzt werden, machten sich die Waldeinsiedler zu eigen. Den Brahmanas folgten am Ende weitere Erläuterungen, die *Aranyakas,* ›zum Wald gehörige‹ Bücher, die nicht für die orthodoxe Priesterschaft, sondern für diese asketisch lebenden Einsiedler bestimmt waren. Diese ›Waldbücher‹ wurden nur in eingeweihten Kreisen, fernab von Städten und Dörfern gelehrt. Im Schutz der Zurückgezogenheit widmeten sich die verschiedensten Asketen und Gurus ihrer okkulten Praktiken und hatten zur damaligen Zeit mitunter beachtlich große Anhängerzahlen.

Die Stätten der Opferzeremonien wurden den Vorgaben der Brahmanas entsprechend angelegt. Die Altarstelle, an der die Götter speisten, lag in der Mitte einer Opferstätte. Im Osten war eine quadratische Feuerstelle, die die – damals als quadratisch verstandene – Erde symbolisierte. In dieses Feuer wurden den Opferspeisen gegeben, damit Agni sie in den Himmel tragen sollte. Die Götterspeisen wurden zuvor westlich der Altarstelle über einem runden Feuer zubereitet, das die Sonne repräsentierte. Das dritte Feuer brannte im Süden und stellte den Mond dar. Es sollte dämonische Wesen fern halten.

Der Name dieser Flussuferstelle in Benares erinnert noch heute an die antike Opferpraxis: Dasasmaved-Ghat, ›Uferstelle des Zehn-Pferde-Opfers‹

Mit den Texten für die Einsiedler zeichnete sich ein grundlegender Wandel ab: der Übergang vom System der Opferhandlungen *(karmakanda)*, dem ›Werkteil‹ der Shruti, hin zum Erkenntnissystem *(jnanakanda)* der Upanishaden, denen gedanklich die Aranyakas zugrunde liegen. Das ›Selbst‹ – auf keinen Fall zu verwechseln mit unserem ›Ego‹ – trat gegenüber der Ritualpraxis in den Vordergrund. Das Verhältnis von Göttern und Menschen wandelte sich im damaligen Denken. Götter wurden als im Selbst des Menschen verborgene Mächte angesehen und das Opfer verinnerlicht. Den tatsächlichen Vollzug von Opferhandlungen lehnen die ›Waldbücher‹ ab. Dabei ist zu bedenken, dass sich die orthodoxe Brahmanen-Priesterschaft, die in Städten wie Benares die Fäden sicher in der Hand hielt, von Einsiedlern, Gurus und Wanderasketen der verschiedensten Richtungen nicht beirren ließ. Aber trotzdem: Mit dem 6. Jh. v. u. Z. zeichnete sich eine kulturelle Entwicklung ab, die für den späteren Hinduismus von Bedeutung sein sollte.

»Unsere heutigen dreivedenkundigen Brahmanen behaupten also: ›Den wir nicht kennen und nie gesehen haben, zur Vereinigung mit dem weisen wir den Weg.‹ Erweist sich denn da die Behauptung der dreivedenkundigen Brahmanen nicht als unüberlegtes Gerede? Dass die dreivedenkundigen Brahmanen den Weg weisen könnten, ist ein Unding. Es verhält sich damit wie mit einer Reihe von Blinden, die sich einander festhalten: der Vorderste sieht nichts, der in der Mitte Befindliche sieht nichts, und der Letzte sieht auch nichts. Einer solchen Reihe sind jene dreivedenkundigen Brahmanen mit ihrem Gerede zu vergleichen: Ihre Worte sind lächerlich, inhaltslos und hohl, es sind bloße Worte und leerer Schall.«
(Gautama Buddha, aus der ›Längeren Sammlung‹, Digha-Nikaya, des Pali-Kanon, Übersetzung: R. O. Franke 1913)

Die Zeit des sorgfältigen philosophisch-metaphysischen Denkens brach heran. Dieser Bewusstseinswandel ist vergleichbar mit den Verhältnissen des alten Griechenlands: Die Menschen erlebten sich nicht länger als Spielball göttlicher oder dämonischer Mächte, sondern gewannen eine neue Selbständigkeit – auch gegenüber der hauptberuflichen Priesterschaft. Immer mehr Menschen erkannten und durchschauten den unzeitgemäßen und wirkungslosen Charakter der bisherigen Zeremonien.

Gurus und Asketen wie die *shramanas,* die ›Sich-Mühenden‹, oder auch die zahlreichen *parivrajakas,* die ›Umherziehenden‹, erhielten regen Zulauf, sobald sie eine Erlösungslehre mitzuteilen hatten. Ein neues Streben nach innerer Freiheit und Erkenntnis ergriff die Menschen, und Tausende verließen Kaste und Familie, um hier oder da von verschiedenen Gurus zur Erkenntnis geführt zu werden. Es herrschte gewissermaßen spirituelle Anarchie – es war die Zeit eines epochalen Umbruchs. Auf dem Boden der bisherigen vedischen Religion entwickelten sich die Grundlagen dessen, was heute Hinduismus heißt.

Mit den eigentlichen Upanishaden, die schätzungsweise zwischen 800 und 400 v. u. Z. entstanden, fand die vedische Literatur ihren endgültigen Abschluss. Zwar gibt es auch Upanishaden bedeutend jüngeren Ursprungs, doch werden diese nicht zur Shruti gezählt und sind daher von geringerer Bedeutung. Die klassische Literatur spricht von insgesamt 108 Upanishaden, dabei ist 108 eine heilige Zahl. Tatsächlich sind mehr Upanishaden bekannt. Die älteste und bedeutendste ist die Brihadaranyaka-Upanishad, ›die große, zum Wald gehörende‹, die an den Yajurveda anschließt.

Das Wort *guru* heißt ›Lehrer‹ und wird zumeist in Verbindung mit spirituellen Fragestellungen gesehen. Tatsächlich kennen die Hindu-Traditionen vier Arten von Gurus: Die Eltern sind Gurus, weil sie die Kinder erziehen und ihnen dabei lebensnotwendiges Wissen vermitteln. Schulische Lehrer und berufliche Ausbilder sind ebenfalls Gurus. Der spirituelle Lehrer, der Methoden zur Erlösung oder Selbstverwirklichung aufzeigt, ist der Guru im uns geläufigen Sinn, und der *ishta deva,* die als Ideal verehrte Gottheit, ist der ›göttliche Guru‹, der seiner Anhängerschaft Halt gibt und den rechten Weg weist.

In Jodhpur (Rajastan) heben sich die Brahmanen von der übrigen Bevölkerung ab, indem sie ihre Häuser blau streichen

Noch immer leben in Indien Millionen von Sadhus, ›heilige Männer‹, die in der Einsamkeit leben und der Welt entsagen

Die Nähe des Wortes *upanishad* zum heutigen Deutsch ist leicht zu erkennen: *u-pa* bedeutet ›nahe bei‹, *ni* entspricht unserem ›nieder‹ und *shad* ist mit den englischen ›sit‹ oder unserem Wort ›sitzen‹ wortgeschichtlich verwandt. Upanishad heißt ›bei jemandem niedersitzen‹, und zwar zu Füßen eines Gurus, d. h. eines (spirituellen) Lehrers, der seinen *chelas,* den ›Schülern‹, eine magisch-mystische Geheimlehre mitzuteilen hat. Da sich die einzelnen Upanishaden an die Veden und die jeweils dazugehörigen Brahmanas anschließen, bilden sie – wie bereits die Veden und Brahmanas selbst – kein einheitliches, in sich geschlossenes und widerspruchsfreies Gedankensystem. Auch sind die Upanishaden nicht das Werk der orthodoxen Priesterschaft. Sie sind vornehmlich im Kreise der Kriegerkaste entstanden, deren Angehörige sich in Zeiten des Friedens nicht selten ausgiebig mit religiösen Texten und geistlichen Fragen beschäftigten.

Ursprünglich gab es zu den einzelnen Veden entsprechende Veda-Schulen, so dass verschiedene *shakhas,* ›Zweige‹, nebeneinander existierten. Aus diesen Schulen bzw. Lehrrichtungen stammen die Upanishaden. Gegenüber der in ihrer Dogmatik erstarrten Priesterschaft erwiesen sich die Upanishaden als ein Schriftwerk von außergewöhnlicher Gedankenfreiheit und spiritueller Weite. Weil deren Inhalte gehörig von den Denkweisen der priesterlichen Orthodoxie abwichen, rechnete man mit Widerspruch seitens der Zeremonialherren. Darum sind die Upanishaden ›Geheimlehren‹.

Folgende Überlegungen standen nunmehr im Zentrum der geistigen Fragestellungen: *Was ist der eigentliche Kern allen Lebens und Daseins?* Es kann nur eine in allem enthaltene Lebenskraft, etwas Ewiges und Unwandelbares sein, das allem Existierenden und Vergänglichen zugrunde liegt – das Brahman. Der Bedeutungswandel des Wortes *brahman* ist mit den Upanishaden deutlich spürbar: Brahman wird nunmehr zur ›Ursache des Alls‹, zur ›Letzten Wirklichkeit‹ und unveränderlichen Achse allen Entstehens und Vergehens.

Wie aber gestaltet sich das Vergängliche und Wandelbare? Das Leben ist zyklischer Natur, ein Kreislauf stetiger Wiederkehr entsprechend dem Gesetz von Ursache und Wirkung. Für den Einzelnen heißt das Wiedergeburt infolge seiner geistigen und körperlichen Willensakte und Handlungen.

Was ist der entscheidende Faktor? Die Faktoren des vergänglichen Daseins sind Begierde und Taten. »Der Mensch ist ... gebildet aus Begierde *(kama)*; je nachdem seine Begierde ist, danach ist seine Einsicht *(kratu)*, je nachdem seine Einsicht ist, danach tut er das Werk *(karman)*«, so heißt es in der Brihadaranyaka-Upanishad. *Ist dann nicht alles Existierende gegenüber dem Absoluten nur ein Blendwerk, eine Täuschung (maya)?* Die Gedanken der Befreiung und Erlösung *(moksha)* sowie der Erkenntnis des Absoluten wurden geboren. Der Grundgedanke der Upanishaden besagt, *atman* sei unser wahres Selbst, identisch mit dem Absoluten, Unbenennbaren. Der Atman ist ungeboren, totlos, kann nicht gefährdet werden. Atman entspricht wortgeschichtlich gesehen dem deutschen Wort ›Atem‹.

Verblüffend ist die Übereinstimmung mit dem Satz der biblischen Schöpfungsgeschichte: »... und er blies ihm ein den lebendigen Atem in seine Nase. Und also ward der Mensch eine lebendige Seele.« (1. Mose 2. 7) Das Absolute ist *saccidananda, sat* ›Sein‹, *cit* ›Bewusst-

Arthur Schopenhauer (1788–1860) war der erste westliche Philosoph, der sich mit hinduistischem und buddhistischem Denken beschäftigte und östliche Anschauungen in sein System einfügte. Dazu zählte auch der Gedanke der Wiedergeburt. 1851 schrieb der Philosoph: *»Wenn mich ein Hochasiate früge, was Europa sei, so müsste ich ihm antworten: es ist der Weltteil, der gänzlich von dem unerhörten und unglaublichen Wahn besessen ist, dass die Geburt des Menschen sein absoluter Anfang und er aus dem Nichts hervorgegangen sei.«* (aus: »Parerga und Paralipomena«, 1851)

Gigantisch sind die Dimensionen der Zeitalter und Weltenperioden des Hinduismus. Die Kosmologie ist eine Zusammenfügung an sich unterschiedlicher Lehren, die sich im Laufe von etlichen Jahrhunderten vollzog. Sie ist also nicht frei von Widersprüchen.

Es gibt zunächst vier Weltenzeitalter, *yugas*, die nach ›Götterjahren‹ berechnet werden. Ein Götterjahr entspricht 360 irdischen Jahren.

Das erste Zeitalter heißt *kritayuga* – das ›Zeitalter der Glückseligkeit‹.

Es besteht aus viermal 1200 Götterjahren bzw. 432.000 Menschenjahren, das sind 1.728.000 Jahre unserer Zeitrechnung.

*Tetrayuga,* das ›Zeitalter des Feuers‹, dauert dreimal 432.000 irdische Jahre. Das sind 1.296.000 Jahre.

*Traparayuga,* das ›Zeitalter des Misstrauens‹, dauert zweimal 432.000 Jahre bzw. 864.000 Jahre.

*Kaliyuga,* das ›Zeitalter der Miseren‹, dauert einmal 432.000 Jahre.

Das ›schwarze‹ Kali-Zeitalter begann ca. 3100 v. u. Z. und gilt als Abschnitt, in dem sich Tugendhaftigkeit, Glück und Gerechtigkeit ebenso wie die Spiritualität auf dem Tiefstand befinden. Nur ein Viertel der ursprünglichen Rechtschaffenheit bleibt bestehen, und geistige Einsichten geraten in Vergessenheit, heißt es in der Überlieferung.

Zusammen ergeben die vier Zeitalter ein *Mahayuga.* Ein solches ›Großyuga‹ hat also 12000 Götterjahre bzw. 4.320.000 Jahre. Tausend Mahayugas sind ein Brahma-Tag bzw. *kalpa:* 4.320 Millionen Jahre. Ein Brahma-Tag wird auch eingeteilt in 14 *manvantaras,* die ihrerseits 72 Yugas enthalten. In den 14 Manvantara-Perioden entstehen jeweils neue Welten. So lang wie der Brahma-Tag ist die Nacht. Zusammen 8.640 Millionen Jahre. 360 dieser Tage und Nächte sind ein Brahma-Jahr: 3.110.400 Millionen Jahre. Hundert Brahma-Jahre sind ein *Mahakalpa:* 311.040 Milliarden Jahre. Danach kehrt alles Leben, auch das geistiger Sphären, wieder in den Ursprung des ›Nicht-Geschiedenen‹ zurück, um nach Weltenaltern wieder neu entfaltet zu werden. Das kosmologische Zahlensystem ist im Rigveda noch nicht erwähnt, sondern erst im jüngeren ›Gesetzbuch des Manu‹ und im Mahabharata-Epos.

heit‹ und *ananda* ›Seligkeit‹. In der Chandogya-Upanishad heißt es: »Dieses Subtile zu sein, das ist es, was das Wesen (die Seele) des Alls ausmacht: das ist die Wahrheit, das ist das Selbst, das bist du *(tat tvam asi)*, Svetaketu!« Unser eigentliches Selbst ist das Absolute. Für den Hinduismus war damit der ›Erlösungsweg der Erkenntnis‹, *jnanamarga,* geboren. Dabei ist deutlich gesagt, dass Atman keinesfalls eine unsterbliche Einzelseele bezeichnet. Das Selbst der Upanishaden ist also nicht das ›Ich‹ oder Ego des Alltagsbewusstseins. Der Berufspriesterschaft blieben die Lehren der Upanishaden nicht verborgen. Lehren, die erfolgreich kursierten, konnten sie aber nicht aus der Welt schaffen. Die Priester handelten taktisch klug: Sie übernahmen die geheimen Lehren und fügten sie ihren Opferlehren hinzu. Als ›Ende der Veden‹, d. h. als *Vedanta* wurden sie dem vorhandenen Textkanon angeschlossen.

Die Gedankenvielfalt der Upanishaden hat mit der fundamentalen Aussage, das wahre Selbst sei mit dem Absoluten identisch, die Grundlage für eine Geisteshaltung geschaffen, aus der sich wiederum diverse philosophische Richtungen entwickelten. Einerseits haben die traditionellen Götter mit den Upanishaden an Bedeutung verloren, da der Weg zur mystischen Erkenntnis des Absoluten Sache des Einzelnen geworden ist, der nicht länger der Priester bedarf, sondern eines Gurus, der ihm den Weg zur (Selbst-)Erkenntnis weist. Andererseits jedoch waren die Upanishaden dem gewöhnlichen Volk kaum zugänglich. Zwar sickerten manche Gedanken auch bis zu den unteren Schichten der Bevölkerung durch und wirkten dort in positiver Weise, weil manch ein schmerzlicher Brauch außer Kraft gesetzt wurde, doch die meisten Hindus wussten und wissen von den Hauptgedanken der Upanishaden so gut wie nichts. Ein ›Erlösungsweg der Erkenntnis‹ sagt den wenigsten Hindus etwas, wohl aber ein anderer Weg, auf den wir noch zu sprechen kommen werden: die religiöse Frömmigkeit, *bhaktimarga*.

Für die Vedanta-Philosophie und die hinduistische Spiritualität sind die Mahavakiyas, die ›vier großen Sätze‹ (siehe rechts) bis heute von höchster Bedeutung, denn die Einheit des menschlichen Bewusstseins mit dem Absoluten gilt als der höchste erreichbare Zustand und ist das Ziel aller spirituellen Bestrebungen der Hindus.

Die Upanishaden kennen vier ›große Sätze‹, die berühmten Mahavakiyas: *Prajnanam brahma* (Brahman ist Erkenntnis). Dieser Satz ist dem Rigveda zugeordnet. *Aham brahma asmi* (ich bin Brahman) stammt aus der Brihadaranyaka-Upanishad und gehört zum Yajurveda. *Tat tvam asi* (das bist du) heißt es in der Chandogya-Upanishad, die dem Samaveda zugehörig ist. *Ayam atman brahma* (der Atman und Brahman sind eins) ist der ›große Satz‹ der Mandukya-Upanishad, die zum Atharvaveda gehört.

Wandmalerei in einem buddhistischen Tempel: Der Prinz Gautama verlässt seine Frau. Links sind Alter, Krankheit, Tod und ein Heiliger zu sehen

Es heißt Gautama Siddharta, der Buddha, sei als Sohn des Shakiya-Fürsten Suddhodana 563 v. u. Z. geboren, doch das Datum ist nicht mehr als nur eine Annahme. Der Shakiya-Clan herrschte damals nur bedingt selbständig über das gleichnamige Stammesgebiet. In wichtigen Belangen lag das letzte Wort beim Großkönig von Kosala, wobei Suddhodana ein gutes Verhältnis zum Raja von Kosala hatte. Gautama Buddha gehörte der Kshatriya-Kaste an. Die Legenden berichten, er sei in unermesslichem Reichtum aufgewachsen. Tatsächlich jedoch hielt sich der Reichtum der Shakiyas in engen Grenzen. Auch war Suddhodana kein Monarch. Entscheidungen traf der Stammesrat, und hier galt es, im Rat überzeugend argumentieren zu können, denn Mehrheitsbeschlüsse kannte man nicht. Es galt Eintracht zu erreichen. So hat Gautama schon früh zwei Dinge lernen können, die für seinen späteren Erfolg als Stifter einer neuen Lehre entscheidend waren: Er kannte die Umgangsformen des Krieger- und Herrscher-Adels und war ein geschickter Redner und Taktiker. Allerdings lagen ihm die kämpferischen Tugenden der Kshatriyas bzw. des Krieger-Adels eher fern.

Als man eine Frau für ihn ausgesucht hatte, wurde er von ihrer Verwandtschaft zunächst abgelehnt. *»Ich war fein, o Mönche, außerordentlich zart, überaus empfindlich«*, heißt es in der Überlieferung der Buddhisten von Sri Lanka. Schon in jungen Jahren saß Gautama – während sich andere Kshatriyas in körperlichen Ertüchtigungen übten – im Schatten der Bäume, meditierte und grübelte über die unausweichlichen Gegebenheiten des Lebens. Später berichtete er seinen Mönchen: *»Da erwachte in mir dieser Gedanke: ›Ein unwissender Alltagsmensch, ob er gleich selbst dem Altern unterworfen ist, fühlt Abscheu, Widerwillen und Ekel, wenn er einen anderen im Alter sieht: der Abscheu, den er da fühlt, kehrt sich gegen ihn selbst. Auch ich bin dem Altern unterworfen.‹ Indem ich, ihr Jünger, also bei mir dachte, ging mir aller Jugendmut, der der Jugend innewohnt, unter.«* (aus der

›Angereihten Sammlung‹, Anguttara-Nikaya, des Pali-Kanon, Übersetzung: Hermann Oldenberg 1881)

Neben dem Alter waren es auch Krankheit und Tod, welche den Lebensmut des sensiblen Gautama trübten. Die Legende berichtet, er habe einen Bettelmönch gesehen, dessen Ruhe und Gelassenheit ihn zutiefst beeindruckten. Mit 29 Jahren, nachdem sein Sohn Rahula geboren war, entschloss er sich, Frau und Familie den Rücken zu kehren. Gautama wurde zu einem *shramana,* zu einem der ›sich Abmühenden‹, die mit den verschiedensten asketischen Praktiken nach Erlösung und Erleuchtung strebten. Die Tradition berichtet, Gautama sei zuerst Schüler zweier Gurus gewesen. Als er von ihnen nichts mehr lernen konnte, habe er sich sechs Jahre strengster Askese und extremster Praktiken gewidmet. Er magerte er ab bis auf die Knochen und verwahrloste völlig. Dann eröffnete sich ihm die Erkenntnis des ›mittleren Weges‹. Weder der Lebensgenuss noch die harte Askese führen zum Erfolg. Der rechte Weg muss in der Mitte beider Extreme liegen. Er nahm wieder feste Speisen zu sich und gewann neue Kräfte.

Im heutigen Bodhgaya, das damals noch Uruvela hieß und im nordindischen Bundesstaat Bihar liegt, kam ihm unter einem Bodhi-Baum die Erleuchtung. Gautama ›erwachte‹ zum Buddha. Im Kanon der südlichen Buddhisten ist dieser Bericht des Meisters überliefert: *»Mit gesammeltem Geist, gereinigt, geläutert, unbefleckt, die geistigen Verunreinigungen überwunden, voller*

Buddhistische Pilger haben diese Statuen in die Höhle, in der einst Buddha meditierte, geschafft. Hier ist er dargestellt als abgemagerter Asket

*Kraft, gefestigt und entspannt, habe ich meine Aufmerksamkeit auf die Erinnerung früherer Existenzen gerichtet, einem Vorleben, zwei Vorleben, drei, vier, fünf, zehn, zwanzig, dreißig, vierzig, fünfzig, hundert, Tausend, vieler Zyklen kosmischer Auflösung, Zyklen der Entwicklung, Weltenzeitalter von Auflösung und Entstehung. Dementsprechend erkannte ich: ›Das ist das Leiden‹. Wahrheitsgemäß erkannte ich: ›Das ist die Ursache des Leidens‹. Wahrhaftig erkannte ich: ›Das ist die Aufhebung des Leidens‹ und ›Das ist der Weg zur Überwindung des Leidens‹. Als ich das alles erkannte und begriff, wurde mein Geist vom Einfluss sinnlicher Begierden befreit, damit auch vom Einfluss des Lebensdurstes und dem Einfluss der Unwissenheit. So wurde ich mir meines spirituellen Erwachens bewusst.«* (aus der ›Mittleren Sammlung‹, Majjhima-Nikaya, des Pali-Kanon, Übertragung: W. Scholz, Text gerafft)

In Sarnath, bei Benares, begann der Buddha anschließend zu lehren. In der buddhistischen Tradition heißt das, er begann das *dharmacakra*, ›das Rad der Lehre‹, zu drehen. In den folgenden Jahrzehnten baute er einen eigenen Mönchsorden auf und gewann ein hohes Maß an Ansehen und politischem Einfluss.

Schon zu Buddhas Lebzeiten entstanden die ersten *viharas*, ›Klöster‹. Der Name des indischen Bundesstaates Bihar leitet sich aus dem Wort *vihara* ab. Allerdings waren die Klöster der Buddha-Zeit bescheidene Unterkünfte im Vergleich zu den Prachtbauten, in denen die Mönche späterer Jahrhunderte vornehm residierten. Mit 80 Jahren verstarb der Meister, um ins endgültige Nirvana, das *parinirvana*, einzugehen. Die Texte berichten, er habe eine verdorbene Speise zu sich genommen und sei später an der Vergiftung gestorben.

Seine Lehre sollte sich noch über ganz Asien verbreiten, und wenn – wie es in einer Prophezeiung aus dem 8. Jh. lautet – dereinst »eiserne Vögel durch die Lüfte fliegen werden, wird der Buddhismus gen Westen und in die fernsten Länder gelangen.«

Der Buddhismus fußt auf den ›vier edlen Wahrheiten‹:

1. **Alles Leben ist Leiden** (auch im Sinne von Unbefriedigt-Sein, Alterung, Vergänglichkeit, Enttäuschung u.s.w.)

**2. Das Leiden hat eine Ursache** (Der Lebensdurst, die Affekte und der egoistische Wille führen dazu, dass gemäß dem Gesetz von Ursache und Wirkung neues Karma entsteht, das den Kreislauf der Wiedergeburten aufrecht erhält.)

**3. Es gibt die Möglichkeit, das Leiden zu überwinden** (Ist der leidvolle Kreislauf der Wiedergeburten das Resultat des egoistischen bzw. persönlichen Anhaftens am Dasein, so kann das Leid durch die Abkehr vom Egoismus aufgehoben werden.)

**4. Die Überwindung des Leidens ist der achtteilige Pfad:**

1. Rechte Anschauung 2. rechte Gesinnung 3. rechte Rede 4. rechtes Handeln 5. rechter Lebensunterhalt 6. rechtes Streben 7. rechte Selbstbeobachtung 8. rechte Sammlung bzw. Meditation.

Gautama Buddha vertrat den Standpunkt der ›Anatman-Lehre‹, der Lehre vom ›Nicht-Ich‹, d. h. der Buddhismus leugnet die Existenz einer ewigen und unsterblichen Einzelseele als Ego. In der Fachliteratur wird darin oftmals ein Gegensatz zur hinduistischen ›Atman-Lehre‹ der Upanishaden gesehen. So verbreitet dieser Standpunkt ist, so falsch ist er!

Die buddhistische Lehre des Nicht-Ich besagt lediglich, dass es nichts Erkennbares gibt, das sich mit dem Wort ›Ich‹ identifizieren lässt. Das ›Ich‹ ist nicht das Auge, es ist nicht das Aussehen, es ist nicht der Körper, nicht das Gedächtnis, nicht das Denken, nicht der Wille. Kurzum: Mit was auch immer wir uns identifizieren, nichts von all dem ist ein beständiges und unveränderliches ›Ich‹. Und genau das – wenn auch in entgegengesetzter Form – lehrt die Philosophie der Upanishaden. Dort ist Atman, das Selbst oder wahre ›Ich‹ nicht das, was wir üblicherweise darunter verstehen, sondern das reine Sein, das ›Unentstandene, Ungeborene und Unvergängliche‹ der Buddhisten. Die Unterschiede zwischen den bedeutenden Gedanken der Upanishaden und dem buddhistischen Denken sind oftmals mehr sprachlicher als inhaltlicher Art.

In solcher gelben Mönchskleidung wandelte schon vor zweieinhalb Jahrtausenden der Buddha. Diese Mönche aus Sri Lanka sind zum Mahabodhi-Tempel gepilgert, der an der Stelle der Erleuchtung gebaut wurde

**1. Jh. u. Z.**
intensive Handelsbeziehungen zwischen Rom und Südindien; das Ramayana erhält seine letzte Fassung
**ca. 78 u. Z.**
Beginn der Shaka-Ära; wahrscheinlicher Herrschaftsbeginn König Kanishakas; Beginn der Blütezeit des Kushana-Reiches
**2. Jh. u. Z.**
Spaltung der buddhistischen Mönchsgemeinschaft in Hinayana- und Mahayana-Buddhisten; Beginn des buddhistischen Ghandara-Kunststils
**125–250**
Höhepunkt und Niedergang des zentralindischen Shatavahana-Reiches
**um 150**
Geburt des buddhistischen Philosophen Nagarjuna
**249**
persische Sasaniden fallen in Gandhara ein
**320**
Candragupta I. gründet die Gupta-Dynastie
**ab 335**
Ausdehnung des Gupta-Reiches in Nord- und Ostindien, vorübergehend bis Südindien
**ab 375**
Candragupta II., Blütezeit des ›klassischen Hinduismus‹, Blüte indischer Kunst und Sanskrit-Literatur
**399–414**
der chinesische Pilger Fa Hien bzw. Faxian reist durch Indien
**415–455**
Jahre des Friedens im

## Die Werke der Tradition – ein kurzer Überblick

Neben den offenbarten Texten, Shruti, kennt der Hinduismus eine weitere Gattung von Schriften, die im religiösen Geistesleben der Gegenwart praktisch eine größere Bedeutung eingenommen haben als die Veden – *Smriti*. Das Wort *smriti* lässt sich mit ›Erinnerung‹ oder auch ›Tradition‹ übersetzen. Diese Texte gelten zwar nicht als durch göttliche Kraft offenbart – sie sind Menschenwerk – aber dennoch werden sie als kanonisch und verbindlich angesehen, soweit sie sich direkt auf eine Shruti, eine ›Offenbarung‹ beziehen.

Indiens heutiges Staatsemblem: Das Kapitell der berühmten Ashoka-Säule von Sarnath aus dem 3. Jh. v. u. Z. Die Löwen symbolisieren die Predigten des Buddha, das ›Löwengebrüll‹ und die Räder bzw. Chakras die Lehre

Die wichtigsten Texte der Smriti sind zunächst die *Vedangas*, die ›Glieder des Veda‹, welche im Stil von Lehrwerken die sechs vedischen Hilfswissenschaften Lautlehre, Verslehre, Grammatik, Wortgeschichte, Sternenkunde und auch die religiösen Opferhandlungen behandeln. Von besonderer Bedeutung ist das ›Gesetzbuch des Manu‹, *Manu-samhita*. Dem religiösen Verständnis entsprechend soll es aus grauer Vorzeit stammen und auf den legendären Manu, dem Stammvater der gegenwärtigen Menschheit, zurückgehen, doch dem ist freilich nicht so. Von vielen Forschern wird angenommen, dass diese Schriftensammlung um die Zeitenwende herum entstanden ist. Ohne Zweifel ist das ›Gesetzbuch des Manu‹ von verschiedenen Autoren, genauer gesagt von Brahmanen, verfasst worden. Noch heute ist es Grundstein für die religiöse und gesellschaftliche Welt der Hindus.

Zur Smriti zählen auch die beiden großen Epen *Mahabharata*, das ›große Epos von den Nachkommen des Bharata‹, und *Ramayana*, der ›Lebensweg des

Rama‹. Zunächst waren diese beiden Epen Kriegsballaden, die von den Heldentaten der Ahnen erzählten und mündlich überliefert wurden. Im Laufe der Jahrhunderte wurde die beiden großen Werke jedoch inhaltlich entschieden erweitert. Noch heute werden die Epen von Puppenspielern und Geschichtenerzählern in ganz Indien vorgetragen und sind daher selbst denjenigen wohl bekannt, die des Lesens und Schreibens nicht mächtig sind. Auch im indischen Fernsehen sind die Handlungen aus den beiden Epen als Zeichentrick- oder Spielfilme zu sehen. Sie genießen in Indien und Südost-Asien eine hohe Verehrung und bilden eine gern genutzte Quelle für die verschiedenen Gattungen indischer Literatur. Die Bhagavad Gita, der ›Gesang des Erhabenen‹ ist ein Teil des Mahabharata, und zwar das aus 18 Kapiteln bestehende 6. Buch.

Nennenswert sind nicht weniger die 18 ›Alten Erzählwerke‹, die *Puranas*. Vordergründig sind in ihnen hinduistische Mythen enthalten. Erfüllt von der Gottesliebe, der *bhakti*, kommen die Puranas mit ihrer Symbolik und der Trinität der drei Gottheiten Brahma, Vishnu und Shiva dem religiösen Bedürfnis des Volkes entschieden mehr entgegen als die Veden mit ihrer vielfältigen und komplizierten Natursymbolik. In der lebendigen Hindu-Religiosität spielen die Puranas noch immer eine herausragende Rolle. Bevor wir die wichtigsten Schriftsammlungen und -werke der Smriti

Gupta-Reich
**440**
Gründung der größten buddhistischen Kloster-Universität Asiens in Nalanda
**ab 455**
Angriffe der Hunnen beginnen; Buddhagupta letzter bedeutender König der Gupta-Dynastie
**ab etwa 500**
Zerfall des Gupta-Reiches, Herrschaft der Hunnen in Nordindien, hinduistische Dynastien in Südindien
**543–566**
unter Pulakeshin I. steigen im westlichen Zentralindien die Calukyas von Badami auf
**574–600**
Aufstieg der Pallavas von Kanchipuram in Osten Südindiens
**7. Jh.**
die Zeit der ›Spätklassik‹ des Hinduismus beginnt
**606–647**
Harsha von Kanauj herrscht in Nordindien
**609–642**
Pulakeshin II. beherrscht Zentralindien
**um 630**
Harsha wird von Pulakeshin II. besiegt, die Vorherrschaft Nordindiens gegenüber dem Süden ist beendet

Aus der indischen Fernsehserie »Mahabharata«: Vor der großen Schlacht bezeugt Yudhishthira den auf Seiten der Kauravas kämpfenden Respektpersonen Bhishma und Drona seine Achtung

Zu den bedeutendsten Symbolen des Hinduismus zählt das *chakra*. Das Sanskritwort heißt ›Rad‹ und versinnbildlicht das kreisförmige kosmische Geschehen. Die Folge der Geburten in den verschiedensten Erscheinungsformen gilt als ›Rad‹ der Wiedergeburten. Der gesamte Hinduismus als Ausdruck der ewigen Weltordnung ist das ›Rad des Dharmas‹. In dieser Anschauung wurzelt die buddhistische Bezeichnung der eigenen Lehre als Dharma-Rad. Schon vor zweieinhalb Jahrtausenden kannten die Inder den *chakra-vartin*, einen ›raddrehenden‹ Herrscher von Weltrang, dessen Macht in Einklang mit der kosmischen Ordnung steht. Auch die indische Nationalflagge zeigt in ihrer Mitte ein Rad.

im Einzelnen genauer betrachten, seien noch die ›Schriften der Moral‹ erwähnt. Die *Niti-Shastras* zeugen von einer altbewährten Lehrmethode: Durch Märchen, Fabeln, Legenden und allerlei Sinnbilder wurde das Empfinden für moralisches Verhalten geschärft. Noch heute finden wir in Indien diese Methode: In indischen Kinofilmen, die stets regen Andrang finden, siegt der Ärmere und ungerecht behandelte Angehörige einer unteren Kaste durch Aufrichtigkeit, Mut und Rechtschaffenheit gegenüber manch einem reichen und verderbten Schurken.

### Das Gesetzbuch des Manu

Fest verankert ist im Gesetzbuch des Manu die herausragende soziale Stellung der Brahmanen-Priester: »Weil der Brahmane aus dem Munde Brahmas entsprungen ist und die Veden studiert, wird er zu Recht als Herr der ganzen Welt angesehen«. (Manu I, 93)

Genau vorgegeben ist ebenso die Stellung der Frauen. Sie haben sich den Männern unterzuordnen. Auch die Rollen der vier Kasten sind klar umrissen: Die Brahmanen haben sich einzig geistlichen Dingen zu widmen, die Krieger haben das Volk zu verteidigen, die Vaishyas sind dazu geboren, hauptsächlich Vieh zu züchten, Handel zu treiben und Geld zu verleihen. Shudras wiederum sollen sich auf niedere Dienste besinnen. Die Heirat zwischen Angehörigen verschiedener Kasten ist verboten. Hart ist das Los der Ausgestoßenen und Kastenlosen: »Ihr Besitz sollen Hunde und Esel sein, ihre Kleider die Gewänder der Toten.«

Den für die Ethik des Hinduismus entscheidenden Satz: »Es ist besser, die eigenen Pflichten schlecht zu erfüllen, als die eines Anderen in guter Weise« finden wir im Gesetzbuch Manus ebenfalls. Jedoch wurde dieses ethische ›Ideal‹ des Gesetzbuchs im alten Indien längst nicht so rigoros gehandhabt, wie das Kastenwesen im späteren Mittelalter.

Für die Angehörigen der vier gesellschaftlichen Klassen sieht das Gesetzbuch unterschiedliche Strafen vor. Ein Brahmane beispielsweise, der einen Kshatriya ver-

**Wer war Manu?**
Manu heißt ›Mensch‹, aber genauer ist Manu in der Überlieferung Indiens Ausdruck für ein geistiges Wesen, das, in ätherischen Sphären lebend, zwischen der Welt des Göttlichen und dem Menschen steht. In den Puranas gibt es 14 Manus, die innerhalb eines Brahma-Tages mit jedem neuen Manvantara jeweils als Urväter der Menschheit wirken. Der legendäre Manu der Hindus, *Vaivasvata*, der ›Sonnengeborene‹, gilt nicht nur als Urheber des Gesetzbuches. Er ist der siebte der 14 Manus.
Bedeutsam ist die Konsonantenkombination **›m-n‹**. Diese steht in verschiedenen Sprachen nicht nur für ›Mensch‹ (hu**man**, **man** usw.), sondern auch für zwei Eigenschaften, die ihn besonders auszeichnen. 1. die geistige Fähigkeit des Denkens (**men**s = lat. ›Geist‹) sowie 2. das Vermögen, etwas in Erinnerung zu behalten (griech: **mn**eia = ›Gedächtnis‹). Im Lateinischen heißt **man**ere ›bleiben‹. Auch das Wort ›**M**ah**n**mal‹ bzw. ›**m**ah**n**en‹ heißt ›erinnern‹. **Mon**umente wurden und werden zur Erinnerung errichtet. Schon bei den alten Ägyptern hieß die Lautfolge m-n ›bleiben‹, und ähnlich wie die Inder Manu verehrten, so betrachteten die Ägypter König **Men**es als Gründer ihres Staatswesens. Auch **Min**os, mythischer Sohn des Zeus und König von Kreta, wurde von Zeus in der Gesetzgebung unterrichtet. Er trägt ebenso die Lautfolge m-n in seinem Namen, wie der germanische **Man**nus.

leumdete, sollte eine Strafe von fünfzig *panas* bezahlen, im Falle eines Vaishyas fünfundzwanzig und für einen Shudra nur zwölf. Umgekehrt waren die Strafen entschieden höher. »Gleichheit vor dem Gesetz« im heutigen Sinn gab es damals nicht, wobei die Ungleichheit nicht immer zum Vorteil der Brahmanen war. Bei Diebstählen hatte ein Shudra das achtfache des Wertes eines gestohlenen Gutes zurückzuzahlen.

Die Altstadt von Benares gehört den Händlern, die alle der entsprechenden Kaste angehören

Ein Blick in den Tulsi-Manas-Tempel in Benares. An den Wänden wird ringsum das Ramayana erzählt

Ein Brahmane musste jedoch das Vierundsechzigfache zurückerstatten. Von ihm wurde eine höhere Moral erwartet.

Klare Worte fand das Gesetzbuch, soweit es gesetzlicher Strenge bedurfte: »Wenn der König gegenüber den Übeltätern nicht unermüdlich Strafen verhängt, dann würde der Stärkere den Schwächeren rösten wie einen Fisch am Spieß. Die ganze Welt wird durch Strafe in Ordnung gehalten, denn ein schuldloser Mensch ist schwer zu finden.« (Manu VII, 39)

Schon im alten Indien der Buddha-Zeit gab es organisierte Kriminalität in Form von Banden, die reiche Handelskarawanen ausräuberten und Reisende ermordeten. Die Könige antworteten mit massivem Polizeieinsatz und einer gut entwickelten Geheimpolizei. Buddhistische Quellen überliefern, dass es Gautama Buddha gelang, einen der gefürchtetsten Schwerverbrecher seiner Zeit namens Angulimala, ›Fingerkette‹, zu bekehren und ihn vom Mönchsdasein zu überzeugen. Anders als auf den gefährlichen und mit Räubern übersäten Handelswegen herrschte jedoch in den Städten und Dörfern ein hohes Maß an Sicherheit.

Sita mit Ritualschmuck, Bronze-Statue aus dem 10. Jh. Sie entspricht dem Schönheitsideal des dravidischen Südindien (New Delhi, National Museum of India)

### Das Ramayana und die unvergessenen Abenteuer Ramas

Der Überlieferung gemäß entstand Indiens zweitgrößtes Epos, das *Ramayana*, etwa um 500 v. u. Z. Das Ramayana ist kaum mehr als ein Viertel so groß wie das Mahabharata. Gegenüber dem Mahabharata erweckt das Ramayana den Eindruck, jünger zu sein, dennoch erscheint dort Ramas Geschichte als eine Episode, die später eingefügt wurde.

Verfasst wurde die ursprüngliche Version des Ramayana von dem legendären Heiligen Valmiki, der sich selbst darin so erwähnt, als habe er am Geschehen aktiv teilgenommen. Ursprünglich aus Nordindien stammend, wurde das Epos in den folgenden Jahrhunderten in Bengalen umgearbeitet. Von den sieben Büchern gehören das erste und letzte zweifelsohne nicht zur ersten Fassung. Hauptsächlich spielt die Handlung in Ayodhya, einstmals Hauptstadt des Kosala-Reiches. Erzählt wird, wie Rama, der als Sohn Königs Dasharatha die Tugenden der Kshatriyas in sich vereint, seine Gemahlin Sita, Tochter des Königs Janaka von Videha, wiedergewinnt, nachdem Ravana, der Dämonenkönig von Lanka (Ceylon) sie entführt hatte. Am Hofe Dasharathas verlebt Rama zunächst Jahre glücklichen Beisammenseins mit Sita. Ausdrücklich wird im ersten Buch beschrieben, dass Rama eine Inkarnation der Gottheit Vishnu ist – Zeichen für eine spätere Änderung des Originals.

Der Affengott Hanuman hat Rama und Sita ins Herz geschlossen (indische Wandmalerei)

Aufgrund von Streitigkeiten hinsichtlich der Thronfolge geht Rama gemeinsam mit seinem Halbbruder Lakshmana und Sita freiwillig ins Exil. Dort bekämpft Rama Dämonen, so dass der Dämonenkönig Ravana erscheint und Sita nach Lanka (Ceylon) entführt. Die Brüder suchen überall nach Sita und erhalten Unterstützung durch den Affenkönig Sugriva und dessen treuen und tatkräftigen General *Hanuman* (auch Hanumat) samt seinem Affengefolge.

Die Krönung Ramas. Diese Arbeit aus Tamil Nadu wurde zu Beginn des 19. Jh. gefertigt

Hanuman, der die Kunst des Fliegens beherrscht, gelingt es, Sita auf Lanka zu entdecken. Er kehrt nach Indien zurück, um sein Heer gegen den Dämon Ravana zu sammeln. Seine Affengefolgschaft bahnt den Weg nach Lanka. In einer dramatischen Schlacht wird der Dämonenkönig besiegt

Diese Affen sind nach einer Gottheit benannt: Hanuman-Languren

und Sita befreit. Sie wird aber von Rama nach dem heiligen Gesetz verstoßen. Wenn auch ganz und gar unfreiwillig, so hat sie dennoch im Hause eines anderen gelebt. Sie wirft sich auf einen Scheiterhaufen, doch der Feuergott Agni weigert sich, sie zu verbrennen. Er wusste, sie war unschuldig. Nach diesem Treuebeweis wieder vereint, kehren Rama und Sita nach Ayodhya zurück, wo Rama zum König gekrönt wird.

Die letzte Geschichte – eine Zufügung zur ursprünglichen Version – erzählt, dass das Volk von Kosala von Sitas Unschuld nicht überzeugt war. Um das Volk zufriedenzustellen, schickte Rama Sita voller Bedauern in die Verbannung. Dort nimmt sie Zuflucht in der Behausung des Heiligen Valmiki und schenkt den Zwillingen Kusha und Lava das Leben. Nach Jahren findet Rama Sita wieder und erkennt die beiden als seine Söhne. Um ihre Unschuld endgültig zu beweisen, ruft Sita ihre Mutter, die Mutter Erde an, und bittet darum, von ihr verschlungen zu werden. Sie verschwindet in der Erde. Rama dankt zugunsten seiner Söhne ab und kehrt zurück in das himmlische Reich, wo er wieder die Form Vishnus annimmt. *Sita* bedeutet ›Ackerfurche‹. Im Ramayana ist sie als Mädchen der Erde entsprungen und wurde vom König Janaka großgezogen. In den Veden ist Sita die Göttin der Landwirtschaft.

Dieses Aquarell (um 1740) zeigt rechts das trügerische Würfelspiel, bei dem die Pandavas ihr Reich an die Kauravas verloren

## Das Mahabharata

Mit seinen 106000 Versen ist das *Mahabharata* nicht nur Indiens größtes Epos, es zählt auch zu den umfangreichsten Werken der Weltliteratur. Es wird berichtet, das Mahabharata stamme von dem Heiligen Vyasa, zu deutsch ›Sammler‹. Damit ist aber wenig gesagt, denn viele Verfasser von Sanskrit-Texten tragen den Namen ›Sammler‹, so z. B. auch der legendäre Veda-Vyasa, der die Veden zusammengetragen haben soll. Zwischen dem 5. Jh. v. u. Z. und dem 2. Jh. n. u. Z. haben zweifelsfrei etliche Verfasser an der Entstehung des Mahabharata gearbeitet. Wie lange die gesammelten Göttersagen, Fabeln und Erzählungen bereits vorher existierten, ist nicht zu beantworten. Vedische Elemente in verschiedenen Erzählungen lassen den Schluss auf ein hohes Alter zu.

Das Mahabharata als indische Fernsehserie – die Kauravas versuchen, Draupati (gespielt von Malika Sarabhai) den Sari herunterzuziehen, doch Krishna steht ihr bei: Sobald sie einen Sari heruntergerissen haben, ist sie sofort wieder in einen neuen gehüllt

Die 18 Bücher des Mahabharata erzählen nicht nur viele Legenden und Mythen, auch werden Sitten und Bräuche der damaligen Zeit lebhaft geschildert. Hauptthema des Mahabharata ist der Kampf zwischen zwei miteinander verwandten Bharata-Großfamilien im Königreich der Kuru. Dieses Gebiet, Kurukshetra, liegt im Bereich des heutigen Delhi. Im Kampf um das vom blinden König Dhritarashta aufgeteilte Königreich stehen die bösen Kauravas den rechtschaffenden Pandavas gegenüber.

Dhritarashta erhält den Thron der Kurus, doch als Blinder darf er der Sitte entsprechend nicht regieren, so dass sein jüngerer Bruder Pandu König wird. Pandu dankt ab, um im Himalaja das Leben eines Einsiedlers zu führen. Als Notlösung bleibt Dhritarashta König. Als sie das entsprechende Alter erreicht haben, sollen

> *Sarvepalli Radhakrishnan,* Philosoph, Schriftsteller und ehemaliger Präsident Indiens, sagt in der Einführung zu seiner ›Bhagavad Gita‹: »Millionen von Hindus haben in Jahrhunderten Trost in diesem großartigen Buch gefunden, das die Prinzipien einer spirituellen Religion in präzisen und durchdringenden Worten darlegt, die nicht von unbewiesenen Tatsachen, unwissenschaftlichen Dogmen oder willkürlichen Einbildungen abhängen. Mit einer langen Geschichte der spirituellen Kraft dient sie noch heute als ein Licht für alle, die Erläuterungen durch den Tiefsinn einer Weisheit erhalten, welche aus einer Welt besteht, die von Kriegen und Revolutionen unberührt bleibt. Sie ist ein mächtiger und formender Faktor in der Wiederaufnahme spirituellen Lebens und hat sich einen festen Platz unter den heiligen Schriften der Welt gesichert.« (Aus dem Englischen: W. Scholz)

Pandus fünf Söhne, Yudhishthira, Bhima, Arjuna, Nakula und Sahadeva die Regierung übernehmen. Pandus ältester Sohn, Yudhishthira, ist legitimer Thronfolger. Die Söhne des blinden Dhritarashta verschwören sich unter der Führung des ältesten, Duryodhana, gegen die Pandavas, obwohl ihnen wegen der Blindheit ihres Vaters eine Herrschaft nicht zusteht. Schwer bedrängt müssen die fünf Pandavas das Reich verlassen und ziehen als Söldner von königlichem Hof zu königlichem Hof.

Am Hof der Pancalas kann Arjuna die Prinzessin Draupati gewinnen. Um Streitigkeiten zu vermeiden, wird sie Gemahlin der fünf Brüder. Am Hof treffen die fünf Pandavas Krishna, den Anführer der Yadavas, der ihr hilfreicher und treuer Freund wird. Nach einigen Jahren entschließt sich Dhritarashta, abzudanken und sein Reich zwischen seinen eigenen Söhnen, den Kauravas, und den Pandavas aufzuteilen. Die fünf Brüder bauen eine neue Hauptstadt bei Indraprashtra, unweit des heutigen Delhi. Das missfällt den Söhnen des blinden Dhritarshastra. Dessen ältester Sohn, Duryodhana, lädt Yudhishthira zu einem großen Glücksspiel ein. Mit Hilfe des Onkels Shakuni, der in die Geheimnisse des Spiels eingeweiht ist, gewinnt Duryodhana das Reich der Pandavas samt Draupati.

Als Kompromiss hatten die fünf Brüder, begleitet von Draupati, für 13 Jahre im Exil zu leben, um anschließend ihr Reich zurückzuerhalten. Die Kauravas halten sich nicht an die Abmachung, und die fünf Pandavas bereiten sich auf einen Kampf vor. Dabei haben beide Seiten zahlreiche Verbündete, zu denen selbst Griechen und Chinesen zählen. Im Gebiet von Kurukshetra treten zwei gewaltige Armeen zur Schlacht an. Nach 18 Tagen ist der Bharata-Kampf entschieden: Von allen Anführern bleiben nur die fünf Pandava-Prinzen und Krishna übrig. Yudhishthira wird rechtmäßiger König und regiert für viele Jahre gemeinsam mit seinen Brüdern auf gerechte Weise. Schließlich dankt Yudhishthira zu Gunsten Arjunas Enkels ab. Mit ihrer gemeinsamen Gemahlin Draupati wandern die fünf Brüder zum Himalaja, steigen auf den Berg Meru und treten ein in das Reich der Götter.

Für die Hindus liegt der moralische Wert des Mahabharata im anschaulich dargestellten Sieg der Rechtschaffenheit und Tugend über die Ungerechtigkeit und Boshaftigkeit.

### Der ›Gesang des Erhabenen‹ – die Bhagavad Gita

Die *Bhagavad Gita,* zumeist einfach als ›Gita‹ abgekürzt, ist zwar ein Teil des Mahabharata, aber sie ist in der heutigen Erscheinung jünger als das ursprüngliche Epos. Sie ist auch jünger als die sechs orthodoxen philosophischen Systeme des Hinduismus, deren Einflüsse in ihr erkennbar sind. Aus diesen Einflüssen ergibt sich, dass in der Gita verschiedene religiöse und an sich kaum miteinander vereinbare philosophische Anschauungen vereint sind, so dass sich unterschiedliche Deutungsmöglichkeiten ergeben.

Krishna spricht vor der Schlacht mit Arjuna über die Unvergänglichkeit des wahren Selbst (aus einer Gita-Handschrift des 19. Jh.)

In der Gita erscheint Krishna, Sohn der Göttin Devaki, der bedeutendste Held indischer Mythologie, als göttlicher Helfer, der dem kämpfenden Arjuna als

Wagenlenker zur Seite steht. Dabei ist Krishna ein Avatar, d. h. eine Inkarnation der persönlichen, höchsten Gottheit. Schauplatz seiner Belehrungen ist das Schlachtfeld. Der Held Arjuna erwartet im Streitwagen die Schlacht gegen die Kauravas. Aber auf Seiten des Feindes stehen auch alte Freunde, Arjunas einstige Lehrer und seine Verwandten, die er liebt und achtet. Obwohl von der Gerechtigkeit seiner Sache überzeugt, überkommen Arjuna dennoch Zweifel und Zögern. Gegen Menschen, die ihm so nahe stehen, kann er nicht kämpfen.

Nun legt Krishna fundamentale Aspekte hinduistischer Ethik dar: Das Ewige im Mensch bleibt durch irdisches Geschehen unberührt. Die Seele stirbt nicht.

*»So wie der Mensch seine abgetragenen Kleider ablegt,*
*Und sich wieder mit neuen bekleidet,*
*So legt auch die verkörperte Seele ausgetragene Körper ab*
*Und bekleidet sich mit anderen, die neu sind.« (II, 22)*

*»Für den, der geboren ist, ist der Tod sicher,*
*Und sicher ist für den, der gestorben ist, ist die Geburt.*
*Darum sollst du nicht trauern um das, was unvermeidlich ist.« (II, 27)*

Als Angehöriger der Kriegerkaste hat Arjuna seine Pflicht des Kampfes zu erfüllen. Sein Karma hat ihn auf das Schlachtfeld geführt. Mut und Tapferkeit sind unerlässliche Tugenden eines Kriegers. Das ethische Ideal ist nicht das sich Zurückziehen, sondern tatkräftiges Handeln als Erfüllung der gesellschaftlichen Aufgaben. Die Gottheit, so predigt Krishna, ist in stetiger Aktivität. Auch der Mensch soll aus Gottesliebe tatkräftig handeln, aber befreit und gelöst von egoistischen Bestrebungen und Begierden. Vergänglichen Dingen anzuhaften, schafft Leiden. Bedeutsam ist einzig das Unvergängliche. Dabei lehrt Krishna, dass die begierdelose Aktivität mehr Wirkung hat als priesterliche Opferhandlungen.

**Die Zeit des frühen indischen Mittelalters**
Bis zum Untergang der Gupta-Dynastien in der Mitte des 1. Jt. u. Z. spielte die Geschichte Nordindiens gegenüber der des Südens eine deutlich bedeutsamere Rolle. Großreiche wie das der Mauryas oder Guptas gelten als kulturhistorische Höhepunkte gesamtindischer Geschichte.
Oft wird die Folgezeit bis zur Entstehung des Mogulreiches im 16. Jh. als Phase des Zerfalls und Niedergangs aufgefasst, doch entspricht diese Deutung längst nicht den Tatsachen.
Für die Geschichte des Hinduismus hat besonders das frühe Mittelalter – die Zeit der Regionalreiche ab etwa 650 bis zur Gründung des Delhi-Sultanats – außerordentliches Gewicht. Mittel- und Südindien hatten nunmehr ebenso Teil an der kulturellen Entwicklung wie der Norden. Zwar kannte das frühe indische Mittelalter nicht die politische Einheit eines Großreiches, aber gerade durch diese politische Situation konnten sich verschiedene regionale Kulturen und Strömungen entfalten, die für die Vielfalt des heutigen Hinduismus, ja der indischen Kultur überhaupt, bezeichnend sind.
In der Zeit des frühen Mittelalters entstanden nicht wenige berühmte hinduistische Tempelanlagen. Die Bauwerke von Khajuraho dürften die bekanntesten sein. Doch von der architektonischen Blüte abgesehen, sind es vor allem *zwei* Strömungen, deren wechselseitige Beziehungen den Hinduismus bis heute prägen. Einerseits gewann allmählich eine religiöse Bewegung der Volksfrömmigkeit, die Bhakti-Bewegung, an kulturellem Gewicht, und andererseits wurden die philosophischen Systeme des Hinduismus als Antwort auf Buddhismus und Jainismus – sozusagen als ›brahmanische Gegenreformation‹ – mit höchster Sorgfalt ausgearbeitet.

Es stellt sich die Frage, warum ausgerechnet ein Schlachtfeld Schauplatz für eines der wichtigsten Werke hinduistischer Religiosität ist, aber abgesehen davon, dass die Gita das Ideal der traditionellen Gesellschaftsordnung widerspiegelt, hat sie zugleich einen zutiefst philosophischen und esoterischen Gehalt. Das Schlachtfeld steht gleichermaßen als Zeichen für die innere Welt des Menschen, für den Kampf zwischen Egoismus, Triebhaftigkeit und Trägheit einerseits und der höheren geistigen Natur, der Selbstlosigkeit und Vernunft andererseits. Zusammenfassend lässt sich der Kerngedanke der Gita in einem bekannten asiatischen Sprichwort ausdrücken: »Der Weg ist das Ziel«.

Als Götterkönig Indra verkleidete Laien tragen ein Bildnis des ›Wegbereiters‹ zu einem Tempel in Rajastan. Diese Prozession ist ein Sinnbild für Mahaviras Wanderschaft als Asket

Der Jainismus ist wie der Buddhismus eine Lehre, die aus dem Hinduismus erwachsen ist und viele Ähnlichkeiten mit ihm aufweist. Die vedische Autorität wird nicht anerkannt und das Kastenwesen abgelehnt. Wie Gautama Buddha, so wandte sich auch Mahavira entschlossen gegen den brahmanischen Ritualismus und das Opferwesen. Mit nur viereinhalb Millionen Menschen ist die Gemeinde der Jaina eine kleine Minderheit, die aber im Laufe ihrer Geschichte viel zur indischen Kunst und Architektur beigetragen hat. Die großen Jaina-Tempelanlagen zählen mit ihren virtuos gearbeiteten Werken der Steinmetz-Kunst zu den schönsten Tempeln Indiens.

Mahavira, ›der große Held‹, soll 599–527 v. u. Z. gelebt haben. Er gehörte zur Kshatriya-Kaste. Die Überlieferung berichtet, er habe mit 30 Jahren der Welt entsagt und fortan als Wanderasket gelebt. Nach zwölf Jahren wurde ihm die Erleuchtung zuteil. Seine Lehren wurden von zwölf Schülern aufgezeichnet und weiterverbreitet. Mahavira beendete sei irdisches Dasein mit der höchsten Form der Askese. Er fastete, bis er starb. Die überwiegende Zahl der Jainas sind Laien, doch Mönche und Asketen spielen in der Religion eine wichtige Rolle.

Für den Jainismus gibt es eine endlose Folge von Weltenzeitaltern. In jeder dieser Zeitalter wirken nacheinander 24 *tirthankaras,* ›Wegbereiter‹. Mahavira gilt als der letzte Wegbereiter unserer Weltperiode. Von den Vorgängern ist nur Parsvanatha, der 23. Tirthankara, historisch anerkannt.

Das Wort *jain* lässt sich mit ›Sieger‹ übersetzen. Wie im Hinduismus und Buddhismus, so ist auch für den Jainismus das Leben ein durch das Karma bestimmter Kreislauf der Wiedergeburten, aus dem es eine ›siegreiche‹ Erlösung oder Befreiung gibt. Das bedeutendste Gebot für diesen Weg ist *ahimsha,* das Nicht-Verletzen und die Achtung vor dem Leben. Jaina-Mönche und Asketen gehen dabei soweit, dass sie einen Mundschutz tragen, um keine Insekten durch Verschlucken zu töten. Die Jaina sind strikte Vegetarier.

Zwei Richtungen gibt es unter den Mönchen und Nonnen, die *shvetambaras,* ›die Weißgekleideten‹, und die *digambaras,* ›die Luftbekleideten‹. Den Mönchen und Nonnen der Shvetambaras ist es erlaubt, weiße Gewänder zu tragen, während die Mönche – nicht aber die Nonnen – der Digambaras unbekleidet sind. Schon von Mahavira wird berichtet, er sei nackt gewesen. Besitz ist der Erlösung hinderlich. Die Digambara-Mönche, von denen es in ganz Indien nur wenige Hundert gibt, tragen neben einer Waschschüssel nur einen kleinen Wedel aus Pfauenfedern, um damit Insekten wegzufegen, bevor sie sich niedersetzen. Anders als Mönche und Asketen der Shvetambaras besitzen sie keine Almosenschale, sondern empfangen Gaben mit den Händen. »Wer seine Hände, Füße, Sprache und Sinne beherrscht, seine Gedanken nach innen richtet, eine gelassene Seele hat und die heiligen Texte kennt, der ist ein wahrer Mönch«, heißt es im Dashavaikalika-Sutra, einem der Jaina-Lehrtexte. Für die Laien gelten die strengen Lebensregeln der Mönche nur in abgemilderter Form.

In einer der Hallen des Chaumukha-Tempels: Mahavira in einer Yoga-Haltung

Der Chaumukha-Tempel in Ranakpur (Rajastan) zählt mit seinen 29 Hallen und 1444 Säulen zu den herausragendsten Jaina-Tempeln

**629–645**
der chinesische Pilger Hsiuen-tsang bzw. Xuanzang reist durch Indien
**711**
der Sind wird von Arabern erobert
**zwischen 680 und 720**
die südindischen Pallavas stehen auf dem Höhepunkt ihrer Macht
**752–756**
Calukyas werden von Dantidurga besiegt; Dantidurga begründet die zentralindische Rashtrakuta-Dynastie
**ab 770**
das bengalische Pala-Reich wird von Gopala begründet, Dharmapala führt das Reich zur Vormachtsstellung in Ostindien
**783**
in Rajastan gründet Vatsa-Raja die Gurjara-Pratihara-Dynastie
**788–820**
Leben des Hindu-Philosophen Cankara
**ab 836**
Bhoja baut das rajastanische Reich der Gurjara-Pratiharas zur größten Macht Indiens aus
**ab 871**
nach seinem Sieg über die Pallavas gründet Aditya I. die südindische Cola-Dynastie
**ab 939**
unter Krishna III. wird das zentralindische Rashtrakuta-Reich zur größten indischen Macht
**949**
Krishna III. siegt über die Colas
**971**
Mahmud von Ghazni beginnt seinen Krieg gegen Indien

## Sechs philosophische Lehrrichtungen

Der Hinduismus kennt sechs ›orthodoxe‹ philosophische Systeme, die unter dem Namen *darshana* zusammengefasst werden. Darshana heißt ›Anschauung‹ oder ›System‹. *Astika,* d. h. ›orthodox‹, sind die sechs philosophischen Schulen, weil sie sich – anders als etwa die philosophischen Richtungen des Buddhismus und Jainismus – entweder auf dem Boden des Veda bewegen und die darin enthaltenen Gedanken weiterentwickelt haben oder aber weil die Anhänger eines Systems die Veden als Autorität anerkannten, auch wenn ihre Denkweisen mit diesen nicht übereinstimmten. ›Orthodox‹ bedeutet nicht notwendigerweise, dass die sechs philosophischen Schulen des Hinduismus eine gemeinsame Lehrmeinung oder Denkrichtung vertreten. Im Gegenteil: Schon zu den Tagen Gautama Buddhas war es üblich, dass Philosophen und Gurus verschiedener Schulen ihre Auffassungen öffentlich diskutierten und sich dabei oftmals gehörige Auseinandersetzungen boten. So entstanden die Systeme nicht isoliert von einander und wurden im Laufe vieler Jahrhunderte gemeinsam tradiert, überprüft und durchdacht, so dass genaue philosophische Begrifflichkeiten entstanden.

Einige dieser Richtungen sind ›atheistisch‹, und zwar dahingehend, dass sie einen persönlichen Schöpfergott leugnen. Ein solcher Atheismus kann durchaus religiöser Natur sein, denn der atheistische Hindu vermag sehr wohl von geistigen Welten, von einem Prinzip kosmischer Gerechtigkeit und von Göttern – für viele Hindus personifizierte Aspekte des Absoluten – überzeugt sein, aber dennoch wird er die Existenz eines allmächtigen *persönlichen* Weltenschöpfers leugnen. Religiöser Atheismus ist in der Geisteswelt Indiens nichts Außergewöhnliches. Buddhismus und Jainismus sind aus dem Hinduismus hervorgegangene ›häretische‹ Lehren, die beide grundsätzlich atheistisch sind.

Bei aller Verschiedenheit einzelner Anschauungen liegt die Gemeinsamkeit indischer Philosophien nicht nur in der Auffassung von Karma und Wiedergeburt, sondern auch in der Überzeugung von etwas »Unent-

> Jene Asketen und Priester, die behaupten, dass alles bedingt sei durch Gottes Schöpfung, die habe ich aufgesucht und gefragt: ›Ist es wahr, Verehrte, dass ihr behauptet und der Ansicht seid: was auch immer der Mensch empfindet, sei es Wohl oder Wehe, dass dies alles bedingt ist durch Gottes Schöpfung?‹ Also von mir befragt, stimmten jene mit ›ja‹ bei. Ich aber sprach zu ihnen: ›Demnach also, Verehrte, würden die Menschen infolge von Gottes Schöpfung zu Mördern, Dieben, Unkeuschen, Lügnern, Zuträgern, Schimpfbolden, Schwätzern, Habgierigen, Gehässigen und Irrgläubigen!‹ Wahrlich, ihr Mönche, denjenigen, die sich auf Gottes Schöpfung als das Entscheidende berufen, fehlt es an Willensantrieb und Tatkraft und an einem Anlass, dieses zu tun oder jenes zu lassen.«
> (Gautama Buddha, aus der ›Angereihten Sammlung‹, Anguttara-Nikaya, des Pali-Kanon, Übersetzung: Nyanatiloka, 1969).

standenem, Ungeborenem und Ungeschaffenem« als unbeschreibbarer Kern des kosmischen Wirkens von Entfaltung, Blüte und Auflösung. Dabei sind weder die Erde noch der Mensch Mittelpunkt des Geschehens. Gemessen an kosmischen Dimensionen ist die Welt, in der wir leben, nur ein winziges vergängliches Fleckchen. So betrachtet erscheint die sichtbare Welt des Vergänglichen vergleichsweise bedeutungslos. Der philosophische Blick richtet sich auf das Ewige, nicht jenseits der Welt, sondern auf das Ewige im Menschen. Hindu-Philosophie ist dabei mehr als nur gedankliche Spekulation. Sie geht Hand in Hand mit meditativen Praktiken, mit denen unterschiedliche Bewusstseinszustände erfahren werden können.

Im Folgenden wird ein kurzer Blick auf die sechs orthodoxen Systeme des Hinduismus geworfen, wobei aber unbedingt betont werden muss, dass ein solcher Überblick lediglich eine starke und somit sehr grobe (um nicht zu sagen nahezu sträfliche) Vereinfachung dessen bedeutet, was in vielen Jahrhunderten geistiger Arbeit von indischen Denkern entwickelt wurde.

### Die Samkhya-Lehre

Die hinduistische Tradition betrachtet die Samkhya-Lehre als das älteste der Darshanas. Übertragen bedeutet *samkhya* ›Aufzählung‹. Alles Seiende wird in 25

**973**
die Dynastie der zentralindischen Rashtrakutas wird durch die Calukyas verdrängt
**985–1014**
unter Raja-raja I. herrschen die Colas über ganz Südindien
**988–1038**
unter Mahipala erfolgt eine neue Blüte des bengalischen Pala-Reiches
**10.–11. Jh.**
Tempel von Khajuraho; Gründung der Rajputen-Dynastien
**ab 1014**
unter Rajendra I. erleben die Colas den Höhepunkt ihrer Macht
**1017**
die islamischen Eroberer zerstören die buddhistische Tempelanlage in Sarnath bei Benares
**1023**
die Colas erreichen den Ganges
**1024**
die islamischen Eroberer zerstören den Tempel von Somnath im heutigen Bundesstaat Gujarat
**1142–1236**
der islamische Mystiker Muin-du-din Chishti gründet den indischen Sufi-Orden
**1055–1137**
Leben des Philosophen Ramanujas; Gründung der Shri-Vaishnava-Bewegung
**1192**
das Heer der Rajputen-Konföderation wird von Muhammad von Ghur geschlagen; Qutb-ud-din Aibak erobert Nordindien und Muhammad Bakhtyar Khalji Ostindien

schematischen Kategorien aufgezählt. Dabei wird das Seiende nicht als illusorisch, sondern als real aufgefasst. Es heißt, ein Seher namens Kapila sei Urheber des Samkhya-Systems. Von der einstmals umfangreichen Samkhya-Literatur sind nur noch 72 Lehrtexte erhalten, die ›Samkhya-Karika des Ishvara Krishna‹ aus dem 3.–4. Jh. Die Grundgedanken der Samkhya-Lehre sind jedoch bedeutend älter. Sie stammen, wie auch das Yoga, sogar noch aus der vor-vedischen Zeit und gehen auf die Ureinwohner Indiens zurück. In kurzen Worten lässt sich das System folgendermaßen zusammenfassen:

Der unerschaffenen und unentstandenen Urmaterie oder Natur, *prakriti,* steht der reine Geist, *purusha,* gegenüber. Das System ist ein streng dualistischer Realismus. Prakriti, die unbewusste Materie, ist in steter Bewegung. Sie setzt sich dabei aus drei *gunas* bzw. ›Grundeigenschaften‹ zusammen: *sattva, rajas* und *tamas.* Sattva steht für alles Reine, für Licht, Wahrheit und Güte. Rajas entspricht der Aktivität und Impulsivität, während Tamas ›Trägheit‹, ›Schwere‹ und ›Dunkelheit‹ bedeutet. Bezogen auf menschliche Charaktere ist Sattva Heiterkeit, Gelassenheit und Ruhe, Rajas dagegen bedeutet Impulsivität und Leidenschaft, während Tamas für Dunkelheit und Tod sowie für Trägheit, Schwäche und Dummheit steht. Tamas kann nur durch Rajas überwunden werden, um Sattva zu erreichen.

Sind die drei Eigenschaften in einem genau ausgeglichenen Zustand, so heben sie sich gegenseitig auf –

»Seit der Zeit der Upanishaden verwirft Indien die Welt, *so wie sie ist,* und wertet das Leben ab, wie es sich dem Auge offenbart, nämlich als ephemer, schmerzvoll und illusorisch. Diese Konzeption führt jedoch weder zum Nihilismus noch zum Pessimismus. Man verwirft *diese* Welt und wertet *dieses* Leben ab, weil man weiß, dass es *etwas anderes* gibt jenseits des Werdens, der Zeitlichkeit und des Leidens. In religiöser Ausdrucksweise könnte man fast sagen: Indien lehnt den *profanen* Kosmos, das *profane* Leben ab, weil es nach einer *heiligen* Welt, einer *heiligen* Seinsweise dürstet.«
(Mircea Eliade, »Yoga, Unsterblichkeit und Freiheit«, Frankfurt/Main 1988, S. 17 f.)

es entsteht nichts. Geraten die drei Grundelemente in Bewegung, herrscht Unausgeglichenheit und damit findet eine Gestaltwerdung statt. So ist jedes Weltwerden Ausdruck sich bewegender Elemente der Urmaterie. Damit aber überhaupt eine Weltenschöpfung stattfindet, bedarf es eines geistigen Prinzips, Purusha. Der reine Geist ist unbeschreiblich, er ist ewiges Bewusstsein. An sich eine Einheit, manifestiert sich Purusha in der Welt als die ungeheure Anzahl der Einzelseelen. Als das ewige Bewusstsein darf Purusha aber nicht mit unserem Intellekt oder Ego verwechselt werden. Das nämlich ist nach der Samkhya-Lehre Teil der Materie. Nur dadurch, dass unser Bewusstsein an die materielle Welt und an das Ego gebunden ist, wird die befreiende Erfahrung des Ewigen verhindert. Der absolute Geist befindet sich sozusagen im Zustand der Selbstvergessenheit. Der Mensch haftet sich demnach durch mangelnde Unterscheidung zwischen seinem eigentlichen Selbst und dem Nicht-Selbst an das leidvolle Rad der endlosen Wiedergeburten. Nicht Sünde oder göttliche Strafe sind hier Ursache für Leid, sondern *avidya,* die Unwissenheit! So ist es Ziel der Samkhya-Lehre, Purusha von Prakriti zu trennen.

Aum (oder Om) – die mystische Silbe, geschrieben in Sanskrit, versinnbildlicht nicht nur das unbenennbare Absolute, sie ist auch das gebräuchliche Symbol für den Hinduismus

Die Samkhya-Lehre war eine atheistische Richtung, die lehrte, dass eine Befreiung vom leidvollen Daseinskreislauf durch das logische Denken – also auf rein theoretischem Weg – zu erreichen sei. Doch die Samkhya-Schule ist mit dem Yoga verschmolzen, das einen meditativen Weg zur Selbsterkenntnis bietet. Daher ist oft von ›Yoga-Samkhya‹ die Rede, wobei Samkhya gewissermaßen den theoretischen Hintergrund des Yoga darstellt. »Samkhya ist Wissen und Yoga ist Übung«, heißt es in der Shvetashvatara-Upanishad (VI, 13). Durch den Einfluss des Yoga wurde Samkhya theistisch. Purusha wandelte sich zu *Ishvara,* zum ›Herrn des Universums‹.

### Yoga, das ›Joch‹ strenger Übung

Meditative Praktiken und verschiedene Askesetechniken gibt es in Indien seit Jahrtausenden. Etwa im 2. Jh.

v. u. Z. unternahm es der Grammatiker Patanjali, verschiedene Yoga-Techniken, die sich damals seit vielen Jahrhunderten als erfolgreich erwiesen, zu einem System zu vereinen. So hat er die Lehrtradition des Yoga zwar veröffentlicht und korrigiert, aber Patanjali ist nicht der Urheber des Yoga. Für sein Yoga-System hat er die Samkhya-Lehre weitgehend übernommen und theistisch umgedeutet. Gegenüber der theoretischen Erkenntnis hebt Patanjali die Bedeutung der Meditationstechniken deutlich hervor.

»Alles ist Leiden für den Weisen«, heißt es in den Yoga-Sutras (II, 15). Der Weg aus dem innerlichen Verhaftet-Sein im Vergänglichen ist beschwerlich. Der Körper und alle inneren Widerstände, die der Versenkung im Wege stehen, gilt es ins ›Joch‹ zu spannen. Der Yoga-Pfad kennt acht Stufen oder Glieder *(anga)* körperlicher und geistiger Übungen:

Ein Yogi in Meditationshaltung, *padmasana*, dem ›Lotus-Sitz‹

1. *yama,* ›die Bezähmung‹, besteht aus *ahimsha,* ›nicht-töten‹, *satya,* ›Wahrhaftigkeit‹, *asteya,* ›nicht-stehlen‹, *brahmacarya,* ›Keuschheit‹, und *aparigraha,* ›nicht-besitzgierig-sein‹. Dabei soll die sexuelle Enthaltsamkeit dazu dienen, Nervenkraft im Körper zu sammeln.

2. *niyama,* ›die Selbstdisziplin‹, steht für die Weiterentwicklung sittlicher Tugenden. Es gilt z. B. innere und äußere Reinheit zu wahren und gegenüber anderen Nachsicht zu üben. Auch sind heilige Texte zu studieren und zu rezitieren und eine Gottheit, *Ishvara,* zu wählen, der als erstrebtes Ideal Verehrung entgegenzubringen ist. Im eigentlichen Sinn lassen sich die ersten beiden Stufen nicht als yoga-typisch bezeichnen. Auch ein Nicht-Yogi kann sich dieser Bezähmungen und Selbstdisziplinierung widmen. Erst mit der dritten Stufe beginnt das tatsächliche Yoga.

In praller und für den gewöhnlichen Menschen unerträglicher Sonnenhitze meditiert dieser Sadhu umgeben von schwelendem Feuer mit einem Krug glühender Kohlen auf seinem Kopf

3. *asana,* ›die Körperhaltung‹, ist zu üben und genau einzuhalten. ›Fest und angenehm‹ soll die Haltung sein. Die verbreitetste Position ist *padmasana,* ›der Lotussitz‹. Es gibt ein Vielzahl von Yoga-Haltungen, die eine erstklassige Körperbeherrschung erfordern und die erst nach jahrelanger Übung durchführbar sind. Ohne einen Lehrer *(guru)* ist es so gut wie unmöglich, unbeschadet zu praktizieren.

4. *pranayama,* ›die Atemkontrolle‹, bedeutet, dass der Übende seine ganze Aufmerksamkeit auf die Atmung richtet. Es ist der Atem, der uns belebt und Geist und Körper vereint. Konzentrationsübungen, die sich auf eine bewusste und rhythmische Atmung beziehen, haben eine beruhigende Wirkung auf den Geist. Auch dabei bedarf es der Aufsicht eines Lehrers, da nicht wenige dieser Übungen gefährlich sein können, wenn sie falsch ausgeführt werden.

5. *pratyahara,* ›das Sich-Zurückziehen der Sinne aus der Herrschaft äußerer Objekte‹, heißt, Dinge werden zwar noch wahrgenommen, aber aus einer kontemplativen Haltung der völligen Teilnahmslosigkeit heraus. Yogis, die sich in dieser Stufe der Übungen vervollkommnen, erreichen es, ihr Schmerzempfinden z. B. so zu kontrollieren, dass sie auf Stichverletzungen unempfindlich reagieren.

6. *dharana,* ›die Konzentration‹, ist, so Patanjali, ›die Fixierung des Denkens auf einen einzigen Punkt‹. Dieser Punkt kann ein äußerer Gegenstand sein oder auch ein Nervenzentrum im Körper. Wichtig dabei ist, dass die Yoga-Lehre den Körper nicht nur in seiner materiellen Erscheinung kennt, sondern dem Übenden offenbaren sich im Laufe der Entwicklung auch Daseinsebenen, die dem alltäglichen Bewusstsein verborgen bleiben.

*»Es erforschen im Hinduismus die Menschen das göttliche Geheimnis und bringen es in einem unerschöpflichen Reichtum von Mythen und in tiefdringenden philosophischen Versuchen zum Ausdruck und suchen durch asketische Lebensformen oder tiefe Meditation oder liebend-vertraute Zuflucht zu Gott Befreiung von der Enge und Beschränktheit unserer Lage. In den verschiedenen Formen des Buddhismus wird ... ein Weg gelehrt, auf dem die Menschen ... entweder den Zustand vollkommener Befreiung erreichen oder ... zur höchsten Erleuchtung zu gelangen vermögen.«*

(Aus der Erklärung über das Verhältnis der katholischen Kirche zu den nichtchristlichen Religionen ›Nostra aetate‹ des II. Vaticanums)

7. *dhyana,* ›das Festhalten‹, ist eine Vertiefung der Meditation, bei der der Gegenstand der Kontemplation auf längere Zeit im Bewusstsein festgehalten wird.

8. *samadhi,* ›Vereinigung, Totalität, höchste Konzentration‹, bedeutet, dass zwischen dem Objekt der Konzentration und dem Bewusstsein kein Unterschied mehr besteht. Gewöhnlich erleben wir uns als isolierte Einzelperson. Diese Qualität des Bewusstseins ist im Samadhi-Zustand ausgeschaltet. Richtet sich das Bewusstsein etwa auf die Eigenschaften einer als Ideal verehrten Gottheit, so besteht eine Einheit mit diesem Ideal.

Grundsätzlich lehrt Yoga, dass es tiefere Bewusstseinsschichten gibt, die unsere gewöhnliche Wahrnehmungsfähigkeit übersteigen und nur latent vorhanden sind. Daher ist die ›Einweihung‹ durch einen Lehrer nötig, um durch die langwierige geistige und körperliche Praxis die innere und geistige Befreiung *(moksha)* zu erlangen. Es steht außer Frage, dass wir es hier nicht mit einem religiösen Glaubensbekenntnis zu tun haben, sondern mit geistigen, in das Innere des Menschen gerichteten Erkenntnis- und Wissensformen, die es in den westlichen Religionen (von okkulten Strömungen und Traditionen abgesehen) nicht gibt.

### Nyaya-Vaisheshika

*Vaisheshika,* ›sich auf die Unterschiede beziehend‹, war ursprünglich eine atheistische und atomistische Lehre.

Sie soll vom Seher Kanada aus dem 2. Jh. v. u. Z. stammen. Grundlage des Systems ist das Vaisheshika-Sutra.

Die Fragestellungen des Vaisheshika sind metaphysischer und naturphilosophischer Art. Wir nehmen Dinge aus der physikalischen Welt wahr. Existieren diese Dinge ›an sich‹ tatsächlich so, wie wir sie wahrnehmen? Oder ist die von uns wahrgenommene Welt das Produkt unserer Sinne und unseres Bewusstseins, so dass diese Welt ohne unsere Wahrnehmungsweise gar nicht existierte? Vaisheshika und auch Nyaya gehen davon aus, dass die Außenwelt auch ohne unser Bewusstsein existiert. Wenn wir z. B. ein Haus sehen, dann weil es auch wirklich ist. Die gemeinsame Lehre von Nyaya-Vaisheshika ist ein Realismus.

Gemäß dem Vaisheshika setzt sich die körperliche Welt aus unteilbaren Teilchen, den Atomen zusammen. Wir können einen Gegenstand zerteilen, doch irgendwann muss ein Punkt der Unteilbarkeit erreicht sein. Könnten wir jeden Körper in unendlich viele Teile zerteilen, woher rühren dann die Unterschiede in Größe und Gewicht der Körper? Große Körper müssen mehr Atome enthalten und kleine weniger. Also muss es unteilbare Einheiten der Materie geben, die sich nach bestimmten Gesetzen zusammensetzen und Körper bilden. Die Atome werden vier Elementen zugeordnet: Wasser, Feuer, Luft und Erde. Das fünfte Element, *akasha* bzw. ›Äther‹, ist ebenso wie Raum und Zeit

Die buddhistische Klosteruniversität von Nalanda im Bundesstaat Bihar, die zwischen dem 8. und dem 9. Jh. u. Z. Tausende von Studenten beherbergte, erzählt noch heute von der großen Epoche philosophischer Gelehrsamkeit in Indien. Zu dieser Zeit gab es große Dispute zwischen Hindus und Buddhisten

»Wenn ich aber suche, mir vorstellig zu machen, dass ich vor einem individuellen Wesen stände, zu dem ich sagte: ›mein Schöpfer! ich bin einst nichts gewesen: du aber hast mich hervorgebracht, so dass ich jetzt etwas und zwar ich bin. Wenn ich nichts getaugt habe, so ist das meine Schuld‹ – so muss ich gestehen, dass in Folge philosophischer und indischer Studien mein Kopf unfähig geworden ist, einen solchen Gedanken auszuhalten.«
(Arthur Schopenhauer, »Parerga und Paralipomena«, 1851)

nicht-atomisch. Die Natur insgesamt wird im Vaisheshika in sechs Kategorien aufgeteilt: Substanz, Eigenschaft, Tätigkeit, Gemeinsamkeit, Verschiedenheit und Verbindung.

Doch eine Frage bleibt noch offen: Warum erscheint überhaupt eine Welt in einem Bewusstsein? Grundlage dessen sind *atman,* das ›Selbst‹, und *manas,* das ›Denkorgan‹. Hier ist das Selbst mit dem uns geläufigen ›Ich‹ gleichgesetzt. Es ist also nicht eine absolute Einheit als Kern der Erscheinungswelt. Das ›Ich‹ ist dabei auch nicht identisch mit dem Denkorgan bzw. dem Intellekt.

Das Wort *nyaya,* ›richtig‹, bedeutet ›Beweis‹ oder auch ›Logik‹. Gautama Akshapada, der etwa im 2. Jh. u. Z. lebte, gilt als Autor des Nyaya-Sutra, das er allerdings aus älteren Grundlagen zusammengefügt hatte. Schon der älteste Kommentar zum Nyaya-Sutra bezeugt die enge Verknüpfung von Vaiseshika und Nyaya. Beide Systeme ergänzen sich.

Bis heute verbindlich ist der erste Kommentar, den Vatsyayana im 3. Jh. verfasst hat. Nach Vatsyayana ist Nyaya eine streng analytisch-logische »Prüfung von Objekten, Erkenntnis durch logischen Beweis«. Was ist eigentlich Wissen? – und wie kann Wissen begründet werden, wenn nicht durch logischen Beweis? Dabei teilt sich die Beweisführung des Nyaya in fünf Schritte: 1. Die Behauptung: Es brennt ein Feuer. 2. Die Begründung: Ich sehe Rauch. 3. Die Erklärung: Immer, wenn ein Feuer brennt, entsteht Rauch. 4. Die Wiederholung: Der Rauch ist zu sehen. 5. Die Schlussfolgerung: Also muss ein Feuer brennen.

Die Philosophie des Nyaya gilt als logische Begründung brahmanischer Denkweisen. Auch wenn die Dinge der äußeren Welt nach dem Nyaya unabhängig von unserer Wahrnehmungsweise existieren, so gibt es keine Erkenntnis ohne persönlichen Geist, *manas*. Doch der Geist ist verschieden vom ewigen Selbst. Nach dem Nyaya ist unser Bewusstsein immer ein Bewusstsein von etwas. Daher ist das persönliche Bewusstsein keine wesentliche Eigenschaft des ewigen und von der Person unabhängigen Selbst. Die Befreiung von Karma und Wiedergeburt liegt folglich darin, dass das Selbst als ein von unserer Person unabhängiges erkannt wird. Die Erlösung ist innere Loslösung und Gelassenheit gegenüber Begierden und persönlichen Bindungen. Im Nyaya-Sutra ist keine Gottheit erwähnt. Erst später wurde das Nyaya theistisch und in das philosophische System fand die Gottheit, genannt Ishvara, Eingang.

### Mimamsa

Das Wort *mimamsa* bedeutet ›Erörterung‹ und bezieht sich auf die vedischen Opfertexte und Ritualvorschriften. Die in den Brahmanas verstreuten Anleitungen zu den vedischen Zeremonien wurden schätzungsweise im 1. Jh. v. u. Z. von dem Brahmanen Jaimini in dem *Mimamsa-Sutra* zu einem System geordnet und erläutert. Das von Jaimini verfasste Lehrwerk behandelt alle zur damaligen Zeit vorhandenen Deutungen vedischer

Brahmanen bei einem Gebetsritual in Benares

»In Wahrheit ... kann jene verborgene und sogar die äußeren Einflüsse lenkende Macht ihre Wurzeln zuletzt doch nur in unserem geheimnisvollen Innern haben, da ja das A und Ω allen Daseins zuletzt in uns selbst liegt.« (Arthur Schopenhauer, »Parerga und Paralipomena«, 1851)

Rituale in insgesamt zwölf Kapiteln, von denen das erste die Bedeutung der Veden als von den ›Sehern‹ erkannte ewige Wahrheiten besonders hervorhebt. Jaiminis Werk ist nicht das Ergebnis rein philosophischer Fragestellungen. Die in den Veden dargestellte Auffassung, von den Ritualen gehe eine Kraft aus, die gewünschte Wirkungen hervorbringt, führte auch zu einer Lehre des Mimamsa, die besagt, dass durch passend ausgesprochene Laute, den Mantras, die gewünschten Wirkungen erzielt werden können. Bis in die Gegenwart hinein spielt der Vollzug von religiösen Zeremonien und Ritualen im Hinduismus eine herausragende Rolle. Ebenso dienen nach wie vor in den unterschiedlichsten Strömungen des Hinduismus eine Vielzahl von Mantras den Zwecken geistiger Sammlung und Meditation.

### Vedanta

So wie sich Mimamsa auf die Brahmanas bezieht, ist *vedanta*, ›das Ende der Veden‹, die grundsätzliche Auslegung oder besser ›Schlussbetrachtung‹ der Veden, die auf den Upanishaden aufbaut. Grundlage der gesamten Vedanta-Philosophie ist das der Überlieferung nach von Badarayana zusammengefasste *Brahma-* oder *Vedanta-Sutra*, das etwa zwischen 400 vor und 200 n. u. Z. vor dem Hintergrund der Upanishaden entstand. Das Brahma-Sutra erkennt zwei Sichtweisen an. Zum einen ist Brahman als reines Sein absolut und unpersönlich. Als solches heißt es *nirguna-brahman*, ›eigenschaftsloses‹ Brahman. Zum anderen wird Brahman auch als persönliche Gottheit verstanden – *saguna-brahman*, ›Brahman mit Eigenschaften‹. Streng betrachtet lassen sich diese beiden Positionen allerdings nicht auf einen Nenner bringen. Bereits die Ramatapaniya-Upanishad erklärt dazu: *»Brahman ist reines Bewusstsein, ohne Teil, ohne Form. Um dem nach Transzendenz Strebenden bei der Mühe um Hingabe behilflich zu sein, sind ihm Symbole und Eigenschaften gegeben worden.«*

Das Vedanta-Sutra besteht aus 555 Abschnitten aus jeweils nur wenigen Worten und ist auch von daher

Sonnenaufgang über dem Ganges an den Ghats von Benares. Hier saß Cankara vor 13 Jahrhunderten und philosophierte

erklärungsbedürftig. Aus diesem Grund entstanden im Laufe der Zeit verschiedene Kommentare und entsprechende Vedanta-Schulen. Im Zentrum der Vedanta-Philosophie steht die Lehre der Upanishaden, dass *atman*, das Selbst, mit dem Brahman identisch ist. Dabei haben sich drei bedeutende Schulen und Interpretationsweisen herausgebildet. *Advaita-vedanta*, die Lehre des Nicht-Dualismus, *vishishtadvaita-vedanta*, ›der eigenschaftsbehaftete Nicht-Dualismus‹ und *dvaita-vedanta*, die dualistische Lehre.

Als der wichtigste Kommentator des Vedanta gilt Cankara, der im 8. Jh. u. Z. lebte. In Südindien als Sohn eines Brahmanen geboren, verfasste er seinen berühmten Kommentar zum Vedanta-Sutra in Benares. Cankara lehrt den Nicht-Dualismus. Seine Philosophie ist eine idealistische. D. h. vom transzendenten Standpunkt aus gibt es nur eine Wirklichkeit, und zwar die des Absoluten. Die Welt, die wir in unserem alltäglichen Bewusstsein wahrnehmen, ist eine veränderliche und daher nur scheinbare. Berühmt ist folgendes Beispiel: Vor uns liegt ein Seil, doch weil es halbdunkel ist, denken wir, es mit einer Schlange zu tun zu haben. Unsere Wahrnehmung der Wirklichkeit ist also eine

Diese mit Messing-, Silber- und Kupfereinlagen versehene Bronzestatuette Vishnus ist beispielhaft für die Kunst Südindiens

verhältnismäßige Täuschung. Über die äußeren Sinne erkennen wir die eigentliche Wirklichkeit nicht. Unwissenheit, *avidya,* prägt unser Bewusstsein. Die Welt ist nur eine Erscheinung, *maya.* Das einzig wirkliche und nicht-wandelbare Selbst als Kern aller Erscheinungen und Einheit aller Gegensätze ist Brahman. Damit hat Cankara eine Erkenntnislehre entwickelt, die eine ›höhere‹ und ›niedere‹ Wahrheit anerkennt. Die Wirklichkeit lässt sich demnach auf verschiedene Weise deuten, wobei Cankara die Vorstellung einer persönlichen Schöpfergottheit vom nicht-dualistischen Standpunkt aus als menschliche Scheinbarkeit auffasst: »Sonach hätte Gott eine ungerechte Schöpfung hervorgebracht, wäre ein individuelles Wesen mit Liebe und Hass behaftet, und die von der Shruti und Smriti behauptete Lauterkeit usw. seiner Natur würde Abbruch leiden. Also wegen der Ungerechtigkeit und Unbarmherzigkeit, die ihm anhaften würde, kann Gott nicht die Ursache der Welt sein.« (Aus Cankaras Kommentar zu den Brahma-Sutras des Badarayana, Übersetzung: Paul Deussen 1906, S. 133.)

Auch Cankara macht deutlich, dass persönliche Gottesvorstellungen Hilfsmittel sind, die es unterschiedlichen Menschen ermöglichen, sich gemäß ihrer Auffassungsgabe über das Absolute greifbare Vorstellungen zu machen.

Die Richtung des ›eigenschaftsbehafteten Nicht-Dualismus‹, *vishishtadvaita,* geht auf Ramanuja (ca. 1055–1137) zurück, der in Tamil Nadu, Südindien lebte. Sein Wirken ist beispielhaft für die gegenseitige Beeinflussung ganz unterschiedlicher Strömungen und Denkweisen innerhalb des Hinduismus, denn Ramanujas Denkgebäude ist eine Verbindung von Vedanta-Philosophie und kultischer Vishnu-Verehrung. Auch wenn Ramanuja schon Vorläufer hatte, ist sein Kommentar zum Vedanta-Sutra als Standardwerk des

Vaishnavismus, d. h. der Vishnu-Verehrer, von herausragendem Gewicht.

Nach Ramanuja sind Brahman und Atman nur verhältnismäßige Begriffe. Das Verhältnis ist das des Ganzen zu seinen Teilen und zu seinen Eigenschaften. Wenn wir sagen: »die Rose ist rot«, dann ist ›rot‹ eine Eigenschaft der Rose und als solche nicht mit ihr identisch, auch wenn eine Einheit besteht. Damit vergleichbar muss zwischen Brahman und Atman ein relativer Unterschied bestehen. Sowohl die Einzelseelen als auch das Unbelebte sind für Ramanuja sowohl unterschiedliche als auch reale Qualitäten der Gottheit. Dabei hat Ramanujas Philosophie zugleich einen theistischen Charakter. Die höchste Form des Brahman ist *narayana,* ›der dem Menschen innewohnende Gott‹, Vishnu. Die erlöste oder befreite Seele kann zwar gottgleich werden, doch als Seele ist sie begrenzt und somit nicht mit dem Absoluten identisch. Der mystische Erlösungsweg ist ein zweifacher. *Prapatti* ist die völlige Selbstaufgabe, verbunden mit dem Vertrauen auf die Gnade und Macht Narayana-Vishnus, und *bhakti* ist die völlige Liebe zur persönlichen Gottheit.

Als einer der Hauptvertreter des dualistischen Vedanta gilt Madhva (1199–1278). Nach Madhva existieren seit je her drei von einander zu unterscheidende Wesenheiten: Gott, Einzelseelen und die physikalische Welt. Er identifiziert Brahman mit Vishnu, dem Weltenschöpfer. Daher sind Einzelseelen und Welt der Gottheit untergeordnet. Das Karma des Einzelnen wird durch den göttlichen Willen bestimmt. Während die erlösten Seelen die Gottheit verehren, ohne mit ihr identisch zu sein, sind die nicht-erlösten Seelen zur ewigen Verdammnis bestimmt. Gegenüber der Philosophie steht hier die religiöse Frömmigkeit eindeutig im Vordergrund. Dabei ist Madhvas Denkweise für den Hinduismus eher ungewöhnlich und weicht von vielen ursprünglichen Auffassungen der Upanishaden entschieden ab.

Zu den ersten westlichen Philosophen, die sich der Tragweite indischen Denkens bewusst wurden, zählt Friedrich Nietzsche. An Paul Deussen, einen der großen Väter unserer heutigen Indologie, schrieb er am 16. März 1883 aus Genua in einem persönlichen Brief: »Da musste viel in einem Menschen zusammenkommen, um eine solche Vedanta-Lehre uns Europäern offenbaren zu können; und ich preise dich, alter Freund, dass du nicht verlernt hast, tüchtig zu arbeiten.«

**1206**
Muhammad von Ghur wird getötet, unter Qutb-ud-din Aibak wird das Delhi-Sultanat begründet
**etwa ab 1250**
Bau des Sonnentempels von Konark
**1279**
Cola-Dynastie endet; die Pandyas von Madurai werden zur südindischen Führungsmacht
**1290–1320**
Khalji-Dynastie; das Delhi-Sultanat erlebt den Höhepunkt seiner Macht
**1293**
Marco Polo bereist Indiens Süden
**ab 1296**
erste Angriffe der Mongolen beginnen, bleiben aber ohne Erfolg
**1311**
Südindien wird durch den Moslem Malik Kafur erobert
**1320–1388**
Tughlug-Dynastie in Delhi
**1327**
das Sultanat von Delhi beginnt zu zerfallen
**1334**
Madurai wird eigenständiges Sultanat
**1336**
Harihara I. begründet in Karnataka das hinduistische Vijayanagar-Reich mit der Hauptstadt Hampi
**1338**
Bengalen wird ein selbständiges Sultanat; das Madurai-Sultanat wird vom Heer des Vijayanagar-Reichs erobert
**1347**
in Zentralindien begründet Bahman Shah das Bahmani-Sultanat

### Der Erhalter und Beschützer

Schon in den Veden erscheint Vishnu als Bewahrer der Welt. Im Rigveda ist er ein Sonnengott und Begleiter Indras. Den Menschen ist Vishnu wohlgesonnen. Nach mystischer Deutung durchschreitet Vishnu, ›der Wirkende‹ (von *vish* – ›wirken‹), den Weltraum in ›drei Schritten‹, die Sonnenaufgang, Höchststand der Sonne und Sonnenuntergang symbolisieren. Sinnbild für den höchsten ›Schritt‹, die Weltachse, war der Opferpfosten als Eigentum Vishnus. Seine Schritte reichen von der Erde über die Atmosphäre in den Götterhimmel hinein. Auch wenn es zu Vishnus Fähigkeiten gehört, alles zu durchdringen und er als gütige Gottheit dargestellt wird, ist seine Bedeutung im Rigveda gegenüber anderen vedischen Göttern noch eher untergeordnet. Nur selten wird er erwähnt. Viele Eigenschaften des Sonnengottes *Surya* wurden im Laufe der Zeit auf Vishnu übertragen. Gleichgesetzt wurde er auch mit *Bhaga*, dem fröhlichen Gott des Wohlstandes.

Möglicherweise war Vishnu ursprünglich einmal eine nicht-arische Gottheit, die in den vedischen Götterhimmel Eingang fand. Für die Hindu-Götter ist es nichts Ungewöhnliches, aus vielen lokalen Gottheiten zu einer Einheit verschmolzen zu sein. Vishnu ist dabei keine Ausnahme. Einerseits ein Sonnengott, wurde Vishnu auch mit dem westindischen Helden *Vasudeva* identifiziert. Der flötespielende Hirtengott *Krishna* (der wiederum ein anderer ist als der Krishna der Gita) wurde mit Vishnu gleichgesetzt; ebenso *Hari*, ›der Sündenvertreiber‹, oder auch

Ein Sadhu in Rajastan. An der senkrechten Stirnmarkierung ist sofort zu erkennen, dass er ein Anhänger Vishnus ist

## Vishnu und seine Verehrer

Gemeinsam mit seiner Gemahlin Lakshmi ruht Vishnu meditierend auf der Schlange der Ewigkeit, Ananta (Malerei der Pahari-Schule, um 1750)

*Narayana,* ›der aus dem Urgewässer Kommende‹. Beide Götternamen wurden zu Beinamen Vishnus. In den Brahmanas wird Vishnu als der ›kosmische Mensch‹ verstanden, durch dessen Zerstückelung das Universum entstand. Erst mit den Puranas wird Vishnu als Erhalter und Hüter göttlicher Ordnung neben Brahma, dem Schöpfer und Shiva, dem kosmischen Zerstörer, zur Gottheit der hinduistischen *trimurti,* der Dreiheit von Schöpfung, Bestand und Vernichtung. So entwickelte sich Vishnu gewissermaßen zu einer bedeutsamen Gottheit, die – um Goethes Worte zu gebrauchen – »die Welt im innersten zusammenhält«.

Oft wird Vishnu ruhend auf der Schlange *Ananta* (Unendlichkeit) dargestellt, die im Welten-Ozean schwimmt. Ruht Vishnu, so findet keine Schöpfung statt. Ein anderer Name für die Weltenschlange ist *Shesha,* ›Rest‹. Sie heißt so, weil sie bei jeder Auflösung der Natur, wenn Vishnu ruht, jeweils den ›Rest‹ der vergangenen Welt in sich trägt. Erwacht Vishnu wieder aus seinem Schlaf und entschließt sich zur Schöpfung einer neuen Welt, dann entspringt aus seinem Nabel eine Lotusknospe. Blüht sie, so sitzt Brahma darauf. Als aktiver Schöpfer steht Vishnu als Narayana aufrecht auf der Schlange des Weltenozeans. Sein Gefährt oder Reittier ist der mystische *Garuda,* halb Vogel und halb Mensch, Herrscher der Vögel und zugleich Feind der Schlangen. Garuda eignete sich besonders als Gefährt Vishnus, denn auch sein Reich

**1351–1388**
Fairoz-Shah ist der letzte historisch wichtige Sultan von Delhi
**1398**
der Mongolen-Herrscher Timur Leng (Tamerlan) erobert Delhi und zerstört die Stadt, seine türkischen Soldaten löschen die hinduistische Bevölkerung aus
**1403**
das Gurajat-Sultanat wird gegründet
**ab 1435**
in Orissa entsteht unter Kapilendra die Surya-vamsha-Dynastie
**1440–1518**
Leben Kabirs
**1451**
Sultan Buhlul Khan gründet in Delhi die Lodi-Dynastie
**bis 1526**
Sikander Lodi und sein Nachfolger Ibrahim Lodi bauen das Delhi-Sultanat wieder zur Nordindischen Vormacht aus
**1463–1539**
Leben des Guru Nanak
**1489**
das Bahmani-Sultanat zerfällt in fünf unabhängige Königreiche
**1492**
Kolumbus versucht auf dem Seeweg nach Indien zu gelangen und erreicht Amerika
**1498**
Vasco da Gama landet in Calicut

Der mystische Vogel Garuda

**1510**
die Portugiesen besetzen Goa
**1520**
das Vijayanagar-Reich erobert Bijapur
**1526**
Baber besiegt Ibrahim Lodi, begründet das Mogul-Reich
**1542–1545**
Sher Shah erobert ganz Nordindien
**1554–1556**
Mogulkaiser Humayun siegt über Sher Shahs Nachfolger
**1556–1605**
Mogul-Kaiser Akbar (Humayuns Sohn), gilt als der herausragendste Mogul-Herrscher der indischen Geschichte
**1565**
in der historischen Schlacht von Talikota siegen die Nachfolger-Reiche des Bahmani-Sultanats über das Vijayanagar-Reich
**1574**
Akbar erobert Gurajat; die Sikhs beginnen in Amritsar mit dem Bau des ›Goldenen Tempels‹

ist der lichte Himmel, während das Reich der Schlangen die Erde ist.

### Die Bhakti-Bewegung

Angehörige unterer Bevölkerungsschichten fanden zu den meist aufwendigen Ritualen der Brahmanen nur selten Zugang. Fern lag den meisten Menschen auch die ihnen unverständliche philosophische Spekulation sanskritgelehrter Denker. So war die Ausbreitung einer tiefen Volksfrömmigkeit naheliegend. Mit der *Bhakti*-Bewegung rückten Götter wie Shiva und Vishnu für die Gläubigen in erreichbare Nähe. Ihnen wurden Tempel und Stätten geweiht. Für die Bhakti-Anhänger manifestieren sich Shiva und Vishnu nicht nur in der Natur oder in den Götterstatuen, auch lokale Gottheiten, die bis dato nicht zum Hinduismus zählten, wurden mit ihnen identifiziert und konnten so in den Hinduismus eingebettet werden. Vishnu- und Shiva-Kulte bilden mit dem Shakti-Kult – der die weibliche Seite der Gottheit betont – die drei wichtigsten Kultformen des traditionellen Hinduismus.

Die Wurzeln der hingabevollen, religiösen Liebe sind alt. Schon in der Bhagavad Gita heißt es: *»Mit Vertrauen ausgestattet, erreicht der Gläubige seine Wünsche, denn ich gewähre sie ... Wer mich verehrt, erreicht mich«* (VII, 22 ) und *»meine Verehrer gehen niemals unter. Wer in mir Zuflucht nimmt, sei er von niederer Geburt ... wird das höchste Ziel erlangen ... Sei mein Anhänger, verehre mich. Mit mir als deinem Ziel wirst du mich erreichen.«* (IX, 31, 32 u. 34) Liebe und Vertrauen zur persönlichen und greifbaren Gottheit – das ist die Sprache eines Gottes, der sich nicht für althergebrachte brahmani-

»Der Satz, dass es gut sei, ein Tier um des Dharmas willen zu töten, ist gedankenlos. Zu erklären, Opfergaben, die im Feuer verbrannt werden, hätten eine Wirkung, ist kindisches Geschwätz. Wenn Indra seinen Rang wegen seiner vielen Opfer erhalten hat, dann steht ein Tier, das geopfert wird, höher als Indra. Wird einem Tier, das als Opfer geschlachtet wird, der Himmel zuteil, warum tötet der Opferer dann nicht seinen eigenen Vater, um ihn in den Himmel zu versetzen?« (Vishnu-Purana III, 18, Übertragung: W. Scholz)

sche Rituale interessiert, ebenso wenig für theoretische philosophische Grübeleien. »*Auch Leute von niederer Geburt, Frauen, Vaishyas, Shudras, sie erreichen das höchste Ziel, sobald sie Zuflucht zu mir nehmen.*« (IX, 26f) Für viele Hindus wurde dieser Gott zu ihrem erwählten Ideal – durch Krishna, dem Wagenlenker Arjunas, offenbarte sich für die Gläubigen die grenzenlose Güte Vishnus. Dass es in der Gita eigentlich um eine Schlacht ging, wurde dabei gerne außer Acht gelassen. Neben der Gita, die als der klassische Bhakti-Text schlechthin gilt, bilden die Puranas mit ihrem stets erscheinenden Ishvara, dem höchstem Ideal und Gott, und den gefühlsbetonten Geschichten die Summe der verschiedenen Bhakti-Richtungen. Kaum eine Form religiöser Schriften hat die Volksfrömmigkeit in dem Maße geprägt, wie die Puranas.

Gläubige Hindu-Frauen am Aufgang zum Jagdish-Tempel in Udaipur (Rajastan). Der Tempel ist Vishnu geweiht

Zu einer beachtlichen Volksbewegung wurde die Bhakti tatsächlich erst ab dem 6. Jh. in Tamil Nadu, von wo aus sie sich in den anschließenden Jahrhunderten über ganz Südindien verbreitete und ab dem 12. Jh. begann, Einfluss auf den gesamten Hinduismus auszuüben.

Obwohl die Bewegung religiöser Frömmigkeit und Liebe eine beachtliche Anzahl von Anhängern Shivas in ihren Reihen zählte, wurde Bhakti, ungeachtet vielfältiger gegenseitiger philosophischer und religiöser Beeinflussungen, zum entscheidenden Impuls der Vishnu-Anhänger. Vishnu ist – anders als Shiva – ein sanfter Gott, der den Menschen stets wohlgesonnen ist. Daher ist Bhakti als religiöser Erlösungsweg vorwiegend dem Vishnuismus oder besser: *Vaishnavismus* zuzurechnen.

**1600**
Gründung der britischen Ostindiengesellschaft
**1602**
Gründung der niederländischen Ostindiengesellschaft
**1605–1627**
Regierungszeit des Mogul-Kaisers Jahangir (Akbars Sohn)
**1616**
Jahangir empfängt den ersten britischen Gesandten, Sir Thomas Roe in Ajmer, Rajastan

## Die Gefahr der Intoleranz

Im Jadgish-Tempel in Udaipur

**1627–1658**
Shah Jahan regiert über das Mogul-Reich
**1639**
den Briten wird ein Handelsposten in Madras zugesichert
**1646–1680**
in Pune, im südlichen Maharashtra, gelangen die Marathen unter Shivaji zu einer Macht, die Aurangzeb bedrohte
**1658–1707**
Regierungszeit Aurangzebs, dessen religiöse Intoleranz zur Zerstörung zahlreicher Hindu-Tempel führte und dessen Macht- und Expansionsstreben zum Zusammenbruch des Mogul-Reiches führte
**ab 1664**
die französische Ostindiengesellschaft wird gegründet. Im selben Jahr unterliegt Shivaji vorübergehend der Mogul-Macht in Delhi, nachdem er Surat, den Haupthafen des Mogul-Reiches, verwüstete
**1674**
Shivaji lässt sich zum König krönen, sein Widerstand gegen Aurangzeb soll der Unabhängigkeit der Hindus von der islamischen Fremdherrschaft dienen
**1680**
Tod Shivajis
**1686**
Aurangzeb erobert die Sultanate Bijapur und Golkonda

Bhakti, die hingabevolle Liebe zu einem Gott, braucht ein greifbares und vorstellbares Objekt der Verehrung. Darum weist die Bhakti-Bewegung zwei Eigenheiten auf: Erstens gab und gibt es den starken Hang zur Sektenbildung, wobei zahllose Bhakti-Schulen auch diesen oder jenen Guru als göttliche Inkarnation verehren, und zweitens muss das zu verehrende Ideal für sich gegenüber seinen Anhängern völlige Exklusivität beanspruchen. Dabei kann die Gottesliebe rasch zu Fanatismus und Engstirnigkeit umschlagen. Schon die vishnuitischen Puranas erklären alle Systeme der Nicht-Vaishnava zu *tamasa-shastras,* zu ›Lehren der Finsternis‹, »durch die ein weiser Mann zum Sünder wird, allein wenn er daran denkt.« (Padma-Purana VI, 263) Die Vaishnava haben auch nicht darauf verzichtet, die Bedeutung ihres Gottes gegenüber Brahma und vor allem gegenüber Shiva zu stärken, schließlich bedeuteten die Shiva-Kulte eine ernste Konkurrenz. Kaum verwunderlich also, dass Shiva ihrer Auffassung nach aus Vishnus Stirn entsprungen ist.

Die berufsmäßige Brahmanenpriesterschaft tat sich zunächst schwer, die Bhakti-Strömungen zu akzeptieren. Schließlich lebten die Priester von ihren nicht selten kostspieligen und aufwendigen Ritualen. Auch dass die Bhakti-Anhänger sich gerne über die Kastenordnung hinwegsetzten, missfiel den Brahmanen, schließlich bedeutete dieses Verhalten eine gehörige ›Verunreinigung‹. *Ramananda,* der berühmte Heilige der Vaishnava aus dem 13. Jh., bekannte: »Niemand möge nach Kaste oder Religion eines Menschen fragen. Wer Gott verehrt, der gehört Gott.«

Für den westlichen Betrachter, der den Hinduismus nicht selten als ›polytheistisch‹ auffasst, mag es verwirrend klingen, dass im Hinduismus verschiedene Gottesbegriffe gleichwohl als ›Aspekte‹ des unbeschreiblichen Absoluten oder auch des höchsten Gottes aufgefasst werden. So sagen die einen, Shiva sei nur eine mögliche Form Vishnus, während die anderen erklären, Vishnu sei nur ein Teilaspekt Shivas. Auch heißt es, Brahma, Vishnu und Shiva seien eigentlich eine Einheit, wobei es eine Gemeinsamkeit der Sekten ist, alle Gottesbegriffe außer ihren eigenen für völlig abwegig zu halten – in keiner anderen Religion sind die Anschauungen über Gott und Götter so vielfältig wie im Hinduismus.

**1687**
die Franzosen richten einen Stützpunkt in Pondicherry ein
**1691**
die Briten gründen einen Handelsstützpunkt in Kalkutta
**ab 1707**
das Mogul-Reich zerfällt in drei Staaten: Oudh, Hyderabad und Bengalen

### Die Inkarnationen Vishnus

Zur Zeit der großen Epen entstand die Vorstellung einer Vielzahl von Inkarnationen Vishnus in Form verschiedener *Avatare*. Das Wort *avatar* bedeutet ›Herabkunft‹ des göttlichen Geistes auf die Erde. Dabei ist zwischen ›Reinkarnation‹ und ›Wiedergeburt‹ zu unterscheiden. Eine Wiedergeburt findet nach religiöser Vorstellung aufgrund karmischer Gesetzmäßigkeiten und somit für das sich verkörpernde Wesen unausweichlich statt. Ein Avatar hingegen verkörpert sich selbst freiwillig, um dem Bösen entgegenzuwirken und die kosmische Ordnung, das Dharma, zu schützen.

Die Lehre zahlreicher Inkarnationen Vishnus ermöglichte den Vishnu-Anhängern, verschiedene regionale, vom Volk verehrte Helden und Gottheiten für sich zu vereinnahmen. Dabei hat die vedische Vorstel-

Ende des 18. Jh. wurde in der Altstadt von Gaya (im Bundesstaat Bihar) der Vishnupad-Tempel gebaut. Er birgt einen 40 cm langen ›Fußabdruck Vishnus‹ in einem massiven Fels, der von einem silbernen Becken umgeben ist. Für Nicht-Hindus heißt es hier wie bei etlichen anderen Hindu-Tempeln: Kein Zutritt

lung, ein Gott könne durch seine übernatürliche Kraft sowohl Tier- als auch Menschengestalt annehmen, Eingang in die Inkarnationslehre gefunden. Gemäß der religiösen Tradition hat Vishnu tierische und menschliche Formen angenommen. Erwähnt wird die Lehre der verschiedenen Inkarnationen Vishnus ausführlich in den Puranas. Aus der ganzen Reihe an Verkörperungen sind zehn von herausragender Bedeutung:

1. *Matsya,* der Fisch

In der ersten Verkörperung wird Vishnu in menschlicher Gestalt dargestellt, mit dem Unterkörper eines Fisches. Für diese Inkarnation gibt es verschiedene Erklärungen. Eine davon besagt, Vishnu sei erschienen, um den siebenten Manu, d. h. den Stammvater der jetzigen Menschheit, vor einer drohenden (Sint-) Flut zu warnen. Er befahl Manu, ein Schiff zu bauen und sich mitsamt dessen Familie, Tieren, Pflanzen und Menschen hineinzubegeben. Im Mahabharata heißt es, Matsya sei ein Fisch mit Horn gewesen, an dem Manu die Weltenschlange Shesha, festband, damit das Schiff auf einen sicheren Berg gezogen werden konnte. In einem der Puranas kämpft Matsya zusätzlich gegen den Dämonen Hayagriva, der heimlich die Veden stahl als, Brahma schlief. Matsya holte sie vom Meeresgrund zurück.

Vishnu in seiner Inkarnation als Fisch

2. *Kurma,* die Schildkröte

Der Sage nach ging mit der großen Sintflut vieles Wertvolle im Ozean verloren, so z. B. *amrita* bzw. Ambrosia, ›das göttliche Wasser der Unsterblichkeit‹; *Dhanvantari,* der Götterarzt; *Lakshmi,* die Gefährtin Vishnus; *sharanga,* ›der unbesiegbare Bogen‹ oder auch *surabhi,* ›die Kuh des Überflusses‹. Ebenso verschwanden *asapas,* himmlische Nymphen. Als mächtige Schildkröte tauchte Vishnu bis auf den Grund des Ozeans. Dabei wurde sein Rückenpanzer zum Fundament des mystischen Weltenberges *Mandara.* Die

gewaltige Schlange *Vasuki* wurde um den Berg gewickelt und Götter und Dämonen zogen an ihr, so dass sie mit dem sich-drehenden Berg den Ozean umrührten und die verlorenen Schätze wieder auftauchten. Dabei tauchte aber auch Gift mit auf, das Shiva trank, um die Menschheit vor der Gefahr zu retten. Das Gift war jedoch von solcher Stärke, dass sich Shivas Kehle davon blau färbte.

Vishnu als Quirl, mit dem Götter und Dämonen den Weltenozean umrühren

3. *Varaha,* der Rieseneber

Diesem Mythos nach hatte der Dämon *Hiranyaksha,* ›Goldauge‹, Macht über die Erde gewonnen und sie in den Weiten des Ozeans versenkt und dort verborgen gehalten. Nach langen Kampf gegen den Dämon hat Vishnu als Eber die Erde wieder hervorgehoben und Berge und Kontinente geformt. Möglicherweise liegen diesem Mythos ursprünglich Eber-Kulte der nicht-arischen Urbevölkerung zugrunde.

Vishnu als Eber: der Vahara-Tempel in Khajuraho

4. *Narasimha,* der Mann-Löwe

Die Erscheinung eines Mannes *(nara)* mit dem Kopf eines Löwen *(simha)* hat Vishnu der Überlieferung gemäß angenommen, um einen Dämonenkönig namens *Hiranayakashipu,* ›Goldumhang‹, bezwingen zu können. Der Gott Brahma hatte Hiranayakashipu den Wunsch gewährt, weder bei Nacht noch am Tage, weder durch Tier, Gottheit oder Mensch innerhalb oder außerhalb eines Palastes getötet werden zu können. Diese besondere Gunst Brahmas nutzte der Dämon, um Götter und Menschen nach Gutdünken zu verfolgen. Der Sohn des Dämonenkönigs, Prahlada, war ein inbrünstiger Vishnu-Verehrer, was dessen Vater missfiel, so dass Hiranayakashipu auch seinen eigenen Sohn nicht schonte. Er beschloss, Prahlada zu töten. Als dieser sich an Vishnu wandte, eilte Vishnu seinem Verehrer zu Hilfe. In der Abenddämmerung, als es weder Tag noch Nacht war, zerriss er als Mensch-Löwe mit seinen Löwenklauen den Dämon Hiranayakashipu in der Säulen-Vorhalle des Palastes.

5. *Vamana,* der Zwerg

Bali, ein anderer Dämon, hatte die Macht über die Welt gewonnen. Durch besondere Askesepraktiken wuchs seine übernatürliche Kraft derart, dass er alle anderen Götter, selbst Indra, übertraf. Besorgt wandte sich Indra an Vishnu, der sich entschloss, mit einer List gegen Bali vorzugehen. Vishnu verwandelte sich in einen Zwerg und bat Bali, ihm eine Gunst zu gewähren. Um sich der Meditation widmen zu können, bat der Zwerg um soviel Land, wie er in drei Schritten durchschreiten könnte. Nichtsahnend willigte Bali ein. Vishnu nahm wieder seine ursprüngliche Größe an und nahm in nur zwei Schritten Besitz von Erde und Himmel. Auf seinen dritten Schritt verzichtete Vishnu und überließ

In seiner Erscheinung als Zwerg täuscht Vishnu den mächtigen Bali (Miniatur-Malerei, Jaipur-Schule, 1750)

dem Dämon die Unterwelt. Nach einer anderen Überlieferung trat er mit dem dritten Schritt auf den Kopf Balis. Die ›drei Schritte‹ Vishnus sind so alt wie der Rigveda, wobei der Rest der Geschichte später eingewoben wurde.

6. *Parashurama,* Rama mit der Axt
Die sechste Inkarnation ist die erste in gänzlicher Menschengestalt. Rama mit der Axt war ursprünglich eine Heldenfigur, die als eigenständige Gottheit verehrt wurde. Die Legende erzählt, Vishnu habe sich als Sohn des Brahmanen Jamadagni verkörpert. Nachdem ein böser Kshatriya-König den Brahmanen beraubt hatte, tötete Rama den Kshatriya-Herrscher, dessen Söhne wiederum Vergeltung übten und Ramas Vater ermordeten. In Rage geraten erschlug Rama daraufhin alle Männer der Kshatriya-Kaste in einundzwanzig Schlachten hintereinander.

Ramas Leistung liegt neben einer Zahl von Heldentaten darin, die soziale Ordnung wiederhergestellt und die geistige Führung der Priesterschaft gesichert zu haben. Die Legende bezieht sich zweifelsohne auf eine Zeit, in der es zwischen dem Kriegeradel und der brahmanischen Priesterschaft Auseinandersetzungen darüber gab, welche Kaste die höchste der Gesellschaft sei.

Aus Rache vernichtet Rama mit der Axt die gesamte Kriegerkaste (Ausschnitt aus einer Miniatur-Malerei, Mewar-Schule, 1649)

7. *Rama* ›mit dem Bogen‹, Prinz von Ayodhya, Heros des Ramayana
Möglicherweise war Rama – nicht zu verwechseln mit Parashurama – ein Stammesoberhaupt und lebte im 8. oder 7. Jh. v. u. Z. Ursprünglich war er ein rein menschlicher Held und hatte in der ältesten Form der Überlieferung noch keine göttlichen Eigenschaften.

Der Affengott Sri Hanuman (*sri* = ›Herr‹), in Stein gehauen

Stärke, Mut, Standfestigkeit und Rechtschaffenheit sind seine Hauptqualitäten. In der religiösen Kunst wird Rama gerne auch als eine körperlich auffällig starke Erscheinung dargestellt. Der Rama-Kult ist im Hinduismus weitverbreitet. Von ihm heißt es, er halte Fürsprache für die Verstorbenen. Wenn eine Leiche zu einem Verbrennungsplatz getragen wird, singen die Träger lautstark: »*Rama nama satya he*« – Ramas Name ist Wahrheit. Auch wird in ländlichen Gegenden oft die Grußform »*Ram, Ram*« gebraucht.

Sita, seine Gemahlin, gilt als zu Rama gehörige Inkarnation Lakshmis. Sie verkörpert das Ideal weiblicher Hingabe und Treue. Auch Ramas ergebener und mutiger Freund Hanuman, der Affengott, wird häufig vor allem in den ländlichen Gegenden Nordindiens verehrt. Auch in einer Stadt wie Benares findet man zahlreiche kleine Hanuman-Schreine.

8. *Krishna*, der Schwarze

Unter allen Inkarnationen Vishnus ist Krishna ohne Zweifel die wichtigste. Es heißt, Vishnu nahm die Gestalt Krishnas an, um eine Religion der Liebe zu stiften. Dabei sind im Krishna-Mythos die unterschiedlichsten Legenden aus verschiedenen Gegenden und Epochen vereint. Sowohl Heldenhaftes als auch stark erotische Elemente schmücken den Mythos, der seine Ursprünge sowohl im Wirken einiger historischer Personen als auch in der Vorstellung regionaler Götter haben dürfte. Im Rigveda wird Krishna noch nicht als Gottheit erwähnt. In der Chandogya-Upanishad wird er das erste Mal als Sohn der Devaki angeführt und als Gelehrter bezeichnet.

Die Überlieferung berichtet folgendes: Krishna wurde in Mathura geboren. Seine Mutter war Devaki, die Schwester des regierenden Königs Kamsa. Dem König wurde prophezeit, dass er durch Devakis achten Sohn getötet werden würde. Daraufhin hielt er Devaki gefangen und tötete sechs ihrer Kinder. Aber Balarama, das siebente und Krishna, das achte Kind, wurden gerettet und vom Kuhhirten Nanda und dessen Frau

Dorfmädchen, die sich in Krishna verliebten, spielte er einen Streich: Während sie badeten, entwendete er ihre Kleider und hängte sie in einen Baum (Malerei der Kangra-Schule zum Bhagavata-Purana)

Yashoda in der Gegend von Vraja, nahe Mathura, aufgezogen. Krishna verbrachte so eine friedliche Kindheit, in der er manch ein Wunder vollbrachte. Auch spielte er gerne Streiche, z. B. indem er Yashodas Butter stahl. Viele indische Frauen und Mütter nennen Krishna noch heute liebevoll ›Butterdieb‹. Als Heranwachsender wurde er zum Liebling der Hirtinnen, der *gopis*, zu deren Tänzen er Flöte spielte. Krishnas Liebesabenteuer werden ausführlich im *Bhagavata-Purana* beschrieben. »Sri Krishna entzückte die Frauen von Vraja. Ihre Leidenschaft entflammte er, indem er ihre Hände berührte, sie umarmte, ihre Haare, Hüften, Gewänder und Busen streichelte, mit ihnen scherzte, ihnen liebestrunkene Blicke schenkte und sie anlächelte.«

Seine besondere Freundin war das Hirten-Mädchen *Radha*, eine weitere Inkarnation Lakshmis. Die zutiefst erotische Beziehung zwischen Krishna und Radha hat für den Hinduismus vielfältige Bedeutungen angenommen, dabei vor allem für die Vaishnava. Das Spiel zwischen Radha und Krishna gewann die mystische Dimension des Verhältnisses der einzelnen liebenden Seele (Radha) zur Gottheit (Krishna). Der Klang seiner Flöte, der die Frauen dazu veranlasste, ihre Ehebetten zu ver-

Krishna als Baby – ein Motiv, das auch gerne werbewirksam eingesetzt wird

lassen, um mit ihm im Schein des Mondlichts zu tanzen, wird oft gedeutet als der Ruf, sich der Transzendenz und der göttlichen Liebe zu widmen. Im Bhagavata-Purana heißt es: »Voller Seligkeit ist das Weltall für den, der sein Glück allein in mir findet.«

In Indien haben sich durch die Jahrhunderte viele Liebende mit ihren Gefühlen in diesem Paar wiederentdeckt, das freilich auch die indische Dichtung stark inspiriert hat. Als Kind dargestellt, erweckt Krishna noch heute mütterliche Gefühle, und als junger Mann ist er ein vollkommener Liebhaber.

Krishnas glückliche Zeit endete allerdings, als ihm König Kamsa auf die Spur kam und nach seinem Leben trachtete. Entsprechend der Vorhersage erschlug Krishna den König und übernahm dessen Königreich von Mathura. Aber unter dem Druck des Königs von Maghada und eines weiteren Herrschers musste Krishna sein Reich aufgeben. Weit entfernt von der Heimat gründete er eine neue Hauptstadt. In dieser Phase seines Lebens wirkte er als Held und vernichtete zahlreiche böse Könige und Dämonen in ganz Indien. Ausführlich berichtet das Mahabharata darüber.

Krishna starb auf ungewöhnliche Weise: Der Pfeil eines Jägers traf ihn irrtümlicherweise an der einzigen verwundbaren Stelle seines Körpers, der Ferse.

9. *Buddha*

Der Buddha gilt als die letzte historische Inkarnation Vishnus. So sehr der Buddhismus in Indien die Hindus durch seine weitreichende Verbreitung angeregt hat, die eigene Religion in Belangen wie Ethik und Philosophie kraftvoll weiterzuentwickeln, die ›ketzerischen‹ Lehren Buddhas waren den Brahmanen ein Dorn im Auge.

In den Jahren von 1919–1922 verfasste Hermann Hesse seinen berühmten »Siddhartha«. Die Geschichte spielt in der Buddha-Zeit und erzählt vom geistigen Weg des Brahmanen-Sohnes Siddhartha, der ein Weg der Selbstbefreiung und Selbsterkenntnis ist – ganz im Sinn der nicht-dualistischen Vedanta-Philosophie und des Buddhismus.
Hesse ist es mit dem »Siddhartha« auf einzigartige Weise gelungen, dem westlichen Leser den Geist indischer Spiritualität nahe zu bringen und ihm die Welt tiefer östlicher Weisheit zu eröffnen. Doch auch östliche Leser wussten das Buch zu würdigen. So wurde der »Siddhartha« u. a. in zwölf indische Dialekte übersetzt und erreichte allein in Japan eine Auflage von über 12 Mio. Exemplaren.

Schließlich hat der Buddhismus auf vedische und priesterliche Autorität ebenso wenig Wert legt wie auf das Kastenwesen. Auch die Götter haben im Buddhismus bei Weitem nicht den Stellenwert wie im Hinduismus. Sie unterliegen denselben Gesetzen wie Menschen. All das hat den Hindu-Theologen zweifelsfrei ernste Probleme bereitet, denn in Indien war der Buddhismus zu einer weitverbreiteten Religion herangewachsen. Die Theologen reagierten prompt und setzten alles daran, den Buddhismus als eine unabhängige Religion möglichst zu schwächen.

Im Bhagavata-Purana heißt es, Vishnu habe sich als Buddha verkörpert, um durch eine falsche Lehre Unüberlegte und Häretiker fehlzuleiten. Somit ist der Buddhismus einerseits keine eigenständige Religion, wobei zugleich deutlich wird, was die tatsächlich

Solche ›Kuhherden‹ gehören heute oftmals zum Straßenbild indischer Städte. Diese Kühe sind gesellige und friedliche Tiere

»wahre Religion« ist – der Hinduismus. Allerdings heißt es in der *Gita-Govinda*, ›Gesang von der Kuhherde‹, einem Vaishnava-Text des Dichters Jayadeva, Vishnu habe sich als Buddha inkarniert, damit er als Beschützer der Tiere den blutigen Opferritualen seiner Zeit Einhalt gebieten konnte. Diese Deutung richtet sich zwar nicht gegen den Buddhismus, sie lässt aber deutlich erkennen, dass der Buddhismus nicht mehr sein kann als ein Zweig am Baum des Hinduismus. In Indien hatte sich der Buddhismus bei allen Unterschieden zum Hinduismus als Volksreligion unweigerlich in eine Richtung entwickelt, die sich vielen ursprünglichen Hindu-Vorstellungen wieder annäherte. Mythologische und kosmologische Elemente, die mit dem Buddhismus verbunden wurden, fußten seit je her im Hinduismus. Vor einem solchen Hintergrund war es für die Vaishnava kaum ein Problem, Buddha als Inkarnation ihres höchsten Gottes zu bezeichnen und den Buddhismus auf diese Weise langsam für sich zu vereinnahmen.

Der buddhistische Tempel in Bodhgaya z. B., wo Buddha der Überlieferung nach die Erleuchtung zuteil wurde, befand sich bis 1953 fest in hinduistischer Hand. Inzwischen ist der Tempel wieder völlig restauriert, und Bodhgaya ist zu einem wichtigen buddhistischen Kulturzentrum geworden.

### Kalkin, Vishnus zukünftige Verkörperung

Am Ende des dunklen Kali-Zeitalters, wenn religiöse Ordnung und Rechtschaffenheit auf dem Tiefststand sein werden und das Böse gänzlich überhand genommen haben wird, erscheint Vishnu ein letztes Mal. Höchstwahrscheinlich ist der Name *Kalkin* auf das Sanskritwort *karkin* zurückzuführen, das ›Reiter eines Schimmels‹ bedeutet.

In einigen Texten wird Kalkin beschrieben als Mensch, der mit einem flammenden Schwert in der Hand auf einem weißen Pferd reitet. Es heißt, Kalkin werde in eine Brahmanen-Familie hineingeboren. Es gibt auch Darstellungen Kalkins als Mensch mit Pferdekopf. Verschiedene Schriften lassen ihn mit Pfeil und Bogen erscheinen. Seine Aufgabe wird darin bestehen, die Bösen zu richten und die Guten zu belohnen. Falls nötig, wird er zur Bestrafung der Bösen eine ganze Armee mit sich führen.

Vishnus Gemahlin ist Lakshmi (wörtl.: ›Glück‹), die Göttin der weiblichen Schönheit, der Freigebigkeit, des Glücks und Erfolgs. Ihr anderer Name ist Shri, ›die Schöne‹. Auch wenn ihr keine Tempel geweiht sind, ist sie eine der populärsten Hindu-Göttinnen und wird von zahllosen Hindus innig verehrt

Bei dieser erwarteten Inkarnation handelt es sich um eine späte Zufügung zum Vishnu-Mythos, die allerdings in der religiösen Literatur keine besonders große Rolle spielt, obwohl viele einfache Hindus die Rückkehr Vishnus sehr ernst nehmen. Die mit Abstand wichtigsten Inkarnationen sind der zweite Rama und Krishna. Zwischen Kalkin und den Reitern der Johannes-Offenbarung gibt es eine Parallele, ebenso zur christlichen Erwartung der Wiederkehr Jesu. Aber ohne Zweifel findet die Vorstellung, Vishnu werde am Ende des schwarzen Zeitalters die Ordnung erneuern, ihr Vorbild im Buddhismus, wo prophezeit ist, dass in der Zukunft der Buddha Maitreya als Erlöser eines neuen Zeitalters in Erscheinung treten wird.

### Vishnus Kultgemeinschaften

#### Die Bhagavata

Die vermutlich älteste Kultgemeinschaft der Vaishnava sind die Bhagavata, deren Anfänge schätzungsweise ein- oder zweihundert Jahre v. u. Z. liegen. Auf sie geht die Bhagavad Gita zurück. Die Bhagavata verehren Vishnu in seiner achten Verkörperung als Krishna, den

Über Indien hinaus berühmt ist der in Südindien beheimatete Kathakali-Tanz

sie wiederum mit dem vergöttlichten Helden Vasudeva gleichsetzen. Ihre wichtigsten Schriften sind das Bhagavata-Purana und das Vishnu-Purana. Besonders in der Gupta-Periode, also im 4. bis 6. Jh., waren beide Texte sehr bekannt und erfreuten sich großer Beliebtheit.

Das Wort *bhagavata* erklärt sich aus dem alten und in Nordindien geläufigen Gottesnamen *bhagavan*, ›Herr‹. »Das hohe Wort Bhagavan wird einzig Vasudeva zugesprochen, der das höchste Brahman ist, und sonst niemandem«, so das Vishnu-Purana. Die Gupta-Rajas (Könige) zählten zu den Bhagavata und bewirkten, dass die Lehren ihrer Kultgemeinschaft in Indiens Norden und auf dem Dekhan, dem mittelindischen Hochland, Verbreitung fanden. Zwischen dem 8. und dem frühen 9. Jh. sorgten die *alvars*, zwölf tamilische Vaishnava-Heilige, dafür, dass die Bhagavata-Bewegung in Südindien sehr populär wurde.

Die Alvars kamen aus den verschiedensten gesellschaftlichen Schichten. Auch eine Frau zählt zu den zwölf Heiligen, die sich der religiösen Hingabe an Vishnu widmeten. Es war ihr Ziel, dem Kreislauf von Geburt und Tod zu entkommen, um mit Vishnu vereint zu sein. Sie dichteten mehrere tausend fromme Hymnen und Lieder und zogen mit ihren religiösen Gesängen durch das Land. Die für den Krishna-Kult entscheidende Brautmystik findet sich in diesen Liedern, die von vielen Hindus noch heute gesungen werden.

### Die Pancaratra

Das Sanskritwort *pancaratra* bedeutet ›fünftägig‹. Wie der Name dieser Kultgemeinschaft entstanden ist, ist unklar. Die Pancaratra verehrten ursprünglich den

Beispielhaft für die farbenprächtige südindische Tempelarchitektur ist der Parthasarty-Tempel in Madras (im Bundesstaat Tamil Nadu)

Seher Narayana, den sie mit Vishnu gleichsetzten. Möglicherweise bezieht sich der Name Pancaratra auf ein fünftägiges Opfer, das Narayana einmal durchgeführt haben soll, um ›eins mit allen Wesen zu werden‹, denn ursprünglich war die Pancaratra-Zeremonie ein fünftägiges Soma-Opferfest.

Indem Narayana mit Vasudeva gleichgesetzt wurde, sind Pancaratra und Bhagavata miteinander verschmolzen. Die Tradition sagt, die Lehren der Pancaratra seien um 100 u. Z. zum ersten Mal systematisiert worden, wobei den Mythen von Vasudeva-Krishna eine kosmologische Grundlage verliehen wurde. Er und seine Familie wurden mit den kosmischen Ursprüngen, den *vyuhas,* identifiziert. Die Schöpfung besteht aus drei Schritten. Das höchste Brahman, das sich als Vasudeva, Narayana und Vishnu offenbart, ist die immanente und zugleich transzendente Kraft, die das Universum entstehen lässt. Mit dem Anbeginn der Zeit entstand mit dem ersten Schritt Prakriti, die primäre Materie. Diese wurde identifiziert mit Sankarshana, dem Bruder Krishnas. Aus der Verbindung von Brahman und Materie entstand *manas,* der Geist, der mit Krishnas Sohn Pradyumna gleichgesetzt wurde. Mit Geist und Materie bildete sich (Selbst-)Bewusstsein, Krishnas Enkel Aniruddha. Erst dann entstanden mit dem dritten Schritt die Gunas bzw. Elemente, und mit diesen der Gott Brahma (nicht mit dem unpersönlichen *brahman* zu verwechseln!), der aus diesen Elementen die Erde und die ihr zugehörigen Dinge schuf. Der Einfluss der Samkhya-Lehre ist deutlich. Bei den frühen Bhagavata und Pancaratra waren die kosmischen Ursprünge oder Vyuhas voneinander unabhängige

Götter – was freilich den Widerspruch beinhaltet, dass ein höchster Gott zugleich mit selbständigen Göttern identisch ist. Die Verehrung dieser Götter ließ nach, als die Vorstellung der Inkarnationen Vishnus in Gestalt der Avatare zunehmend populärer wurde.

### Die Shri Vaishnava

Begründet wurde diese Richtung von Ramanuja, dem bereits erwähnten Schöpfer des ›eigenschaftsbehafteten Nicht-Dualismus‹. Ramanujas Denken ist nicht nur eine Weiterentwicklung der Philosophie Cankaras. Zugleich fußt sein System auf dem der Pancaratra. Ramajuna ist nicht allein in philosophischer Hinsicht eine wichtige Persönlichkeit, sondern auch und vor allem wegen seines religiösen Einflusses. Obwohl Ramanuja den von Cankara gezeichneten Erlösungsweg der Erkenntnis durchaus anerkannte, hielt er den Weg der Gottesliebe und der religiösen Hingabe für den überlegenen. Die wichtigste Erkenntnis war für Ramanuja die intuitive und mystische Einsicht des Einzelnen, nur ein kleiner Teil der absoluten Gottheit und von dieser gänzlich abhängig zu sein.

Ramanuja war eigentlich ein orthodoxer Brahmane. Lange Jahre wirkte er als oberster Priester von Sriangam in Südindien. Als solcher hat er nicht nur die Rituale des Tempeldienstes und der Gottesverehrung grundlegend reformiert. Er verstand es, die bis dato von der Priesterschaft eher verachtete volkstümliche Bhakti gewissermaßen ›hoffähig‹ zu machen. Ohne Zweifel war er kein derart tiefsinniger Metaphysiker und Theoretiker wie Cankara, doch schon zu Lebzeiten wurde er von einer großen Schülerschaft als Heiliger verehrt. Seinem Wirken ist es zu verdanken, dass die Bhakti-Wallfahrtsstätten in Süd- und Mittelindien von Fürsten und Königen zu großen Tempelanlagen ausgebaut wurden. Vor allem im Gebiet der Tamilen hat Ramanuja noch heute eine gehörige Zahl von Anhängern. Seine Lehren haben sich in den ersten Jahrhunderten nach seinem Tod über ganz Indien verbreitet und dabei viele spätere Sekten inspiriert.

Die prachtvolle Tempelanlage Ranganatha Svami in Sriangam ist Vishnu, dem ›Herrn des Kosmos‹, geweiht. Hier in Sriangam war einst Ramanuja oberster Priester

Bis zum Ende des 14. Jh. waren im Tamilgebiet bereits zwei Schulen entstanden: Die ›Nördliche Schule‹ lehrte, dass die Erlösung entsprechend der ›Analogie des Affen‹ stattfindet: Die Gottheit rettet die Seelen genau so, wie eine Affen-Mutter ihre Kleinen trägt und in Sicherheit bringt. Sie müssen sich mit eigener Kraft festkrallen. Die ›Südliche Schule‹ lehrte hingegen, dass die Gottheit nach der ›Analogie zur Katze‹ wirkt. So wie die Katze ihren Jungen trägt, ohne dass diese sich dabei anstrengen, so errettet auch Gott, wen er will. Entscheidend ist die Gnade des Gottes Vishnu.

### Madhva und seine Lehre

Madhva, auf den die dualistische Vedanta-Lehre zurückgeht, hat die religiösen Gedanken Ramanujas ganz entschieden in eine Richtung entwickelt, die sehr deutliche Parallelen zu verschiedenen christlichen Glaubenslehren aufweist. Jeglichem Nicht-Dualismus hat er vehement widersprochen und sich so von dem Grundgedanken der Upanishaden distanziert, wonach eine wesentliche Einheit von Brahman und Atman bzw. von Gottheit und Mensch besteht. Für Madhva entspricht das Verhältnis Mensch–Gott dem Verhältnis eines Dieners zu seinem Herrn. Vishnu ist der alleinige und allmächtige Gott, der – streng vom Menschen und der materiellen Welt getrennt – nur diejenigen errettet, die ein moralisch reines Leben führen. Somit steht eine rechtschaffende und zutiefst gläubige Lebensführung im Mittelpunkt dieser Kultgemeinde. Eine Besonderheit in Madhvas Lehre ist der Gedanke göttlicher Gnadenwahl oder Vorsehung. Manche Menschen sind zur Erlösung vorbestimmt und andere entweder zu ewiger Verdammnis oder zu einem endlosen Lauf durch das Rad der Wiedergeburten. Bemerkenswert ist auch, dass der Windgott *Vayu,* Sohn Vishnus, in der Theologie Madhvas eine Rolle spielt, die Ähnlichkeiten zum christlichen Verständnis des sog. ›Heiligen Geistes‹ aufweist. Vayu steht gewissermaßen zwischen Gott und Mensch. Möglicherweise hat tatsächlich eine Beeinflussung durch das Christentum stattgefunden. Die Legenden, die sich um Madhva ranken, erwecken den Eindruck, sie seien den Evangelien entnommen. Es heißt, er habe schon als Junge im Tempel gesessen und erfolgreich mit den Priestern diskutiert. Als er sich in der Zurückgezogenheit asketischen Praktiken widmete, soll eine himmlische Stimme seine Größe verkündet haben. Auch heißt es, er habe es vermocht, eine große Zahl von Menschen mit nur einer Handvoll Speise zu versorgen, sei er auf dem Wasser gegangen und habe mit seinem Blick das tosende Meer beruhigt.

Madhvas Anhängerschaft war nie groß. Heute ist sie noch im südwestindischen Bundesstaat Karnataka beheimatet. Es sind dort zumeist Angehörige intellektueller Schichten, die sich mit den Gedanken Madhvas beschäftigen.

### Die Nimavat

Ein Brahmane namens Nimbarka, auch Nimbaditya genannt, gründete schätzungsweise im 12. Jh. die Nimavat-Sekte. Seine genauen Lebensdaten sind unbekannt. Aus Kerala stammend, lebte Nimbarka später in

Nordindien. In Mathura und den nahe gelegenen heiligen Stätten Krishnas in Brindaban entwickelte er die Lehre Radha und Krishnas weiter. Der höchste Gott ist Krishna. Radha wird als Geliebte Krishnas zu dessen *shakti*, ›Wirkungskraft‹ bzw. ›Macht‹. Nimbarka versuchte das Verhältnis der höchsten Gottheit zur Vielfalt der Erscheinungswelt neu zu erfassen und schuf eine Verbindung von Dvaita, dem Dualismus und Advaita, dem Nicht-Dualismus. Sein Ergebnis heißt folgerichtig: *dvaitadvaita* – dualistischer Nicht-Dualismus. Die menschliche Seele kann mit Gott vereint werden, denn Gott, Mensch und Welt sind wesensgleich, allerdings trotzdem voneinander zu unterscheiden. Der Weg zur Gottheit ist die liebevolle und demütige Hingabe sowie die tiefe Meditation über Krishna, der sich als persönlicher Gott seinen Anhängern auch direkt offenbaren kann. Zum rechten Weg zählen Fleiß und Rechtschaffenheit.

Als das Foto aufgenommen wurde, stand dieser Sadhu bereits seit zwölf Jahren tagtäglich an dieser Stelle. Es gibt ›Steher‹, die sich niemals hinlegen und ihr ganzes Dasein stehend verbringen. Die Stirnbemalung der Sadhus im Hintergrund lässt erkennen, dass es sich um Vishnu-Verehrer handelt

Vermutlich gehörte der Dichter Jayadeva der Nimavat-Gemeinschaft an. Seine zum Gesang bestimmte Gedichtsammlung, die Gita-Govinda, die er vermutlich in Bengalen oder Orissa etwa um 1200 verfasste, gilt als Gipfel der Krishna-Mystik und hat entscheidend zur Verbreitung der Krishna-Verehrung beigetragen. Bei den religiösen Festen der bengalischen Vaishnava-Sekten wird die Gita-Govinda heute noch gesungen. Die Liebe Krishnas zu Radha und den Hirtenmädchen wird dabei allerdings eher erotisch als religiös oder spirituell geschildert.

### Die Gemeinschaft des Vakari Panth

Auch für die Sekte des ›Pilgerpfades‹ steht die Liebe Krishnas zu Radha im Mittelpunkt. Begründet wurde die Kultgemeinschaft des Vakari Panth von Vitthala oder Vithoba, dessen Gefolgschaft in ihm eine Erscheinung Krishnas sahen. Vitthala wird heute vorwiegend

Die Sitar ist wohl das im Westen bekannteste und in Nordindien beliebteste Musikinstrument des Landes. Das Wort *si-tar* heißt ›drei Saiten‹. Dabei hat die Sitar eigentlich sieben Saiten. Drei davon geben den Rhythmus an. Als Resonanzkörper dient ein Kürbis. In Benares, der Stadt des berühmten Sitar-Spielers Ravi Shankar, gibt es zahlreiche Sitar-Kurse, die besonders von Ausländern gerne genutzt werden. Im Vergleich zu westlichen Gitarren ist eine echte Sitar außerordentlich preisgünstig. Betont wird bei dem Wort übrigens die zweite Silbe: Si-tar

noch im südlichen Maharashtra verehrt. Dort gibt es in der Stadt Panthapur einen entsprechenden Kult.

Viele bedeutende Dichter-Heilige Indiens stehen in der Tradition der ›Pilgerpfad‹-Gemeinschaft. So etwa zuerst Jnaneshvara, Verfasser religiöser Gedichte und eines Kommentars zur Bhagavad Gita. Ihm folgte Namdev, der im 14. Jh. lebte und viele seiner spirituellen Gedanken im Punjab verbreitete. Obwohl für die Anhänger Vitthalas wenigstens eine Wallfahrt nach Panthapur zu den religiösen Pflichten gehörte, verkündete Namdev, Dinge wie Askese, Pilgerreisen oder Meditation über Gott seien ohne Wert. Wichtig sei es, Gott zu lieben und zu lobpreisen.

Die Sikhs haben nicht wenige seiner Gedichte in den heiligen Texten ihrer Religion eingereiht. Auch berühmte Dichter wie Ramdas und Tukaram, die beide im 17. Jh. lebten, gehörten der Gemeinschaft des ›Pilgerpfades‹ an. Ramdas war der Lehrer Shivajis, der den Widerstand der Marathen – einen Zusammenschluss hinduistischer Herrscher im Westen Zentralindiens – gegen die islamischen Moguln führte, während sich der Marathi-Dichter Tukaram intensiv für die Verbreitung seiner Glaubensvorstellungen einsetzte. Möglicherweise ist die von Dichter-Heiligen wie Ramdas, Tukaram und anderen zum Ausdruck gebrachte tiefe Religiosität und gleichzeitige Verherrlichung des Hindutums zu sehen als eine ganz bewusste Rückbesinnung im Sinn einer Reaktion auf die damals angewachsene islamische Herausforderung.

### Die Ramavat

Die Sekte der Ramavat geht zurück auf Ramananda, der im frühen 14. Jh. lebte. Es heißt, er sei ein Schüler Ramanujas gewesen. Diese Gemeinschaft verehrte Vishnu in der Gestalt des heldenhaften Rama. Ramananda verband hinduistische Elemente mit islamischen. Unterschiede zwischen Kaste, Geschlecht und Religion seiner Anhänger kannte er innerhalb seines Kultes nicht. Die Jünger hatten sich völlig der Gestalt Ramas hinzugeben. Dabei wurde auch der Affengott Hanuman entsprechend seiner legendären magischen Fähigkeiten verehrt. Zu den Schülern der Sekte gehörten der bedeutende Reformgeist Kabir (1440–1518) und der Dichter Tulsidas (1532–1623). Tulsidas dichtete das Ramayana nach. Sein ›Ozean der Taten Ramas‹ erfreute sich großer Beliebtheit und trug so dazu bei, die Sekte bekannt werden zu lassen.

### Die Vallabhacaryas

Der erotische Aspekt der Beziehung zwischen Radha und Krishna kommt besonders bei den Vallabhacaryas zum Tragen. Gegründet wurde diese Sekte von dem Brahmanen Vallabha (1479–1531). Es heißt, Krishna sei ihm in einer Vision erschienen und habe ihn unterwiesen, nach Mathura zu wandern und sich ihm gänzlich zu unterwerfen. Er sollte heiraten, um dafür zu sorgen, dass die Bewegung über eine Erbfolge von geeigneten Gurus verfügt. Diese Gemeinschaft verehrt Krishna in seiner jugendlichen Gestalt als *Balagopala*, den ›Kuhherden-Jungen‹, oder auch als *Balakrishna*, den ›Jungen Krishna‹. Krishnas Liebesabenteuer mit den Gopis, den Kuhhirtinnen, werden verstanden als das erotische Abbild der inneren Hingabe an das Göttliche. Für Vallabha war Krishna identisch mit dem Brahman. Dabei sah er die Welt nicht als illusorisch an, sondern als wirklich. Fern lag Vallabha der Erlösungsdrang vieler anderer Sekten. Als Teil der wirklichen Welt und somit auch als Teil der allumfassenden Gottheit galt es, den Körper nicht durch asketische Praktiken zu schwächen, vielmehr betonte er die Lebensfreude. Sein Weg bestand aus tatkräftiger Aktivität statt Entsagung. Er schätzte das Ritual und predigte *pushtimarga*, ›den Weg des Wohlgefallens‹. Das bedeutete eine völlige Hingabe an Krishna, der alleinigen Gottheit. Die Nachfolger Vallabhas wurden als Inkarnationen Krishnas verehrt und genossen – wie andere Gurus auch – gegenüber ihren Jüngern den Status uneingeschränkter Autorität. Dabei führte der stark erotische Charakter der Lehre zu sexuellen Ausschweifungen, die den sonstigen Lehren des Hinduismus keineswegs entsprachen. Ein spektakulärer Gerichtsprozess des frühen 19. Jh. bereitete manchen unsittlichen Eigenheiten der Sekte ein Ende.

### Die Caitanya-Bewegung

Ein Zeitgenosse Vallabhas war Caitanya (1485–1534), der aus Navadipa in Bengalen stammte. Er ist wohl der bis heute am meisten verehrte Heilige der Vaishnava. Schon zu Lebzeiten sahen seine Jünger in ihm eine Inkarnation Krishnas. Die letzten zwanzig Jahre seines Lebens wirkte er in Puri im ostindischen Orissa. Dort verehrte er in ekstatischer Weise die Gottheit *Jaganatha*, ›Herr des Universums‹, als die höchste Erscheinungsform Krishnas.

Es heißt, ursprünglich sei Caitanya kein Freund der Krishna-Verehrung und Bhakti-Bewegung gewesen,

Noch heute ist der Jaganath-Tempel in Puri ein besonderes Heiligtum zahlloser Vaishnava. Jährlich strömen Abertausende von Menschen nach Puri, wenn das sommerliche Rath-Yathra-Prozessionsfest – eines der größten Feste Indiens – gefeiert wird, bei dem neben anderen Gottheiten eine 14 m hohe Kolossalstatue des Gottes Jaganath auf einem riesigen Prozessionswagen mit 16 Rädern, die jeweils 2 m hoch sind, quer durch die Stadt gezogen wird. Wieder und wieder geraten Gläubige unter die Räder der gewaltigen Wagen und finden dabei den Tod. Gerätselt wird, ob es sich dabei nicht sogar oftmals um ekstatische Selbstmorde handelt. Der Zutritt zum Jaganath-Tempel in Puri ist Nicht-Hindus verwehrt. Es heißt, ein Engländer, der sich als Hindu verkleidet hatte, um den Tempel betreten zu können, habe dies mit dem Leben bezahlt. Auch Indira Gandhi, die in den 70er Jahren die Politik Indiens prägte, durfte den Tempel nicht betreten. Sie war mit einem Nicht-Hindu verheiratet.

bis ihn ein Asket von Krishna überzeugte. Vor allem Jayadevas ›Gita-Govinda‹ übte einen enormen Einfluss auf Caitanya aus. Er traf sich mit Krishna-Verehrern zu nächtlichen Versammlungen, bei denen die Lieder und Hymnen über Radha und Krishna gesungen wurden. Caitanya sah in Krishna die Gottheit und in Radha die nach Vereinigung mit dem Göttlichen strebende Seele.

Häufig geriet Caitanya in stundenlange Trance und Ekstase. Es wird berichtet, seine Anhänger hätten ihn des öfteren aus dem Wasser holen müssen, als er in seinen Visionen Krishna mit den Hirtenmädchen im Wasser spielen sah. Caitanya soll sich häufig als Radha erlebt und so unter der Trennung von Krishna gelitten haben. Überliefert ist folgender Ausspruch: *»Meine Augenblicke gleichen Weltenaltern, meine Augen verwandeln sich in eine Regenzeit, die ganze Welt erscheint mir leer, weil ich von Govind* (Name Krishnas) *getrennt bin.«* Oft kleidete er sich als Frau, um sich stärker mit Radha identifizieren zu können. Es gibt unter den Bhaktas noch immer Männer, die sich wie Mädchen kleiden und dabei geschminkt und mit Arm- und Fußkettchen geschmückt bis zur Ekstase tanzen, weil sie davon überzeugt sind, sich so Krishna besser hingeben zu können.

Durch Musik, Gesänge und rhythmische Tänze in verschiedene Trance-Zustände zu geraten, die das Empfinden, eine individuelle Person zu sein, aufheben, ist keine Eigenheit dieser mystischen Hindu-Sekte. Auch in der islamischen Mystik gibt es z. B. die tanzenden Derwische, die ähnliche Praktiken anwenden, um die Einheit mit dem Göttlichen zu erreichen. Vor allem in der persischen Mystik finden wir ebenfalls den Unterton einer Trauer über das persönliche Getrennt-Sein vom Absoluten, die begleitet ist vom Wunsch, sich der Gottheit völlig hinzugeben. Auffällig ist dabei, dass auch die persische Mystik oftmals einen stark erotischen Charakter aufweist.

Eine eigene Lehre hat Caitanya nicht niedergeschrieben. Es waren Schüler, die seine Gedanken aufzeichne-

Indien ist nicht nur das Land der Hindus, sondern auch das größte islamische Land der Erde. Dabei ist die Jama-Masjid in Old Delhi die größte Moschee Indiens

ten. Erst später bauten sechs Theologen, die ›Gosvamis‹, seine religiösen Vorstellungen zu einem umfangreichen System aus. Caitanya legte seinen Jüngern nahe, Mathura zum Zentrum der Krishna-Verehrung auszubauen. Im Jahre 1669, zur Regierungszeit des islamischen Kaisers Aurangzeb, wurde die steinerne schwarze Krishna-Statue von Mathura nach Nathdvara bei Udaipur in Südrajastan gebracht, weil man befürchtete, dass sie der Zerstörungswut Aurangzebs zum Opfer fallen könnte. Heute steht die Statue im Sri-Nathji-Tempel von Nathdvara. Der Ort ist noch immer ein wichtiges Vaishnava-Pilgerzentrum Nordindiens.

### Kabir

Kabir war Dichter und Mystiker zugleich. Er wurde von muslimischen Adoptiveltern, einer armen Weber-Familie, aufgezogen und bekam dementsprechend einen islamischen Namen. Seine niedrige Herkunft brachte den Vorteil mit sich, dass er die ›Lasten‹ religiöser Tradition wie Ritualismus, Reinheitsvorschriften und dergleichen nicht zu tragen brauchte. Kabirs Vorbild war Ramananda, dessen Lehren er weiterverbreitete. Wie sein Vorbild, so suchte auch Kabir die Versöhnung zwischen Islam und Hinduismus. Den hinduistischen Ritualismus, die Verehrung der Götterstatuen, Askese, Fasten oder auch Kastenbeschränkungen lehnte Kabir ebenso entschieden ab wie die zahlreichen philosophischen Theorien, die im Hinduismus und im Islam entstanden waren. Zugleich übte er offene Kritik an den religiösen Würdenträgern seiner Zeit. Die Brahmanen-Priester reagierten sehr drastisch. Kabir musste Benares verlassen. Mit seinen Jüngern zog er von Stadt zu Stadt. Kabirs Lieder und Lobpreisungen Gottes erfreuten sich bald großer Bekanntheit. Noch heute werden sie von Hindus und Moslems gesungen. Kabirs Mystik sieht die Gottheit als etwas an, das in allem enthalten ist und dabei alle Formen übersteigt. Es ist die selbstlose Liebe, in der sich für Kabir die Macht des Göttlichen spürbar offenbart. In der Vereinigung des Geistes mit der Gottheit sind alle Grenzen der Dualität bzw. der materiellen Welt aufgehoben. Für Gott benutzte Kabir sowohl den hinduistischen Namen Rama als auch das islamische Wort Allah.

Eine Legende besagt, nach Kabirs Tod seien Hindus und Moslems darüber in Streit geraten, ob sein Leichnam nach hinduistischer Sitte verbrannt oder auf islamische Weise beerdigt werden sollte. Kabir sei währenddessen erschienen und habe die Streitenden aufgefordert, das Leichentuch hinwegzuheben. Als sie dies taten, fanden sie darunter nur einen großen Haufen Blumen. Mit dem Tode Kabirs trennten sich die Wege seiner islamischen und hinduistischen Anhänger. Letztere bildeten die Kabirpanthi-Bewegung, die im Norden und Nordwesten Indiens noch immer eine stattliche Zahl von Anhängern aufweist. Kabir übte auch Einfluss auf Guru Nanak, den Begründer der Sikh-Religion, aus. Einige von Kabirs Liedern übernahmen die Sikhs in ihre Heiligen Schriften.

Auch Dadu (1544–1603), zunächst ein Anhänger Kabirs, gründete später eine eigene Religions- bzw. Kultgemeinschaft, die Dadupanthi. Nebenbei gab und gibt es etliche andere Bhakti-Mystiker und -Sekten.

Guru Nanak (1469–1539), Gründer der Sikh-Religion

Wie Buddhismus und Jainismus, so ist auch der von Guru Nanak (1469–1539) gestiftete Sikhismus eine eigenständige Religion mit hinduistischen Wurzeln. Das Wort *sikh* heißt ›Schüler‹. In Indien leben über 18 Mio. Sikhs. Sie sind vor allem an ihren dicken, farbigen und sorgfältig gebundenen Turbanen und den oftmals langen Bärten zu erkennen. Bei der Kleidung der Frauen ist es schon schwieriger, sie als Sikhs zu erkennen. Es ist ein Gebot der Sikhs, die Haare nicht zu schneiden, darum wickeln die Männer ihre Haare im Turban. Sie tragen den Beinamen Singh, ›Löwe‹, und die Frauen heißen Kaur, ›Prinzessin‹.

Vorwiegend leben die Sikhs im indischen Bundesstaat Punjab. Dort, in Amritsar, steht der berühmte ›Goldene Tempel‹, Hari Mandir, das Heiligtum der Sikhs. In Indien stehen sie im Ruf, sehr aktive, technisch versierte und tatkräftige Menschen zu sein, was erkennbar der Fall ist: Der Punjab ist ein wohlhabender Bundesstaat. »Wer isst, was er durch ehrliche Arbeit verdient, und von dem, was er hat, den Bedürftigen abgibt, allein der kennt den wahren Lebenswandel«, lautet ein wichtiger Ausspruch Guru Nanaks, der wie auch Gautama Buddha zur Kshatriya-Kaste gehörte. Die Religion der Sikhs ist der Welt zugewandt und legt großen Wert auf das Leben in der Gemeinde, *khalsa*.

Im Jahre 1499, bei einem Flussbad erschloss sich für den Mystiker Nanak die Dimension des Göttlichen. »Es gibt nicht Hindu und Moslem. Ich verwerfe die Religionen und kenne nur den einen Gott, den ich auf Erden, im Himmel und in allen Richtungen verehre.« Wie viele Mystiker seiner Zeit, lehnte auch Guru Nanak sowohl Kastenwesen als auch Bekenntnisgrenzen ab. Er verschenkte seinen Besitz und zog als Wanderprediger durch das Land – wie es heißt, zwölf Jahre lang. Eine Legende erzählt, er sei bis

Das doppelschneidige Schwert *(khanda)* ist das Symbol der Sikh-Religion

nach Mekka gewandert, wo er sich mit den Füßen in Richtung der Kaaba, dem größten Heiligtum der Moslems, schlafen legte. Ein islamischer Aufseher reagierte zornig. Wie kann jemand einem solchen Heiligtum seine Füße entgegenstrecken? – In Indien gilt es als eine Beleidigung, jemandem die Füße entgegenzustrecken.

»Gott ist überall«, soll Guru Nanak geantwortet haben. Es gibt keine Himmelsrichtung, in der Gott nicht ist. Die Strenge des Monotheismus der Sikhs entspricht dem Islam, der auf Arabisch bekennt: »la-illah-il-allah« – »es gibt keinen Gott außer dem (einen) Gott.« Dabei ist die Gottesvorstellung der Sikhs (wie auch die des bildlosen Islam) nicht die eines persönlichen Gottes. Für die Sikhs ist (wie auch für den Islam) Gott jenseits der Erscheinungswelt und des Vorstellbaren. Der Gedanke des Karmas und der Wiedergeburt, der zur Religion der Sikhs gehört, ist hinduistischen Ursprungs.

Das Bekenntnis der Sikhs lautet: »Es ist ein Gott, sein Name ist Wahrheit. Er ist schöpferische Kraft und höchstes Wesen, frei von Angst und Feindschaft. Er ist zeitlos und ungeboren. Er ist ungeboren, durch des Gurus Gnade wird er erkannt.«

Die Religion der Sikhs kennt zehn spirituelle Lehrer – von Guru Nanak bis Guru Gobind Singh (1666–1708). Seit Guru Gobind Singh wird das ›Ursprüngliche Buch‹, *Adi granth*, als schriftlich fixierte Lehrweisung angesehen. Bezeichnend für die Sikhs sind die ›fünf Ks‹:

Das Herz des Sikhismus: der ›Goldene Tempel‹

*Kesh* ist das lange, ungeschnittene Haar.

*Khanga* ist der Kamm, mit dem das Haar gepflegt wird.

*Kirpan* ist der Krummdolch, mit die Wahrheit zu verteidigen ist.

*Kara* heißt der stählerne Armreif, den die Sikhs als Zeichen der Verbundenheit tragen.

*Kuchha* ist die bis zu den Knien reichende Hose.

Im indischen Alltag der Gegenwart würde ein echter Dolch Probleme bereiten, denn wer in Indien z. B. eine Bank betritt, der hat dies freilich ohne Waffen zu tun. Die Sikhs tragen heute nur noch einen winzigen, symbolischen Dolch, der in seiner Größe den Gesetzen des Landes genügt. Gemessen an westlichen Verhältnissen ist Indien heute mit fast einer Milliarde Menschen trotz aller Probleme ein eher gewaltfreies Land.

**1720–1740**
unter den Peshwas gelangen die inzwischen zerstrittenen Marathen wieder zu bedeutender Macht; Baji Rao I. dringt bis Delhi vor
**1739**
der persische Kaiser Nadir Shah plündert Delhi
**ab 1740**
in Südindien stehen sich französische und britische Machtinteressen gegenüber
**1746**
Admiral La Bourdonnaise von der französischen Ostindiengesellschaft nimmt die Stadt Madras ein
**1757**
mit der Schlacht bei Plassey erringt der Engländer Robert Clive die politische Herrschaft der englischen Ostindiengesellschaft über Bengalen
**1760**
bei Madras unterliegen die Franzosen den Briten in der Schlacht von Wandiwash
**1761**
die Ausdehnung der Marathen nach Norden endet mit der Schlacht von Panipat, die der Afghane Ahmad Shah Durrani gewinnt; Haider Ali nimmt die Stadt Mysore ein
**1764**
nahe Baksar im Süden Bihars siegt die Söldner-Armee der britischen Ostindiengesellschaft über die vereinigten Heere des Großmoguls und der Herrscher von Oudh und Bengalen

## Zerstörung und Güte, die Doppelnatur Shivas

Werfen wir einen Blick auf die hinduistische Dreiheit von Schöpfung, Bewahrung und Zerstörung in Gestalt der Hauptgötter Brahma, Vishnu und Shiva, dann lassen sich die drei Götter den drei *gunas* – den Grundelementen des Daseins der Samkhya-Philosophie – zuordnen. Brahma steht für das aktive Element, *rajas.* Vishnu verkörpert *sattva,* die Reinheit, Klarheit und Güte, die Sphäre des Lichts. Shiva als Zerstörer hingegen repräsentiert *tamas,* die Trägheit und Schwere, sowie Erde und Materie. Damit ist er gewissermaßen ein ›Gegenspieler‹ Vishnus. Shivas Gefährt ist Nandi, der wuchtige und träge Stier, dessen entfesselte Urkraft zerstörend wirken kann. Ist diese Kraft aber gebändigt, so ist sie als Zeichen für die männliche Schöpferkraft fruchtbar. Shiva ist in Begleitung einer Schlange, der Kobra. Auch sie ist durch eine doppeldeutige Symbolik gekennzeichnet. Einerseits steht sie für Erde und Tod, doch andererseits ist die aufgerichtete Schlange ein Symbol für Spiritualität und Allverbundenheit – und das nicht nur im Hinduismus! Hinweise auf die aufgerichtete Schlage finden sich bei den alten Ägyptern ebenso wie im Judentum oder in den Evangelien.

Zur vedischen Zeit, als Shiva noch Rudra, ›der Heulende‹ oder ›der Schreckliche‹, hieß, war er ungeliebt und einsam unter den Göttern. Er war ein Gott der Ureinwohner und somit eine Gott der ›anderen‹. Seine Haare waren zu langen Zöpfen geflochten, dunkelbraun seine Hautfarbe. Als ein Gott des Todes war er den Menschen keineswegs wohl gesonnen und plagte sie mit Krankheiten und allerlei Ungemach. Ihm unterstanden die dämonischen Gewalten. Er hauste im Urwald zwischen wilden Tieren. Ansonsten waren die kargen Berge des Himalaja seine Heimat. Er kleidete sich mit Tierfellen und war mit Pfeil und Bogen bewaffnet. Seine furchteinflößende Erscheinung stand für die dunkle Seite des Daseins. Allerdings konnte seine geheime Macht auch zu positiven Zwecken genutzt werden. Wer außerhalb der von den Aryas getragenen Gesellschaftsordnung stand, genoss den Schutz des großen ›Widersachers‹. Unklar ist, wie aus Rudra im Zuge der Zeit Shiva, ›der Gütige‹, wurde. Der Name erscheint erst mit dem Shvetshvatara-Upanishad. Zwei weitere positive Namen sind *Shankara,* ›Heilbringer‹ und *Shambu,* ›Segenbringer‹. In seinem auflösenden Aspekt wiederum trägt er den Namen *Kala,* ›der Schwarze‹. Als Symbol für die Zeit und damit für Vergänglichkeit ist er als Kala mit Schädeln behängt und von giftigen Kobras umwunden. Asketen, die der Welt entsagten und sich außerhalb der Gesellschaft an entlegenen Orten ihren geheimen Praktiken widmeten, fanden in Rudra-Shiva einen Gott, der ihren Anschauungen entsprach. Denn zum Auflösungswerk Shivas gehört es auch, durch seine Yoga-Kraft die Anbindung des Geistes an die sichtbare Welt zu zerstören und so spirituelle Erkenntnis und Befreiung aus den Schlingen weltlicher Bindungen *(moksha)* zu ermöglichen.

Wie schon als Rudra, so bewohnt die Gottheit auch als Shiva den Himalaja. Sein bevorzugter Wohnsitz ist der unzugängliche Mt. Kailash, wo Shiva sich als ›Träger des geflochtenen Haars‹, *Jatadhara,* der Entsagung und Meditation widmet und dabei *tapas,* die ›innere Hitze‹, ansammelt. Ein weiterer Ort, den Shiva bevorzugt, ist die heilige Stadt Benares (oder Varanasi – beide Namen sind gebräuchlich). Dort, nahe dem Ganges, begegnet man vielen, zumeist in orange oder rote Gewänder gehüllten Sadhus, die der Welt entsagen und mit einem eisernen Dreizack in der Hand

Shiva als der große Asket. Diese Malerei aus Bilsamer (Rajastan) ist jüngeren Datums

**1765**
mit Robert Clive als Gouverneur von Bengalen gewinnt die britische Ostindiengesellschaft die Steuerhoheit in Bengalen und Bihar

**1769**
Haider Ali erobert große Gebiete Südindiens

**1770–1780**
der Hungersnot in Bengalen fällt ein Drittel der Bevölkerung zum Opfer

**1773**
Warren Hastings wird der erste Generalgouverneur Indiens

**1780**
Ranjit Singh gründet im Punjab den Staat der Sikhs

**1782**
Tod Haider Alis; Tipu Sultan kämpft im Süden Indiens gegen die Briten und wird Herrscher über Mysore; Generalgouverneur Hastings schließt mit den Marathen den Frieden von Salbai, so dass er im Süden ungestört kämpfen kann

**1785**
Hastings Nachfolger, Lord Cornwallis, siegt über Tipu Sultan und nimmt ihm einige seiner Gebiete ab

**1789**
in Frankreich findet die Revolution statt, die Epoche der europäischen Aufklärung beginnt

Ein Sadhu, der sich zu Shiva bekennt und als dessen Symbol einen Dreizack trägt

dem Weg Shivas folgen. Ansonsten ist Benares vor allem wegen der erstklassigen Benares-Seide bekannt.

Viele Sadhus erzählen, Shiva rauche gerne Ganja (Marihuana) oder Haschisch, das sie auch selbst oft und gerne genießen, wobei sie – anders als die schrecklosen Aghori – Alkohol als »schädliche Droge, die verrückt macht«, strikt ablehnen.

Für viele Yogis ist Shiva *Mahayogi,* ›der große Yogi‹. Er ist nicht nur Meister und Herr der Meditation und asketischer Entsagung, Shiva ist auch der ›Okkultist‹ unter den Göttern. Zahlreiche magisch-esoterische Lehren wurden von den Shiva-Anhängern entwickelt und werden bis heute tradiert. In diesen Richtungen ist er oftmals, wie schon Rudra, *Bhutananta,* ›Herr der Dämonen‹.

**Über Alkohol und Drogen**

Zwar verbietet der Hinduismus keinen Alkohol, doch wird er in Indien als ein gefährliches Rausch- und Suchtmittel angesehen. Im Buddhismus ist ein Mönch in die Religionsgeschichte eingegangen, der zu Lebzeiten Buddhas zuviel getrunken hatte und lallend auf der Strasse lag. Andere Mönche mussten ihn zur Schande für den Shanga, die buddhistische Mönchsgemeinschaft, zurück in seine Unterkunft tragen. Seither sind im Buddhismus berauschende Getränke streng verboten. Mönche, die Alkohol tranken, mussten schon damals den Shanga verlassen. Heute sind alkoholische Getränke in Indien unüblich. Sie dürfen nur in lizenzierten Restaurants und Geschäften verkauft werden und sind für indische Verhältnisse nahezu unerschwinglich. Eine Flasche indisches Bier, das nicht nach deutschem Reinheitsgebot gebraut ist und bei größerem Konsum ernste Kopfschmerzen erzeugt, kostet für unsere Verhältnisse etwa DM 14–20,- pro Flasche. Oft werden harte Spirituosen verbotenerweise selbst gebrannt und führen wegen Verunreinigungen gelegentlich zu Erblindungen. Andererseits ist der Konsum von Haschisch und Marihuana in verschiedenen Bundesstaaten geduldet und straffrei. Außerordentliche Vorsicht ist gegenüber dem Opium geboten, das auch in Indien angebaut wird und z. B. in Orissa auf dem Schwarzmarkt relativ leicht zu bekommen ist. Opium, das auch ein Heil- und Betäubungsmittel ist, erzeugt in Kürze massive körperliche Abhängigkeit!

Eine in Indien weitverbreitete und billige Volksdroge ist die Betelnuss, ›Pan‹ genannt. In Benares z. B. ist ›Pan‹, das gekaut aber nicht geschluckt wird und den Mund rot färbt, überall in den verschiedensten Formen zu bekommen. Die Betelnuss hat eine anregende Wirkung. Die Strassen von Benares sind voller roter Flecken, denn nach einiger Zeit des Kauens wird die zerkaute Nuss wieder ausgespuckt.

Der Stoff, aus dem die Träume sind: Opiumernte in Chittorgarh (Rajastan). Diese legalen Felder dienen der Heilmittel-Produktion und werden von der Regierung streng überwacht

Auch dieser Sadhu ist ein Shiva-Anhänger. Der Konsum von Marihuana ist unter den Sadhus nicht ungewöhnlich

Eine Legende erzählt, einst habe der Liebesgott Kama versucht, Shiva bei der Meditation zu unterbrechen, um in ihm das Verlangen nach der Göttin Parvati aufkommen zu lassen. Um nicht länger von der Meditation abgehalten zu werden, verbrannte Shiva den aufdringlichen Liebesgott mit einem Strahl innerer Glut, der von seinem ›dritten Auge‹ ausging. Seither ist Kama, der Gott der Liebe, Lust und Begierde, körperlos, aber dennoch überaus aktiv.

Shiva wird häufig mit der Flussgöttin Ganga im Haar dargestellt. Die dazugehörige Legende erzählt, ein Raja von Ayodhya habe Tausende von Söhnen gehabt, deren übler Charakter den Seher Kapila dazu brachte, sie mit einem Strahl seiner inneren Glut zu verbrennen. Um ihre Seelen zu retten, bedurfte es des Wassers aus der himmlischen Milchstraße. Ein Nachfahre des Königs vermochte es, durch langwierige Ansammlung innerer Glut – oder magischer Kraft – die Göttin Ganga vor sich erscheinen zu lassen. Er wurde gewarnt: Die Wucht ihres Wassers würde die Erde vernichten. Nur Shiva könne eingreifen und die gewaltigen Massen auffangen. Shiva zeigte sich hilfsbereit. Mit seinem Haarschopf fing er die gewaltigen Massen auf und ließ sie über seine geflochtenen Haare ablaufen. So fließt der heilige Fluss Ganges aus dem Himalaja, ohne die Erde völlig zu überfluten. Diese Legende hat eine sehr realistische Seite. Häufig kommt es zu Überflutungen, wenn mit dem einsetzenden Monsun-Regen die ungeheuren Wassermassen im Himalaja abregnen und den Wasserspiegel in kürzester Zeit um mehrere Meter ansteigen lassen. Oft steigt der Wasserspiegel des Ganges so schnell, dass man es mit bloßem Auge verfolgen kann.

Shiva als Asket mit der Flussgöttin Ganga in seinem Haar

Ein ›Pan-Wallah‹ in Benares. Solche Pan-Verkäufer gibt es in Benares an vielen Ecken. Wer zuviel Pan kaut, bekommt einen hellroten Mund und schwarze Zähne

So asketisch und enthaltsam Shiva ist, so sehr kann er auch seine Fas-

Der Elefanten-Gott Ganesha, in Stein gearbeitet. Die Skulptur wurde in Puri (Orissa) gefertigt. Das Reittier Ganeshas ist übrigens eine Maus. Es heißt, mit dem Elefantenkopf sei einerseits die Kraft und Beständigkeit versinnbildlicht, während die Maus andererseits Schnelligkeit und Geschicklichkeit symbolisiert

sung verlieren. Eine Geschichte erzählt, er sei einmal längere Zeit nicht zuhause gewesen, in dieser Zeit war Ganesha, einer seiner Söhne, zu einem stattlichen Mann herangewachsen. Als Shiva zurückkehrte, sah er einen anderen Mann in seinem Haus und schlug ihm den Kopf ab. Doch dieser Mann war sein eigener Sohn Ganesha. Um die aufgeregte Gemahlin Parvati wieder zu beruhigen, musste Shiva schnell einen neuen Kopf suchen und fand den eines Elefanten. Darum trägt die Gottheit Ganesha einen Elefantenkopf. Allerdings gibt es dazu noch andere Erklärungen. So heißt es z. B. auch, dass Parvati Ganesha als Türwächter schuf, der Shiva daraufhin den Zutritt zum Haus verwehrte, was ihm den Kopf kostete.

Als Einheit der Gegensätze steht Shiva für alle Dynamik des Weltwerdens. Dabei ist er eine Gottheit jenseits von Gut und Böse. Schon im Shvetashvatara-Upanishad wird er als Ursprung, wirkende Kraft und zugleich Zerstörung der Welt genannt. Wegen Shivas Mehrdeutigkeit gibt es die verschiedenartigsten künstlerischen Darstellungen der Gottheit.

Gemäß dem *Lingapurana* hat Shiva 28 Erscheinungsformen. Andere Schriften kennen sogar 108. In einigen Puranas findet sich auch die Lehre von den ›fünf

Der sechsköpfige Kartikeya ist ein weiterer Sohn Shivas, hier auf seinem Gefährt, dem Pfau, dargestellt. Eine Skulptur des 1509 errichteten Shri-Ekambareshvara-Tempels im südindischen Kanchipuram

Gesichtern‹ Shivas, die den vier Himmelsrichtungen und dem Zenit zugeordnet werden.

Zumeist wird er in Form eines Phallus bzw. *linga* verehrt, wobei dieser in einen weiblichen Schoß, *yoni*, gebettet ist, was seine Erneuerungsfähigkeit und die Einheit von männlichem und weiblichem Prinzip darstellt. Dabei ist die weibliche Seite, die ›Kraft‹, *shakti*. Ohne seine Shakti vermag Shivas männliche Potenz nichts zu erreichen. Bis in die Gupta-Periode hinein wurden die Lingas naturgetreu abgebildet. Weil dies möglicherweise als zu anstößig erschien, wurde der Shiva-Linga fortan und bis heute in stilisierter Form dargestellt. Weitverbreitet ist auch *Ardhanarishvara*, eine Gestalt, halb männlich halb weiblich, die Shiva ebenfalls in der Einheit mit seiner Shakti symbolisiert. Bekannt ist Shiva vor allem als ›König des (kosmischen) Tanzes‹, *Nataraja*.

Shiva als Nataraja, ›König des Tanzes‹, Bronze-Statue neueren Datums aus Südindien. Die Flammen am äußeren Kreis stehen für die Naturkräfte. Mit dem rechten Fuß tanzt er auf dem Dämon der Weltlichkeit und der spirituellen Erkenntnislosigkeit. Shivas Tanz steht als Ausdruck des kosmischen Wandels für die Einheit von Erschaffung, Erhaltung und Zerstörung und dabei auch für Verkörperung und Befreiung. Das linke Bein ist in die Luft gehoben als Zeichen für die Transzendenz. Die linke Hand hält das Feuer, welches die endgültige Auflösung des bestehenden Universums symbolisiert

Ein *linga* aus Gudimallam (Andhra Pradesh), 1. Jh. v. u. Z.

**Shakti, Shivas mächtige Gemahlin**

Aus tiefster Vorzeit stammt die religiöse Vorstellung der ›großen Mutter‹, einer weiblichen Gottheit, *devi* oder auch *mahadevi*, ›die große Göttin‹. Noch heute kennen wir die Gaben der ›Mutter Natur‹. Bereits das Verhältnis eines Kindes zu dessen fürsorglicher Mutter ist ein tieferes als das zum Vater. Frühe Gesellschaften waren zumeist matriarchalisch orientiert, so auch in Indien. Dabei steht die ›große Göttin‹ der Urbevölkerung als Spenderin des Lebens für Fruchtbarkeit, Liebe, Fürsorge und Schutz. Stammt der Mahadevi-Kult noch aus der Zeit vor der arischen Einwanderung, so war die vedische Religion der Einwanderer patriar-

Parvati – Shivas Gemahlin. Diese Statue gehört zum Parvati-Tempel in Khajuraho

chalisch orientiert, so dass die weiblichen Götter begannen, zunächst nur noch eine untergeordnete Rolle zu spielen. Im Rigveda sind die Göttinnen entweder Gemahlinnen der Götter oder sie stehen für verschiedene Eigenschaften und Gegebenheiten der Natur. So war Ratri die Göttin der Nacht, Ganga, die Flussgöttin des Ganges, Prithivi die Göttin der Erde. Übergeordnet waren jedoch die männlichen Götter.
Im Laufe der Zeit flossen die unterschiedlichen Vorstellungen weiblicher Gottheiten zu einem Bild zusammen, das ebenso doppeldeutig ist wie die Gestalt Shivas. Einerseits steht die ›große Göttin‹, die viele Erscheinungsformen kennt, für Glück, Güte, Schönheit und Fruchtbarkeit, doch zugleich ist auch sie auflösend, grausam und vernichtend. In ihrem positiven Aspekt ist sie u. a. als *Amba,* ›die Weltenmutter‹ bekannt. Zu ihren Erscheinungen zählen Lakshmi oder auch Parvati, die ›Tochter der Berge‹. Andere Namen sind z. B. Uma, Padma, Sati oder auch Gauri. Die bekanntesten ›schrecklichen‹ Formen der Göttin sind Kali und Durga. Kali wird oft mit einer Kette von Schädeln und einem Säbel in der Hand dargestellt. Gerät sie in Rage, tanzt sie sogar auf Shiva herum. Allerdings ist es unangemessen, sie als ›böse‹ oder dämonisch zu verstehen. Kalis Grausamkeit hat eine beschützende Seite. Sie verteidigt die kosmische Ordnung. In Bengalen, wo Kali verehrt wird, ist ihre Grausamkeit auch nur eine Eigenschaft unter verschiedenen anderen. Kali ist zugleich fürsorglich und wahrheitsliebend. In Kalkutta wenden sich zahllose Hindus mit ihren Wünschen und Hoffungen an die schwarze Göttin. Nichtsdestoweniger bekannten sich auch die gefürchteten *Thugs,* die ›Täuscher‹ zu Kali. Sie zogen mordend durch das Land.

Shiva, seine Gattin Parvati und Ganesha, ihr Sohn. Als Poster sind solche Malereien in Indien weit verbreitet

Als *Durga,* ›die schwer Besiegbare‹, reitet die Göttin auf einem Löwen. Der Mythos erzählt, ein Dämon in Gestalt eines Büffels habe einst die Welt tyrannisiert und die Brahmanen von ihrem Opferdienst abgehalten. Keine der Götter konnte den Dämon töten. In ihrer Not wandten sie sich an Durga. Sie nahm den Kampf gegen den Dämon auf. Nach zehn Tagen schlug sie dem Büffel den Kopf ab. Der Dämon jedoch verließ den Büffelkörper und suchte zu entfliehen. Durga ergriff ihn am Schopf und tötete ihn mit ihrem langen Dreizack. Auch Durgas kämpferische und dabei auch grausame Natur ist nicht als ›böse‹ zu verstehen.

Zu den indischen Schrecken des 19. Jh. zählten die Thugs, Geheimbünde, die im nördlichen Indien Reisende auf heimtückische Weise überfielen, mit Tüchern erwürgten und anschließend ausraubten. Sie taten dies »zu Ehren der Göttin Kali«, in der sie die Göttin der Vernichtung sahen. Um dem Treiben Einhalt zu gebieten, wurde 1863 bereits die Mitgliedschaft in einem Thug-Bund gesetzlich unter Strafe gestellt. Die Morde ließen sich nämlich nur schwer beweisen

In ihrer Erscheinungsform als Parvati wurde die Göttin im 7. Jh. zu Shivas Gemahlin. Weil Shiva den Mt. Kailash im Himalaja bewohnt, war es naheliegend, dass Shiva, der auch ›Herr der Berge‹, *Girisha,* ist, die Göttin Parvati heiratete. Es heißt, Brahma habe als Priester das Hochzeitsritual vollzogen, während Vishnu und Lakshmi Trauzeugen waren. In der hinduistischen Kunst wird Parvati oft als Göttin dargestellt, die auf Shivas Knie sitzt. Auch gehen beide häufig Hand in Hand oder werden im Austausch gegenseitiger Liebkosungen abgebildet.

Durga tötet den Büffeldämon Ravana

Die waagerechte Zeichnung der Stirn zeigt es deutlich: Dieser Tänzer aus Hampi in Karnataka ist ein Shiva-Darsteller. Anders als die Vishnu-Anhänger haben Shiva-Verehrer nicht senkrechte, sondern stets waagerechte Stirnmarkierungen

Anders als der Vaishnavismus, wo das Verhältnis männlich-weiblich als das Verhältnis von Gottheit und Seele verstanden wird, ist der Shivaismus – oder besser: *Shaivismus* – stark von den Shakti-Kulten beeinflusst. Als eine eigene Kultform kam die Verehrung der Göttin erst wieder im frühen indischen Mittelalter zum Tragen. In den Shakti-Kulten steht die Göttin für die kosmische Energie, die der statischen Materie Leben verleiht. Diese Vorstellung ist in den Shaivismus eingeflossen.

»Wo Indra, Vishnu und Brahma und auch die anderen alle, selbst die Himmlischen im Himmel auf Shiva warten müssen, ist er herabgestiegen auf uns're arme Erde. Zu mir ist er gekommen, der ich nichts nütze bin, hat große Lieb' mir erwiesen, wie nur eine Mutter tut. Er hat meinen Leib gemacht wie Wachs zu zart und weich und allen meinen Taten hat er ein Ende bereitet, ob ich auch bin geboren als Elefant und als Wurm. Dem Honig

## Shivas Kultgemeinschaften

Wie die Vaishnava, so sind auch die Anhänger Shivas bis in die Gegenwart hinein in verschiedenen Sekten und Gemeinschaften völlig unterschiedlicher – ja, nicht selten gegensätzlicher – Ausprägung und Anschauung organisiert. Auch wenn das Wort Shaivismus den Eindruck einer Einheit erweckt, in der Praxis gibt es sie nicht. Der Shaivismus lässt sich in zwei Ausrichtungen unterteilen, in den ›volkstümlichen‹ und in den eher spiritualistischen. Die populäre Form des Shaivismus wird auch als ›puranischer Shaivismus‹ bezeichnet, denn hier wird der Shiva verehrt, wie er mit samt seiner Mythologie in den Puranas dargestellt ist. Dabei bewegt sich der volkstümliche Shaivismus auch auf dem Boden vedisch-brahmanischer Tradition. Die ›hingabevolle Liebe‹ zur Gottheit ist dort stark gefühlsbetont. Viele Strömungen des spiritualistischen

Shaivismus hingegen sind rein asketische Initiationskulte, die im Verborgenen wirken und sich dabei einer Vielzahl okkult-magischer bzw. tantrischer Praktiken bedienen. Die religiöse Shiva-Verehrung im Sinn einer Bhakti liegt den Spiritualisten fern. Auch haben die spiritualistischen und esoterischen Richtungen ein eigenes Schrifttum, z. B. die Tantras, wobei die vedisch-brahmanische Autorität in diesen Gemeinschaften keine Rolle spielt.

Mit der Gupta-Periode begann der Shaivismus in Nordindien entschieden an Bedeutung zu gewinnen, auch wenn die Guptas selbst zu den Vishnu-Anhängern zählten. In Südindien wuchs der Shaivismus ab dem frühen 7. Jh. zu einer beachtlichen Bewegung heran. Der Pallava-König Mahendravarnam (König ca. 610–630) war, wie es heißt, ursprünglich ein Anhänger der Jaina-Religion, bis ihn der berühmte shaivistische Bhakti-Heilige Appar bekehrte. Der König baute Shiva-Tempel, und seine Nachfolger hinterließen ebenfalls prachtvolle, der Gottheit Shiva geweihte Tempelbauten. Dies trug dazu bei, dass der Shaivismus in Südindien volkstümliche Formen annahm. Zu den Größen der südindischen Shiva-Heiligen zählen auch Appars Zeitgenosse Sambandhar, ebenso Sundaramurti, der im 8. Jh. lebte, und Manikkavasagar aus dem 9. Jh. Insgesamt kennt der südliche Shaivismus 63 Dichter-Heilige, die *Nayanmars*. Im 10. Jh. wurden die Schriften dieser Heiligen gesammelt und zur ›Heiligen Schrift‹ des südindischen Shaivismus zusammengefasst. Bekannt ist diese Sammlung auch als *Tamil-Veda*. Die südindische Shiva-Mystik ist getragen von einem Gefühl des menschlichen Unwürdig-Seins gegenüber der Größe der Gottheit.

Doch bei aller Frömmigkeit vieler shaivistischer Bhakti-Heiliger: Shiva ist ein vielseitiger Gott, zu dessen Wirkungsbereich auch Vergänglichkeit und Tod ge-

gleich und der Milch, dem Zuckerrohr gleich kam er als König daher, der kostbare Gaben verleiht und hat mich gnädig genommen als Sklaven in seinem Dienst.«
Dieser Vers stammt von dem Bhakti-Heiligen Manikkavasagar (Übersetzung: H. Kulke, 1998, S. 182)

Shiva-Linga, Dreizack und Kobra an einem Baum. Dieser Ort bei Benares ist Shiva geweiht

hören, wobei Feuer und Asche der Verbrennungsstätten sowie Totenschädel und Kobras grundsätzlich keine Insignien sind, die jene Gefühle aufkommen lassen könnten, wie wir sie von Vishnus Anhängern her kennen. Dass Shiva auch ein Gott ist, der eine schwarze Seite hat, wird besonders deutlich bei Gemeinschaften wie z. B. den Aghori, den ›Schrecklosen‹, die wegen ihrer mitunter radikalen Praktiken oftmals gefürchtet waren und sind. Auch die Kapalika (›Schädelträger‹) verehrten Shiva in seinem furchterregenden und negativen Aspekt.

Anders als der Vaishnavismus kennt der Shaivismus keine theologisch ausgearbeitete Lehre verschiedener Inkarnationen Shivas als Avatare. Shivas Erscheinungsformen stehen in keiner zeitlichen Aufeinanderfolge. Auch die Rolle der Sexualität ist im Shaivismus eine grundsätzlich andere als im Vaishnavismus, wo die Erotik für eine persönliche innere Hingabe steht. Sie wird im Shaivismus als kosmische Analogie verstanden. Verschiedene shaivistische Kulte bedienen sich sexualmagischer bzw. tantrischer Praktiken, um dieses oder jenes Ziel zu erreichen. Ansonsten sind Entsagung und Enthaltsamkeit vorherrschend. Weil Shiva (auch) ein Gott der Beschränkung und Verneinung ist, gilt für seine Anhänger, die persönlichen Affekte und Gefühlsregungen zu beherrschen und zu kontrollieren, nicht aber, sich ihnen hinzugeben oder in ihnen völlig aufzugehen. Kurzum: Die Anhängerschaft Shivas ist ebenso vielseitig und gegensätzlich wie der Gott selbst.

Kaum etwas ist schwieriger, als die Entstehung verschiedener Sekten oder Kultgemeinschaften exakt zu datieren. So sehr wir heute auf zeitliche Exaktheit und wissenschaftliche Objektivität Wert legen, so geringschätzig ging man in den Kreisen von Asketen, Weisen und Yogis mit genauen Daten um. In Indien ist es üblich, dass die Anhänger der verschiedensten Richtungen betonen, ihre Traditionen seien uralt, auch wenn sie diese oder jene Wandlung erfahren haben. Schriftliche Fixierungen von Gedanken sagen in der Tat wenig über deren tatsächliches Alter, denn Tradition im spirituellen Sinn war und ist in Indien oftmals Sache rein mündlicher Weitergabe von Guru zu Chela.

## Die Pashupata-Asketen

Das Wort *pashupati* heißt ›Herr der Tiere‹ und war eigentlich der Name einer Schutzgottheit der Tiere, wurde dann aber mit Shiva gleichgesetzt. Als Pashupati ist Shiva ein den Menschen freundlich gesonnener Gott, der hilft, sich aus den Schlingen der materiellen Welt zu befreien. Dabei werden die Seelen der Befreiten mit den Tieren verglichen, denen ein Hirte die Fesseln abnimmt. Für die Pashupatas war Shiva rein geistiger Natur, konnte allerdings menschliche Gestalt annehmen. Lakulisha, der die Pashupata-Sekte im 6. Jh. begründet haben soll, wurde von seinen Anhängern als Inkarnation Shivas angesehen. Von Lakulisha oder Lakulin soll das *Pashupata-Sutra*, der wichtigste Lehrtext der Kultgemeinschaft, stammen. Wahrscheinlich ist die Sekte bedeutend älter und zählt zu den ältesten Gemeinschaften der Shiva-Verehrer.

Die Pashupatas trugen entweder nur ein Kleidungsstück oder waren gänzlich unbekleidet, wobei sie sich mit Asche einrieben. Die Besonderheit dieser Sekte lag in ihren ›Verrücktheiten‹. Die Asketen vollführten ekstatische Tänze, redeten wirr, hinkten, zuckten, brüllten und lachten, wodurch sie zum Gespött der Allgemeinheit wurden. Das war beabsichtigt und diente als Methode, sich von der Gesellschaft zu entfernen, um sich dann an entlegenen Orten den Übungen harter Askese zu unterziehen, um nicht nur die Befreiung zu verwirklichen, sondern auch übernatürliche Kräfte zu entwickeln. Die Pashupatas hatten, wie die Überlieferungen zeigen, stark schamanistische Züge. Im 11. Jh. löste sich die Sekte auf.

Das Allerheiligste im Shiva-Tempel der Benares-Hindu-Universität. Gläubige bringen ihre Verehrung zum Ausdruck, indem sie den Shiva-Linga mit Malas, den Blumenkränzen, schmücken

#### Die Kapalikas

Die ›Schädelträger‹ gehörten zu den ältesten Kult-Gemeinschaften, die Shiva verehren. Dabei bildeten die Kapalikas mit ihren extremen Praktiken eine Randerscheinung der hinduistischen Geisteswelt. Schon in der Maitrayani-Upanishad wird ein Kapalin erwähnt. Eigene Schriften der Asketen-Sekte, die im 14. Jh. ihren Niedergang fand, sind nicht erhalten. Erst seit der ersten Hälfte des 7. Jh. gibt es Texte zu den Kapalikas. Eine Inschrift aus dieser Zeit spricht von dem Gott Kapaleshvara und seinen Asketen. Über die Kapalikas wird in den Puranas – wie auch in anderen Schriften – durchweg abwertend gesprochen. Nicht ohne Grund: Die Sekte der

Shiva ist Herrscher über alle Elemente und Windrichtungen. Dieser Shiva-Linga steht in einem Seitenraum des Shiva-Tempels der Benares-Hindu-Universität

Kali tanzt auf Shiva. Diese Skulptur gehört zu einem Tempel in Rajgir in Bihar

›Schädelträger‹ verehrten Shiva als *Mahakala,* den ›großen Zerstörer‹. Auch als *Bhairava,* ›der Fürchterliche‹, oder *Kapalabhrit,* ›der den Schädel trägt‹, genoss Shiva die Achtung dieser Bewegung, die sämtliche religiösen und gesellschaftlichen Konventionen bewusst missachtete und sich mitunter recht grausamer Rituale bediente. Schon der chinesische Pilger Hiuen Tsang, der zu Beginn des 7. Jh. durch das Land wanderte, berichtete davon. In einem Drama aus dem 11. Jh. kommt ein Kapalika zu Wort und sagt: »Meine Halskette und meine Schmucksachen sind aus Menschenknochen gemacht. Ich wohne zwischen der Asche der Toten und esse aus Schädeln ... Wir trinken unseren Trank aus Brahmanenschädeln; unsere heiligen Feuer werden durch Menschengehirne und Menschenlungen, mit Fleisch gemischt, genährt, und wir besänftigen den Schrecklichen Gott (Bhairava) mit Menschenopfern, die von frischem Blut bedeckt sind ... Die Macht unserer Religion ist so groß, dass ich ... den größten und ältesten Göttern befehlen kann.« (Zitat: Mircea Eliade, »Yoga, Unsterblichkeit und Freiheit«, 1988, S. 306) Auch wenn es sich dabei nur um eine Figur aus einem Drama handelte, der Verfasser dürfte die Schädelträger-Sekte gut gekannt haben. Sie übten sich in

**Warum haben Hindu-Götter eigentlich mehrere Arme?**
Die Verehrung von Götterbildern hat in den indischen Religionen seit je her breiten Raum eingenommen. Nicht nur durch die heiligen Texte wurden die Menschen zur Verehrung der Götterbilder angeregt, sondern natürlich auch durch diese Abbilder selbst. Dabei standen die Künstler vor dem Problem, Gottheiten darstellen zu müssen, die aus unterschiedlichen Göttervorstellungen hervorgegangen waren und daher verschiedene Eigenschaften zugleich aufwiesen. Daher bediente man sich mehrerer Arme, um mit den entsprechenden Symbolen in den einzelnen Händen die Eigenschaften der Gottheiten darstellen zu können. Sind Hände einer Gottheit leer, so entscheidet die Handhaltung *(mudra)* über die Bedeutung der Geste. Weist die Hand nach unten, so ist die Gottheit wohltätiger Natur. Weist sie nach oben, so ist die Gottheit eine schützende.

(sexual)magischen Praktiken, genossen berauschende Getränke und meditierten, wie Überlieferungen berichten, auf Leichen. Ramanuja, der die Kapalikas ablehnte, weil sie gegen das Dharma verstießen, unterschied dabei zwischen einer radikalen und einer gemäßigten Richtung.

### Die Aghoris

Die Aghoris, ebenfalls eine Asketen-Gemeinschaft, gelten als die Nachfolger der ›Schädelträger‹. Andererseits wird Kina Rama, der im 18. Jh. lebte, als wahrscheinlicher Stifter der Aghori-Gemeinschaft angesehen. Heute heißt es, auch die Aghoris seien ausgestorben. Doch das ist nicht ganz richtig. Es gibt sie noch immer. Allerdings wird gesagt, ihre heutigen Praktiken seien im Vergleich zu denen der Vergangenheit gemäßigter Natur. In den zurückliegenden Jahrhunderten standen die Aghoris ihren Vorgängern hinsichtlich extremer Praktiken in nichts nach. Auch sie lebten bevorzugt an Verbrennungsstätten, verzehrten Menschenfleisch und Exkremente, tranken Wein und bedienten sich verschiedener Sexualpraktiken, mit denen sie die üblichen gesellschaftlichen Konventionen auf den Kopf stellten. Stets waren sie unverheiratet. Wie berichtet wird, genossen Prostituierte ihre besondere Freundschaft.

Der Grundgedanke ihrer Praktiken ist, dass es im absoluten Sinn weder Gut noch Böse gibt, weder

Ein Blick auf das berühmte Manikarnika-Ghat in Benares. Hier werden rund um die Uhr Leichen verbrannt

Anziehendes noch Widerwärtiges. Daher müssen alle gewöhnlichen Neigungen und Abneigungen, die der menschlichen Natur zu eigen sind, überwunden werden, um das Absolute zu verwirklichen. Die Symbolik der Leichenstätte steht für die Vergänglichkeit dessen, was dem gewöhnlichen Menschen bedeutsam erscheint.

Zu dieser Thematik sei ein kurzer Abstecher unternommen: In Goethes »Faust« sagt der Dämon Mephisto: »Ich bin der Geist, der stets verneint! Und das mit Recht; denn alles, was entsteht, ist Wert, dass es zugrunde geht; drum besser wär's, dass nichts entstünde. So ist denn alles, was ihr Sünde, Zerstörung, kurz, das Böse nennt, mein eigentliches Element.« Eben das ist die dunkle und zugleich notwendige Seite allen Daseins – Shiva in seinem Aspekt der Zerstörung und Verneinung. So wie Alter, Krankheit und Tod unausweichliche Eigenschaften der materiellen Existenz sind, so umfasst die Wahrheit des Absoluten sowohl die positive als auch die negative Seite. Dieser ›nichtdualistische‹ Gedanke ist im Hinduismus häufig zu finden, was allerdings nicht bedeutet, dass Gemeinschaften wie die Aghoris unter den Hindus großen Anklang fanden. Ein wichtiges Tabu der Aghoris besteht darin, kein Pferdefleisch zu essen. Sie waren (und sind) besitzlos und völlig unbekleidet. Es heißt,

Es sind Angehörige einer besonderen Kaste, die für die Verbrennungen der Toten zuständig sind. Hier wird gerade Holz für einen Scheiterhaufen gehackt

einzig mit der Asche der Verbrennungsstätten sei ihr Körper bedeckt. Asche ist eines der deutlichen Zeichen für die Endlichkeit und ist darum im Verständnis der Aghoris ein Symbol für den Grundcharakter allen irdischen Daseins.

Auch sie werden mit dem Tod und der Endlichkeit allen irdischen Daseins assoziiert: Indiens Geier versammeln sich nicht nur am Ganges, sondern überall dort, wo sie Beute erkennen

Zwei Richtungen der Aghoris gab es: *shudda,* ›die Reinen‹, und *malin,* ›die Unreinen‹. Zu den weiblichen Gottheiten, welche die Aghoris neben Shiva verehren, gehört auch Kali. Heutige Aghoris leben zurückgezogen außerhalb der Städte. Nur selten kann man etwa in Benares einen nackten und mit Asche bestrichenen Aghori zu sehen bekommen. Die Aghoris haben am Kastenwesen und der weitverbreiteten Bilderverehrung kein Interesse. Stattdessen ist, wie in vielen Kultgemeinschaften, das Verhältnis Guru–Chela, Lehrer–Schüler, sehr eng. Keinem Aghori käme es in den Sinn, seinem Guru zu widersprechen. Sie führen ein unstetes Wanderleben. Wie Shiva in seinem furchterregenden Aspekt als Bhairava, so hat auch jeder Guru einen Hund bei sich, wobei Hunde in Indien zumeist herrenlos sind und fast alles verzehren, was sich ihnen bietet. Die Aghoris werden nicht verbrannt, sondern sie werden, so berichtet man, mit gekreuzten Beinen beigesetzt.

### Der tamilische Shaiva-Siddhanta

Während Gemeinschaften wie die Kapalikas, Aghoris oder auch die Pashupatas, die nach einem Beinamen Shivas ›Herr der Tiere‹ benannt sind, reine Asketen-Gemeinschaften darstellen, ist Shaiva-Siddhanta der überwiegend von Laien getragene, volkstümliche Shaivismus Südindiens. Darum wird die Shaiva-Siddhanta-Gemeinschaft auch ›der südliche Shaivismus‹ genannt. Mit den außergewöhnlichen Verhaltensweisen der ›Schädelträger‹ und ihrer Nachfolger hat diese bedeutende Bewegung keine weitere Gemeinsamkeit, als dass sie Shiva als höchste Gottheit betrachtet. Im übertragenen Sinn bedeutet Shaiva-Siddhanta ›das höchste Ziel der Shaivas‹. Verehrt wird Shiva hier gemeinsam mit seiner Gemahlin Amba (Mutter), dem weiblichen Aspekt der Gottheit, als *mahadeva,* ›der große Gott‹. Zu den grundlegenden Schriften dieser Kult-Gemeinschaft zählen neben den Veden und der *Shvetashvatara-Upanishad* vor allem die von den shaivistischen Bhakti-Heiligen verfassten *Shaiva-Agamas* und die *Shaiva-Siddhanta-Shastras.* Von den Agamas wird berichtet, Shiva habe sie seinen Anhängern offenbart. Dementsprechend werden sie hochgeschätzt. Ihre Autorität übertrifft sogar die der Veden. Die *shastras,* ›Lehren‹, wurden überwiegend im 13. Jh. von sechs Gurus verfasst. Diese Gurus waren vorwiegend nichtbrahmanischer Herkunft und wandten sich in ihren Schriften gegen die Kastenbeschränkungen, was ebenso zur Popularität der Kultgemeinschaft beitrug wie die Tatsache, dass wichtige Texte in Tamil verfasst sind, denn das für religiöse Schriften in Brahmanen- und Gelehrtenkreisen übliche Sanskrit ist dem indischen Laien unverständlich.

Das System ähnelt dem ›eigenschaftsbehafteten Nicht-Dualismus‹ des Vishnu-Anhängers Ramanuja. Weder gibt es eine absolute Identität zwischen Seele, Gottheit und Welt, noch eine völlige Verschiedenheit. Die Materie gilt als Fessel, welche den Geist an sich bindet. Durch die Hingabe an Shiva und durch meditative Übungen kann diese Fessel überwunden werden,

Kaum hat der Monsun-Regen eingesetzt, regnen ungeheure Wassermassen im Himalaja-Gebirge ab, und der Ganges verwandelt sich in einen reißenden Strom, wobei der Wasserspiegel um mehrere Meter ansteigt – oftmals so schnell, dass man es mit bloßem Auge beobachten kann

was zur mystischen Erkenntnis der Gottheit und zu innerer Befreiung führt, während egoistisches Handeln der Gotteserkenntnis entgegenwirkt. Das Verhältnis Seele–Gottheit ist dabei sowohl dualistischer als auch nicht-dualistischer Natur. Einerseits ist es Shiva, der als persönlicher Gott alles durchwirkt, aber andererseits gibt es keine Auflösung der Individualität in der Gottheit, wie wir sie aus der Vedanta-Philosophie kennen. Die Erfahrung der göttlichen Einheit dessen, was sich in der Welt der Gegensätze offenbart, gilt als das höchste Ziel. Weil Shiva dabei als persönlicher Gott aufgefasst wird, ist – wie auch im Vaishnavismus – die Gnade und Güte der Gottheit von entscheidender Bedeutung. Noch heute ist die Bewegung im tamilischsprachigen Raum Indiens weit verbreitet und zählt viele aktive Anhänger.

#### Die Kultgemeinschaft der Virashaivas

Diese Gemeinschaft der ›heldenhaften Shaivas‹ kam im 12. Jh. im südindischen Karnataka auf. Diese von Basava gegründete Bewegung ist auch als *Lingayat* bekannt. Obwohl Basava selbst aus der Priesterkaste stammte, richtete sich die Gemeinschaft gegen die Autorität der Veden und der brahmanischen Priesterschaft. Das Kastenwesen wurde zunächst abgelehnt, ebenso die weitverbreitete Bilderverehrung, das Opferwesen, das Verbot der Wiederverheiratung von Witwen und die Pilgerfahrten. Die Gemeinschaft praktiziert keine Feuerbestattung. Ein wichtiges Merkmal ist zudem, dass Frauen nicht von den religiösen Aktivitäten ausgeschlossen sind. Eigene Tempel besitzen die Lingayat nicht. Basava erklärte, jeder Mensch sei selbst ein Tempel der Gottheit und könne Shiva direkt anbeten. Wer in die Gemeinschaft aufgenommen wird, bekommt einen kleinen Linga – Symbol Shivas – umgebunden, der ein Leben lang getragen wird. Ursprünglich herrschte die Überzeugung, zwischen dem einzelnen und der Gottheit solle kein Priester stehen, doch mit der Zeit entstanden trotzdem Unterschiede zwischen Laien und Priestern, wobei die pries-

In der Monsun-Zeit, auch »rainy season« genannt, steigt der Pegel des Ganges manchmal so hoch, dass die Straßen von Benares überschwemmt werden. Diese Jahreszeit ist die Zeit der Infektionskrankheiten, weil sich dadurch alle Arten von Gewässern und Abwässern vermischen

terlichen Rituale der Virashaivas den brahmanischen sehr ähneln. Auch die Kastengrenzen gewannen wieder an Bedeutung.

Gesammelt sind die religiösen und zugleich auch philosophischen Schriften im *Shunya-sampadana*. *Shunya* ist die ›Leerheit‹ des Absoluten, welches für die Virashaivas leer ist von allen Eigenschaften und Unterscheidungen. Diese Philosophie ist dem Advaita-Vedanta sehr ähnlich. Shiva, ewig und eigenschaftslos, ist identisch mit dem eigentlichen und unpersönlichen Selbst des Menschen. *Sampadana* ist die mystische Verwirklichung der höchsten Erkenntnis oder Erleuchtung.

Diese vergleichsweise kleine Kult-Gemeinschaft, die für ihre hohe Moralität bekannt ist, bildet einen Gegenpol zu den extremen shaivistischen Richtungen. Zu ihren Verboten zählen der Genuss von berauschenden Getränken, der Fleischverzehr, Tieropfer und sexuelle Ausschweifungen. Es war und ist ihnen nicht gestattet, Kinder zu verheiraten – eine Praxis, die im Indien vergangener Jahrhunderte durchaus üblich war und auch heute trotz gesetzlicher Verbote noch gelegentlich vorkommt. Die Frauen dieser Gemeinschaft sind gegenüber den Männer gleichberechtigt und suchen sich ihre Männer zumeist selbst aus. Aufrichtigkeit, Selbstbesinnung und Gewaltlosigkeit zählen zu den Tugenden dieser Sekte.

**Der Kashmir-Shaivismus**

Während sich der ›südliche Shaivismus‹, Shaiva-Siddhanta, durch seine religiöse Gottesverehrung auszeichnet, ist der Kashmir-Shaivismus wie auch die Lingayat-Gemeinschaft eher spiritualistischer Natur, d. h. die Gottheit wird nicht vordergründig als Person verehrt, von der eine gnadenvolle oder gütige Wirkung ausgeht, sondern der Gottesbegriff ist abstrakter und unpersönlicher Art. Dabei ist die innere Befreiung von dem Einzelnen selbst zu leisten, wozu im Kashmir-Shaivismus, wie auch in anderen Richtungen, die Yoga-Praxis unter der Leitung eines erfahrener Gurus nötig ist.

Der Kaschmir-Shaivismus geht zurück auf das 10. Jh. Auf früheren Lehren fußend, hat Abhinava Gupta das System in Kaschmir geschaffen. Er war ein Nachfolger eines Mannes namens Somananda, zu dessen *Shivadrishti* er verschiedene Kommentare verfasste. Somanandas Werk, das schätzungsweise um 900 entstand, ist nicht mehr erhalten, sondern nur noch eine von Utpala um 930 geschriebene Zusammenfassung, das *Pratyabhijna-Sutra*. Das Wort *pratyabhijna* bedeutet ›Wiedererkennen‹ und ist zugleich eine andere Bezeichnung für den Kaschmir-Shaivismus, zu dessen grundlegenden Werken u. a. auch Vasuguptas *Shiva-Sutra* aus dem 9. Jh. gehört. Vasugupta lehrte, es sei für die geistige Erkenntnis des Absoluten unbedingt notwendig, sich intensiver Yoga-Meditation zu unterziehen. Die idealistische Wiedererkennungslehre des Kaschmir-Shaivismus lehnt sich sehr an die Philosophie des Advaita-Vedanta an und besteht – vereinfacht gesagt – aus drei Grundzügen:

1) Shiva ist die einzige Wirklichkeit und zugleich reines Bewusstsein. Als das ewige und unvergängliche Selbst ist Shiva der Urgrund des kosmischen Geschehens. Durch seine Kraft (Shakti) besteht die Welt der Erscheinungen.

2) Der Kaschmir-Shaivismus ist ein Initiationskult. Einzig durch die Gnade Shivas kann der Mensch einen geeigneten Guru finden, der in seinem Schüler die

Katha heißt die gemeinsame Lesung aus heiligen Texten. Solche Versammlungen sind für das religiöse Leben im Hinduismus noch heute von großer Bedeutung. Im Anschluss an die Lesungen wird über die Texte frei diskutiert

innere Kraft erweckt, seine wahre Identität ›wiederzuerkennen‹, und zwar, dass sein wahres Selbst immer eins ist mit dem absoluten Bewusstsein, Shiva. Weiter als zu einem passenden spirituellen Lehrer zu führen reicht die Gnade der Gottheit nicht. Im Kashmir-Shaivismus ist Erlösung daher Sache der Selbsterlösung.

3) Ist sich ein Schüler der Einheit mit dem Absoluten bewusst geworden, so ist es seine Aufgabe, auch andere zu dieser ›Wiedererkenntnis‹ zu führen.

Da diese Lehre aus drei Elementen besteht, heißt sie auch *trika,* ›drei bildend‹. Insgesamt ist der Kaschmir-Shaivismus ein umfangreiches religiös-spirituelles und zugleich philosophisches Lehrsystem, das nicht nur vom Advaita-Vedanta, sondern u. a. auch von der Samkhya-Philosophie und dem Tantra beeinflusst wurde. Streng genommen lässt es sich nicht auf einen Nenner bringen, dass einerseits von Shivas Gnade die Rede ist und andererseits Shiva das wahre Wesen oder Selbst des Menschen sein soll. Dazu gibt es die Erklärung, dass diese Auffassungen von der Perspektive abhängig sind, aus der heraus sie geäußert werden. Die Erfahrung der Alleinheit ist ein höherer spiritueller Bewusstseinszustand, während die Vorstellung von der göttlichen Gnade eine ›niedere Stufe der Wahrheit‹ bedeutet. Es ist grundsätzlich zu bedenken, dass wir es, wenn in spiritueller Hinsicht von Erkenntnis gesprochen wird, nicht mit einem rein intellektuellen Begreifen oder einer Theorie zu tun haben, sondern mit der Erfahrung, die aus meditativen Techniken erwächst.

### Gorakhnath und die Kanphata-Yogis

Zu den für Shaivismus und auch Tantra wichtigen Gestalten gehört Gorakhnath. Über die historische Persönlichkeit Gorakhnaths ist nur wenig bekannt. Vermutlich lebte er zwischen dem 9. und 12. Jh. in Ostbengalen. Schon vor Jahrhunderten wurde er – von seinen Anhängern als Inkarnation Shivas vergöttlicht – zu einem Mythos. In den Legenden, die sich um ihn ranken, heißt es, er habe über beachtliche übernatürliche Fähigkeiten verfügt und sei ein herausragender Yogi gewesen, der auch in der Alchemie bewandert war. Er schuf eine Verbindung verschiedener shaivistischer Traditionen (vor allem der Pashupata), dem Tantra und dem Hatha-Yoga, bei dem Atemtechnik und Körperbeherrschung im Vordergrund stehen. Es heißt sogar, Gorakhnath habe den Hatha-Yoga begründet.

Die Asketen dieser Gemeinschaft, die nach dem 12. Jh. weit verbreitet war, nennen sich *Gorakhnathi* oder auch *Kanphata-Yogis*. Das Wort *kan* heißt ›Ohr‹, und *phata* ›gespalten‹. Bei der Initiation werden die Ohren durchbohrt und mit großen Ohrringen versehen. Diese wichtige Initiation ist allerdings nicht die erste, sondern die zweite. Nach einer ersten Initiation heißen die Asketen zunächst *aughar*. Fragt man in einer Stadt wie Benares nach den Aughar, so bekommt man häufig ablehnende und warnende Sätze zu hören: »Die leben im Urwald, trinken Alkohol und betreiben üble tantrische Praktiken. Es ist besser, ihnen aus dem Weg zu gehen.« Tatsächlich reiht sich der Orden der Kanphata-Yogis teilweise in die Traditionen des extremen Shaivismus ein. Verehrt wird Shiva in seinem furchterregenden Aspekt als Bhairava. Die Beziehungen dieser Yogis zu den Aghoris waren sehr eng. Daher ist es auch möglich, dass Einheimische Aughar und Aghoris leicht verwechseln können.

Die Gemeinschaft hat schamanistische und buddhistische Elemente sowie Teile des Volksglaubens aufgenommen, was ihr in der damaligen Zeit des Umbruchs zwischen dem untergehenden Buddhismus und dem neu erstarkenden Hinduismus große Erfolge bereitete. Ihre Bewegung war in ganz Nordindien und auf dem Dekhan verbreitet. Heute hingegen befindet sich die Gorakhnathi-Sekte in einer Phase der allmählichen Auflösung.

Besondere Verehrung zollt der Orden den neun *natha* und den 84 *siddha* – eine Reihe legendärer Yogis. Beide Zahlen sind jedoch nicht historisch, sondern haben eine mystische Bedeutung. Das Wort *siddhi* heißt ›Vollkommenheit‹ und steht für den Besitz übermenschlicher Fähigkeiten, womit zum Ausdruck gebracht wird, dass es sich um Yogis handelte, welche die magischen Praktiken besonders hervorhoben. Die Natha sind Meister tantrischen Ursprungs. Zu den Lehren dieser legendären Größen gibt es eine umfangreiche Literatur.

Für die Gorakhnathi ist Shiva der höchste Gott, und die Befreiung liegt in der Vereinigung mit ihm. Es ist weniger eine Theologie oder Philosophie, die ihnen Achtung und Bekanntheit verschafft. Vielmehr stehen sie in dem Ruf, Meister okkulter Künste zu sein. Sie gelten als Heiler, die auch in der Lage sein sollen, wilde Tiere wie Schlangen und Tiger zu beherrschen. Den Kanpatha-Yogis wird nachgesagt, im Urwald zu leben und auf Tigern zu reiten. Als Reittier ist der Tiger ein schamanistisches Motiv: Er ist der ›Initiationsmeister‹, der den Einzuweihenden in den Dschungel trägt, wobei der Dschungel die jenseitige bzw. geistige Welt symbolisiert.

Kastenbeschränkungen und die dazugehörigen Reinheitsgebote haben für die Gorakhnathi keine Bedeutung, auch ist ihnen erlaubt zu heiraten. Ihre Toten werden nicht verbrannt, sondern wie die Aghoris

**Ein wenig hinduistische Farbenlehre**

Rot findet besonders zu feierlichen Anlässen wie Hochzeiten, Geburten und zu religiösen Festlichkeiten reichlich Verwendung. Zu wichtigen Feiern wird auf der Stirn ein roter Fleck angebracht. Verheiratete Frauen tragen eine Markierung aus rotem Puder, dem *kumkum*, am Scheitelansatz. Zur Hochzeit tragen Frauen rote Saris. Rot ist auch die Farbe der Shakti, der Macht und Kraft. Nach dem Tode werden die Leichen von Frauen in rote Tücher gehüllt. An heiligen Stätten, auch an Götterstatuen wird oft rotes Pulver verstreut und verschmiert.

Orange symbolisiert das Feuer. Da Feuer Unreinheiten verbrennt, steht Orange für spirituelle Reinheit und religiöse Enthaltsamkeit. Asketen und Sadhus tragen zumeist orange Gewänder.

Gelb ist die Farbe der Versenkung und des Friedens. Gelb als die Farbe des Frühlings inspiriert den Geist. Vishnu, der Erhalter und Bewahrer, ist in Gelb gekleidet.

Grün steht für die Natur, die Farbe harmonisiert und beruhigt den Geist.

Blau ist die Farbe des Himmels und des Ozeans, der Flüsse und Seen. Götter, die charakterliche Stabilität, Tapferkeit, Manneskraft und Entschlossenheit darstellen, werden in blauer Farbe dargestellt. Rama und Krishna, die zum Schutz der Menschen gegen das Böse kämpften, werden in blauer Farbe wiedergegeben und natürlich auch ›Lord Shiva‹.

Weiß ist die Verbindung der Farben des Regenbogens. Daher enthält Weiß etwas von allem. Weiß steht für Reinheit, Sauberkeit und Wissen. Die Göttin Sarasvati, Göttin der Gelehrsamkeit, trägt weiße Kleidung und sitzt auf einem weißen Lotus.

in einer Yogastellung beerdigt. Es heißt, die Verstorbenen verweilen im *samadhi*, dem Zustand tiefster Meditation, in dem sie eins mit Shiva geworden sind, darum werden die Gräber *samadh* genannt. Als Symbole für Shiva und Shakti werden auf den Gräbern die im Shaivismus verbreiteten *linga* und *yoni* angebracht. Damit ist auch die Vorstellung verbunden, dass solch ein durch Shivas Linga geweihtes Grab zu einem Heiligtum werden kann, schließlich ist es nicht die Grabstätte eines gewöhnlichen Menschen, sondern eines *jivan-mukta*, eines ›im Leben befreiten‹ Yogis. Ob ein beerdigter Kanpatha-Yogi allerdings wirklich zu Lebzeiten den Zustand der völligen Befreiung erfahren hat, ist eine andere Frage.

### Tantra – was heißt das?

Wenn wir heute das Wort Tantra hören – und Tantra ist eines der wenigen Elemente des Hinduismus, die im Westen bekannt sind –, dann denken wir sofort an Sex, Ekstase, Luststeigerung und dergleichen. Diese Vorstellungen lassen Tantra für viele attraktiv erscheinen. Sie sind auch nicht unbedingt falsch, aber einseitig und unzureichend. Was also ist ›Tantra‹ – und welche Anschauungen und Praktiken sind ›tantrisch‹?

Die Sanskrit-Wurzel *tan* bedeutet ›erweitern‹, und das Wort *Tantra* kann als ›Erweiterung‹ oder ›Fortführung‹ übertragen werden. Gemeint sind damit anwendbare Methoden zur Erweiterung des menschlichen Bewusstseins, mit denen die geistigen Kräfte des Menschen aktiviert und gefördert werden. Tantra gilt als spiritueller Weg, einen Ausgleich der Gegensätze von männlich/weiblich und Geist/Materie zu erreichen. Die Spiritualität des Tantra ist folglich nicht vordergründig die der Entsagung, harter Askese und Loslösung von allem Irdischen, um das Absolute zu verwirklichen. *Bhoga,* ›Genuss‹, und *mukti,* ›Befreiung‹, sind im Tantra bei Weitem kein Widerspruch. Der tantrische Weg ist ein lebensbejahender, was allerdings asketische Praktiken zur Selbstdisziplinierung nicht ausschließt, aber andererseits auch in den wildesten Orgien Ausdruck fand. Von vielen Tantrikern wird besonders der schon aus der Bhagavad Gita bekannte

Kali, die Shakti, steht auf Rati und Kama, die das Verlangen symbolisieren, das die Ursache jeglicher Schöpfung ist. Kalis rote Zunge steht für das *rajas-guna,* die Aktivität. Die Kette aus Köpfen symbolisiert Weisheit und Stärke. Kalis Schwert und der abgeschlagene Kopf in ihrer Hand sind Zeichen ihrer vernichtenden Macht, mit der sie das Ich-Bewusstsein eines eingeweihten Tantrikers aufzulösen vermag. Die abgeschlagenen Hände bedeuten dessen früheres Karma

Die Skizze eines Tonsiegels aus Mohenjo daro. Deutlich zu erkennen ist die Lotussitzhaltung und die Verehrung desjenigen, der sich in dieser Haltung befindet. Auffällig ist auch die Symbolik der aufgerichteten Schlangen

Gedanke der ›begierdelosen Aktivität‹ hervorgehoben. Aktivität ist der Grundcharakter allen Lebens. Unser Handeln soll nicht Mittel zu egoistischen Zwecken sein, sondern der Zweck selbst. So soll z. B. ein Maler malen, nicht weil er sich davon verspricht, reich zu werden oder weil es möglicherweise eine Familientradition ist, sondern weil er Freude an seiner schaffenden Tätigkeit hat. Nur durch die Freude an der Kreativität ist er auch ein guter Maler, der selbstlos und damit ›göttlich‹ wirkt. Wer das, was er tut, nicht liebt, der ist darin weder gut noch glücklich, und so kann er auch nicht über sich hinauswachsen. Tantrisches Denken ist an sich sehr tolerant und freiheitlich, was aber auf keinen Fall mit Disziplinlosigkeit verwechselt werden darf. Tantrisches Bestreben ist die Förderung menschlicher Begabungen und Fähigkeiten. Dabei betrachtet das Tantra die traditionellen Kastengrenzen, Reinheitsgebote und den traditionellen Ritualismus als hinderlich.

Es heißt oft, Tantra sei in der Gupta-Periode aufgekommen, doch tatsächlich wurden etliche tantrische Symbole, die im Zusammenhang mit dem Shakti-Kult und Fruchtbarkeitsriten stehen, schon in Harappa gefunden, ebenso Tonfiguren, die Yoga-Stellungen zeigen, wie sie auch im Tantra verwandt werden. Andere tantrische Riten sind vedischen Ursprungs. Die ältesten bekannten tantrischen Aufzeichnungen sind 2000 Jahre alt, und die jüngsten Texte werden in der Gegenwart geschrieben. Eine große Zahl tantrischer

Ardhanarishvara heißt die Erscheinungsform von Shiva und Shakti in ihrer Einheit – halb als Mann und halb als Frau dargestellt

Schriften ist nicht übersetzt. Als ›autoritative‹ – also ursprüngliche und allgemein anerkannte – Texte gelten verschiedene *Tantras,* die größtenteils ab der Gupta-Periode verfasst wurden. Tantriker nennen diese Werke respektvoll ›den fünften Veda‹.
Nach tantrischer Auffassung sind Menschen Abbild und Analogie der kosmischen Ordnung. Shiva und Shakti, die männliche und weibliche Seite der göttlichen Einheit, sind dabei die Hauptelemente. Die tantrische Kunst hat eine Vielzahl an Symbolen entworfen, die kosmischen Analogien darzustellen. Kaum ist es möglich, Shaivismus, Shaktismus und Tantra klar auseinander zu halten, zu groß sind die gegenseitigen Beeinflussungen. Je nach Sekte gehören auch Alchemie, Naturheilkunde und Astrologie/Astronomie zum Tantra. Das alles macht es so schwer, eine genaue Definition zu finden, zumal Tantra nicht allein auf den Hinduismus beschränkt ist. Auch im Buddhismus hat sich eine tantrische Richtung mit ihren Kult-Gemeinschaften und Traditionen entwickelt.

**Kundalini, die sexuelle Kraft**

Die Wurzel des Tantra ist die sexuelle Kraft, *Kundalini,* die ›Schlangenkraft‹, die sich nach Auffassung tantrischer Yogis überall in der Natur auf fundamentaler Ebene als Triebkraft äußert und die auf höchster Ebene die ewige und göttliche Einheit des

Im Westen ist die kleine mittelindische Stadt Khajuraho besonders gut bekannt. Der Grund dafür sind die dortigen Tempel mit ihren erotischen Skulpturen. Dies ist der Lakshmana-Tempel

Gegensätzlichen ist. In keiner anderen für jeden spürbaren Macht offenbart sich das Leben und das Streben nach Einheit und Glückseligkeit so deutlich wie in der sexuellen Vereinigung, die nach tantrischer Lehre das vollständige Abbild der Gottheit ist. Daher spielt die Sexualität im Tantra eine wichtige Rolle. Nichts liegt dem Tantra ferner, die sexuelle Kraft als Sünde zu bezeichnen. Sie wird verstanden als universelle göttliche Macht, welche den Kosmos durchflutet.

Diese erotischen Skulpturen gehören zum Lakshmana-Tempel in Khajuraho

Im Kundalini-Yoga – auch ›tantrischer Yoga‹ genannt – gibt es Asanas bzw. Positionen, die bei sexualmagischen Übungen angewandt werden. Diese Asanas sind oft künstlerisch dargestellt worden, was zu dem häufigen Schluss führte, Tantra sei ausschließlich eine sexuelle Kult-Form. Aber bei allem Interesse, das die sexuellen Praktiken des Tantra im Westen erweckt haben, sind sie nur ein Teil des tantrischen bzw. des Kundalini-Yoga. Die meisten Techniken das Kundalini-Yoga lassen die Geschlechtsorgane unberührt. Sexuelle Kraft auszuleben ist eine Sache, aber sie bewusst und willentlich zu steuern, ist die weitaus schwierigere Art tantrischer Übungen.

Tantrische Orden oder Sekten sind okkulte und magische Richtungen, die ein Geheimwissen pflegen und dementsprechend über umfangreiche Initiations- bzw. Einweihungsriten verfügen. Der Gehalt vieler tantrischer Lehren ist daher nicht öffentlich und die dazugehörigen Praktiken ebenso wenig. Das ist in etwa vergleichbar mit den geheimen Ritualen verschiedener

»O Mensch! Gib acht!
Was spricht die tiefe Mitternacht?
›Ich schlief, ich schlief –
Aus tiefem Traum bin ich erwacht: –
Die Welt ist tief,
Und tiefer als der Tag gedacht.
Tief ist ihr Weh –
Lust – tiefer noch als Herzeleid:
Weh spricht: Vergeh!
Doch alle Lust will Ewigkeit –
– will tiefe, tiefe Ewigkeit!‹«
(Friedrich Nietzsche, »Das trunkene Lied« aus »Also sprach Zarathustra«, 1883–85)

**Schlangensymbolik**
Nicht nur im Hinduismus, auch in den westlichen Religionen hat die Schlangen-Symbolik eine mystisch-magische Bedeutung. In der Thora heißt es, die ›listige‹ Schlange habe Adam und Eva verführt, vom Baum der Erkenntnis zu essen, worauf die Gottheit zur Schlange sagte: »Auf dem Bauch sollst du gehen und Erde essen dein Leben lang. Und ich will Feindschaft setzen ...« (1. Mose 3, 14) Eine Schlange, die verurteilt wird, ›auf dem Bauch‹ zu kriechen, muss vorher aufrecht gestanden haben. Die aufrecht stehende Schlange begegnet uns in der Bibel an folgender Stelle wieder: »Da sprach der Herr zu Mose: Mache dir eine eherne Schlange und richte sie zum Zeichen auf; wer ... sie ansieht, der soll leben.« (4. Mose 21. 68) Die aufgerichtete Schlange war in verschiedenen Kulturen Zeichen für einen ›Eingeweihten‹, dessen Bewusstsein die gewöhnliche Ich-Grenze zu überschreiten vermag, der im Einklang mit der jeweiligen höchsten Gottheit steht und der nicht aus egoistischen Motiven heraus handelt. Die aufrecht stehende Kundalini-Schlange ist eine auch im Tantra-Yoga geläufige Symbolik.

Freimaurer-Logen und okkulter Orden unseres eigenen Kulturkreises. Tantriker leben zumeist unauffällig und zurückgezogen. Kaum haben sie Interesse, Ausländern etwas mitzuteilen oder gar gezielt auf sie zuzugehen.

Auch in Benares hat sich die ›spirituelle Industrie‹ auf Touristen eingestellt. Wer mehr Hotelgäste wünscht, bietet Kundalini-Yoga an. Einheimische lachen darüber

Es gibt in Indien tantrische Gemeinschaften, die niemanden aufnehmen, ohne zunächst ein Geburtshoroskop erstellt zu haben. Weist das Horoskop keine Konstellationen auf, die auf Eignung hinweisen, gibt es keine Initiation. Ansonsten hat der Kandidat zunächst einige Prüfungen zu bestehen – z.B. eine gewisse Zeit lang alleine in einer dunklen Höhle zu verbringen –, um in den Orden aufgenommen zu werden.

Zwei Hauptrichtungen haben sich im Tantra herausgebildet: *Vama-marga* ist der ›Weg zur linken Hand‹, und *Dakshina-marga* ist der ›Weg zur rechten Hand‹. Die Beziehungen zwischen den Tantrikern des Vama-marga und den shaivistischen Kapalikas oder auch den Aghoris und Gorakhnathi waren sehr eng. Die oft-

In Benares, nahe dem Ganges, bieten viele Geschäfte den Touristen Zeitungen wie die »Osho-Times« an. Bhagwan Shree Rajneesh alias Osho hatte es seinerzeit vermocht, seinen westlichen Anhängern solche Geldmengen aus den Taschen zu ziehen, dass er Rolls Royce-Limousinen sammeln konnte. Der umstrittene ›Export-Guru‹ starb 1990 im Alter von nur 59 Jahren

Der Sonnentempel von Konark in Orissa ist das Ziel vieler indischer Touristen

mals exzessiven Praktiken der Tantriker ›zur linken Hand‹ stehen im deutlichen Widerspruch zu den üblichen gesellschaftlichen Normen des Hinduismus.

Extreme Praktiken sollen dazu führen, dass die Beschränkungen weltlichen Daseins überschritten werden. Warum gibt es seit jeher Personen, die sich Orgien hingeben? Weil sich auf diese Weise die Ich-Schranke durchbrechen lässt und man sich – wenn auch meist nur kurzzeitig – in einen gehobenen, rauschhaften Bewusstseinszustand versetzen kann.

Diese Formen des Tantra sind im Hinduismus und auch in der Welt des Tantra selbst die Ausnahme. In gewisser Weise ist der linke Pfad mit seiner ›Verfleischlichung‹ des Heilsweges eine radikale Gegenreaktion auf den reinen Spiritualismus des Advaita-Vedanta.

**Teure Tantra-Kurse**

Wenn in indischen Städten wie vor allem Poona in englischer Sprache Tantra-Kurse oder Lektionen in Kundalini-Yoga für 500 US$ angeboten werden, ist Vorsicht geboten. Solche Preise übersteigen indische Monatsgehälter. In Indien weiß man sehr wohl, dass viele westliche Ausländer esoterische Bedürfnisse hegen, deren Erfüllung sie – oftmals ahnungslos und ohne jegliche Kenntnis der indischen Kultur – im Orient suchen. Geht es um Bewusstseinserweiterung, fließt harte Währung. Nur gehören innere Reife oder auch tatsächliche Einweihungen in die »Geheimnisse des Orients« zu genau den Dingen, die nicht käuflich sind. Niemand wird mit einem 500 US$-Kurs zum Pianisten oder Bildhauer, und so ist auch Kundalini-Yoga genauso wie Zen-Meditation, Ballet oder Autorennenfahren Sache jahrelanger Übung unter der Leitung eines Meisters oder Trainers. In Indien kennt man der Begriff der »spirituellen Industrie«, d. h. man ist sich dessen sehr wohl bewusst, dass eine Vielzahl von Gurus mit einer Handvoll Psycho-Tricks erfolgreich von ihrer fast ausschließlich westlichen Anhängerschaft leben. In Indien heißt es, »jeder Schüler bekommt den Lehrer, den er verdient.«

Erotische Skulpturen sind auch am Sonnentempel zu finden

An verschiedenen Hindu-Tempeln, so etwa am Sonnentempel in Konark in Orissa oder vor allem an den berühmten Tempeln in Khajuraho, sind etliche sexuelle Aktivitäten in Stein gemeißelt, die auf den ersten Blick den Anschein erwecken, als sei Indien dereinst in erotischer Hinsicht ein sehr freizügiges Land gewesen. Dieser Schein trügt jedoch. Es kann nicht oft und deutlich genug gesagt werden: Der Hinduismus als solcher war und ist überaus sittenstreng! Liebeskünste, wie sie etwa im *Kama-Sutra*, dem indischen ›Lehrbuch der Lust‹, beschrieben sind, waren schon in antiken Tagen den höheren Gesellschaftsschichten vorbehalten. Doch bei aller Sittlichkeit, Ausnahmen bestätigen die Regel: Die buddhistische Überlieferung berichtet von einer Gruppe Männer und Frauen, die sich einst zu freizügigen Vergnügungen in einen Hain zurückzog. Weil den Männern eine Frau fehlte, hatte man eine Prostituierte hinzugezogen, die in einem günstigen Augenblick alle Wertsachen stahl und verschwand. Auf der Suche nach ihr begegneten die Männer dem Buddha, der ihnen die Frage stellte: »Was denkt ihr, junge Männer, ist besser für euch, loszugehen, um nach einer Frau zu suchen, oder die Suche nach euch selbst?« »Herr, besser ist es für uns, nach uns selbst zu suchen«, antworteten sie. Der Buddha

Dieser kleine und inzwischen restaurierungsbedürftige Tempel in Benares lag höchstwahrscheinlich einmal in den Händen einer tantrischen Sekte

soll sie für sich gewonnen haben. Es heißt, sie seien daraufhin Mönche geworden.

Wenn wir den hinduistischen Kulturraum als ein Zusammenwirken krasser Gegensätze bezeichnen, so gilt das auch für den Bereich der Sexualität, denn einerseits kennt der Hinduismus alle Formen feinster Sinnlichkeit, während andererseits die materielle Existenz als eine leidvolle Form der stetigen Wiederkehr angesehen wird. Sexualität, Lust, Schönheit, Kunst, ja das materielle Dasein überhaupt, ist untrennbar verbunden mit Alterung, Vergänglichkeit und Tod. Nichts existiert in der materiellen Welt ohne seinen Gegenpol. Wird das Leben als Leid verstanden, so ist die Sexualität die Wurzel des Leidens. Wird das Leben als Freude am Dasein und ewige Schöpfung gedeutet, so ist die Sexualität Ausdruck endloser schöpferischer Freude. Im Hinblick auf diese unterschiedlichen Bewertungen kann es keine allgemeingültige Wahrheit geben. Sagt ein entsagender Asket, alles Leben sei endlos leidvoll, und ein Tantriker antwortet ihm, in gleichem Maße ist es selbstlose Freude – wer hat dann Recht? Beide sind sich aber darin einig, dass Glück und Leid Sache der inneren Einstellung zum Leben sind. Das befreiende Ziel ist die ewige Ureinheit. Je egoistischer ein Mensch ist, desto größer ist sein Leiden, und je selbstloser, desto weniger leidet er, und zwar völlig unabhängig von seiner tatsächlichen Lebensweise.

Rundherum ist der Tempel mit Holzschnitzereien umgeben, die sexuelle Motive darstellen

Bezeichnend für das Tantra ist auch der Gebrauch von *mantras* und *yantras*. Yantras, ›Stützen‹, sind geometrische Zeichnungen und Bilder, mit mystisch-magischer Symbolik, die für visuelle Konzentrationsübungen verwandt werden. Sie stellen verschiedene *tattvas*, Elemente, Aspekte und Kräfte des Göttlichen dar, wobei zu beachten ist, dass nach hinduistischer Vorstellung Göttliches nicht nach menschlichen Moralvorstellungen von Gut und Böse gemessen wird.

Östliches Denken nennen wir ›ganzheitlich‹. Das trifft auch auf das tantrische Weltbild zu. Der bekannte Psychoanalytiker Sigmund Freud sagte einmal: »Von dem, was wir unsere Psyche nennen, ist uns zweierlei bekannt, . . . das Gehirn (und) unsere Bewusstseinsakte . . . Alles dazwischen ist uns unbekannt, eine direkte Beziehung zwischen beiden Endpunkten unseres Wissens ist nicht gegeben.« Daraus schloss Freud, dass unser Seelenleben »die Funktion eines Apparates« sei. Was aber liegt dazwischen? Was ist ›Bewusstsein‹? Eben die Beziehung zwischen Bewusstsein, Seele und Körper ist im Tantra ausführlich dargelegt. Wir kennen durch C. G. Jung den Begriff des »kollektiven Unbewussten«, auch ein Unterbewusstsein ist uns bekannt, aber kein ›Überbewusstsein‹. Das ist ein Begriff, der tantrischen Yogis vertraut ist, denn im Yoga – und nicht nur im tantrischen – gibt es Formen der Wirklichkeitserfahrung, die den westlichen Religionen wie auch der Psychologie unzugänglich sind.

Gemäß dem Kundalini-Yoga gibt es im Menschen sieben wichtige Energiezentren oder Hauptchakras, welche die alles durchströmende Lebensenergie, *prana* genannt, in unterschiedlicher Weise transformieren. Diese Energiezentren haben zwar ihre körperlichen Entsprechungen, gehören aber, so die Yoga-Lehre, der nicht-materiellen Daseinsebene an. Sie liegen entlang der *sushumna,* dem Energiestrang, der von dem Nervenbereich der Geschlechtsorgane bis zum Gehirn reicht. Von jedem Chakra gehen feinstoffliche Bahnen aus, die *nadi* genannt werden.

Übrigens: Die chinesische Akupunktur arbeitet mit diesen Energiebahnen.

Die Energiezentren heißen Chakras, weil medial begabte Seher und Yogis sie als Räder wahrnehmen. Die Chakras entsprechen einzelnen seelischen und körperlichen Eigenschaften. Sie werden verschiedenen Bewusstseinsebenen zugeordnet und durch verschiedene Mantras, Yantras oder Göttersymbole dargestellt. Grob skizziert ergibt sich folgende Darstellung: Das unterste und fundamentale Chakra ist das *muladhara-chakra,* das ›Wurzelchakra‹. Es liegt zwischen Geschlechtsorgan und Anus. Hier ruht die Kundalini-Schlange bei einem Menschen, der sich nicht intensiv und erfolgreich mit den Übungen des Kundalini-Yoga beschäftigt, bildlich gesprochen eingerollt. Die Energie staut sich und kann nicht frei fließen. Das Triebhafte entspricht diesem Chakra. Es ist dem Element Erde zugeordnet.

Das *svadishthana-chakra* ist das nächste Energiezentrum. Es liegt in Unterleib und steuert die Geschlechts- und Ausscheidungsorgane. Dieses Nervenzentrum, das in bezug zum Element des Wassers steht, ist der Sinnlichkeit zugeordnet. Hier äußert sich die Lebensenergie vor allem als Gefühl des Geschlechtstriebs. Das *manipura-chakra* liegt in der Nabelgegend und entspricht dem Solarplexus. In der Herzgegend ist das *anahata-chakra.* Ihm wird das Empfinden für Harmonie zugeordnet. Alles, was wir als ›herzlich‹ empfinden, entspringt diesem Energiezentrum, das vom dem luftigen Element beherrscht wird. Das *vishudda-chakra* befindet sich am unteren Ende des Halses. Dieses Chakra gilt als Analogie zum Element des Äthers und bewirkt das Empfinden der Zeit bzw. Dauer. Das *ajna-chakra* liegt zwischen den Augenbrauen und ist auch in verschiedenen esoterischen Traditionen unseres eigenen Kulturkreises als das sogenannte ›Dritte Auge‹ bekannt. Dieses Zentrum gilt als Ort des Geistes. Wer etwas geistig durchschaut, der sieht mit dem ›Dritten Auge‹. Das *sahasrara-chakra* ist der ›tausendblättrige Lotus‹. Dieses Zentrum befindet sich außerhalb des Körpers, über dem Kopf. Es wird ›tausendblättrig‹ genannt, weil von diesem Zentrum zahllose Energiestränge ausgehen. Es gehört einer Wirklichkeitsebene an, der sich der gewöhnliche Mensch nicht bewusst ist. Es ist sozusagen sein ›Über-Ich‹, das sich oft im Gewissen äußert. Der Bewusstseinszustand, der diesem Chakra entspricht, ist die Allverbundenheit und völlige Selbstlosigkeit.

Aus dieser Sicht sind blinde Triebkräfte, sexuelle Lust und selbstlose Liebe sozusagen verschiedene Schwingungsformen oder Frequenzen ein- und derselben Lebenskraft. Daher ist es das Ziel des Kundalini-Yoga, die ›Schlangenkraft‹ zu erwecken und die Triebkraft zu wandeln, um eine tiefgreifende Vergeistigung zu verwirklichen.

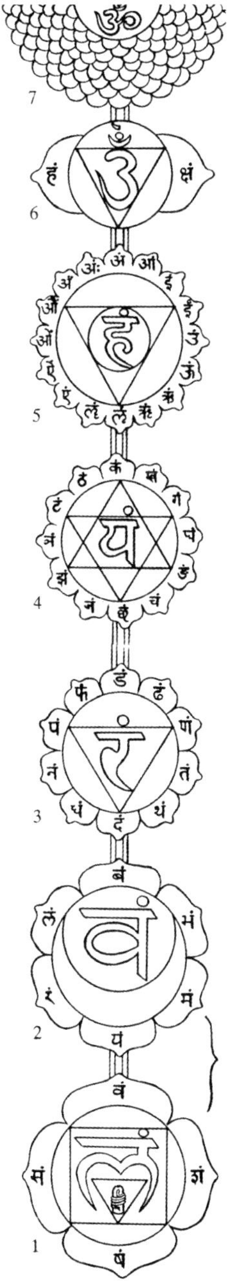


Die sieben Hauptchakras des Menschen

### Über Pilger und Pilgerfahrten

Ein besonders wichtiges Element im Hinduismus sind die Wallfahrten. Indien ist ein Land vieler heiliger Stätten, die alle von Legenden umwoben sind und von den Gläubigen als Wohnstätten der von ihnen verehrten Gottheiten angesehen werden. Schreine, Tempel, Flüsse oder auch Berge, sogar ganze Städte wie Benares zählen zu den Heiligtümern der Hindus. Bereits zu Buddhas Zeiten waren Pilger auf der Wanderschaft, um ihrer Religiosität Ausdruck zu verleihen, den Gottheiten näher zu sein, sich durch Buße von schlechtem Karma zu befreien, Opfergaben darzubringen, sich rein zu waschen, sich an heiligen Orten der Meditation zu widmen oder andere religiös bedeutsame Verdienste zu erwerben, und noch immer sind unzählige Hindus als Pilger unterwegs, nicht selten Hunderte von Kilometern per Bahn, Bus oder auch zu Fuß. Je nach Sektenzugehörigkeit und religiöser Absicht werden dabei sehr unterschiedliche Ziele angesteuert. Für jede heilige Stätte gibt es genau vorgeschriebene Rituale, die zu durchlaufen sind, sei es ein Bad im Fluss oder die Art und Weise, wie Tempel und Schreine oder ganze Städte als Ausdruck der Verehrung zu umschreiten sind. Im Hinduismus spielt die Astrologie eine unvergleichlich größere Rolle als im Westen, daher achten Pilger darauf, ihre Wallfahrten auf günstige astrologische Konstellationen abzustimmen. Auch gibt es Astrologen, die berechnen, zu welchen Zeitpunkten

Ein wichtiger Bestandteil des religiösen Lebens vieler Hindus sind rituelle Bäder im Ganges

Kedarnath, ebenfalls Ziel vieler Pilger, ist von verschneiten Gipfeln des Himalaja umgeben. Der Shiva-Tempel stammt aus dem 8. Jh.

Bäder in heiligen Flüssen besonders günstig sind. Viele Pilgerfahrten werden zu großen Ereignissen und Festlichkeiten unternommen, die nur im Abstand mehrerer Jahre vorkommen. Es sind nicht selten Tausende von Pilgern, die sich am Ganges drängen, um genau zur ›richtigen Zeit‹ den ›richtigen Platz‹ für ihr reinigendes Bad zu finden.

**Heilige Städte der Hindus**

Von den vielen heiligen Orten und Städten Indiens sind einige von überragendem Stellenwert. Die heiligste Stadt ist Benares, das frühere *Kashi,* ›die Stadt des Lichts‹, mit ihren über 2000 Tempeln. Der berühmteste davon ist der Goldene Tempel, dessen Kuppeln aus purem Gold gearbeitet sind. Er ist Shiva als Vishvanath, dem ›Herrn des Universums‹, geweiht. Obwohl Benares ›die Stadt Shivas‹ ist, gibt es dort aber auch eine Vielzahl von Tempeln, die Gottheiten wie z. B. Durga oder Sri Hanuman geweiht sind.

Eine außergewöhnliche Besonderheit zeichnet Benares aus: Eigentlich liegen Verbrennungsstätten außerhalb einer Stadt und werden als unrein angesehen. Nicht so in Benares. Hier befinden sich die Verbrennungsstätten inmitten der Stadt und gelten als heilig. In frommen Kreisen heißt es, wer hier, in der Stadt des Lichts, stirbt und verbrannt wird, ist vom Kreislauf der leidvollen Wiedergeburten befreit. Viele alte Menschen zieht es nach Benares, um dort zu sterben.

Eine populäre Wallfahrt heißt *pancakroshi,* ›fünf Krosha‹, wobei ein Krosha ca. 3,5 km entspricht. Das ist der Radius der etwa 70 km langen ›Pancakroshi-Straße‹, die Benares umgibt. Wer diese Straße entlang wandert und dabei 108 Heiligtümer besucht, der kann sich seiner ›Sünden‹ entledigen. Eine andere wichtige Wallfahrt ist die *pancatirthi,* bei der die Pilger die Stadt entlang dem Ganges durchwandern, fünf *tirthas,* heilige Pilgerstätten, besuchen und an diesen Orten im Fluss baden. Benares hat eine ganze Reihe von *ghats,* – treppenförmige und steile Zugänge zum Wasser – entlang dem Ganges. Die Pancatirthi-Wallfahrt steht gleichfalls im Ruf, positiven Einfluss auf das Karma zu haben.

Ganz anders als Benares, wo Vergänglichkeit und Tod hervorgehoben werden, ist die am Ufer des Jamuna-Flusses gelegene Stadt *Mathura,* die legendäre Geburtsstadt Krishnas, die in enger Beziehungen mit den Episoden aus seiner Kindheit steht. Hier steht die sprühende Lebenskraft im Vordergrund. In Mathura gibt es Tausende von Tempeln und eine Reihe von Ghats. Das wichtigste heißt *vishram ghat.* Hier soll Krishna geruht haben, nachdem er den tyrannischen König Kamsa getötet hatte. *Sri Krishna Janmbhoomi* heißt die Geburtsstätte Krishnas – ein kleiner Raum, der wie eine Gefängniszelle aussieht und zum Kesava-Deo-Tempel gehört. Dort, in einer Zelle, wo König Kamsa seine Eltern gefangen hielt, soll Krishna vor 3500 Jahren geboren sein. Nahegelegen ist Vrindaban, wo Krishna sich mit den Gopis vergnügte. Die Hare-Krishna-Bewegung hat dort ihren Hauptsitz.

*Dwarka* (auch Dvaravati), an der indischen Westküste im Bundesstaat Gurajat gelegen, ist ebenfalls ein wichtiges Pilgerzentrum. Dwarka war die Hauptstadt des von Krishna gegründeten Reichs. Ihm sind dort viele Tempel geweiht.

*Puri* in Orissa zieht mit seinem Jaganath-Tempel alljährlich Pilger aus ganz Indien an.

Die im südindischen Tamil Nadu gelegene Stadt *Rameshvaram* zählt ebenfalls zu den heilige Städten von traditionell herausragender Bedeutung. Sie wird ›Benares des Südens‹ genannt. Von Rameshvaram aus, so heißt es, habe der epische Held Rama als Inkarnation Vishnus seinen Angriff gegen den Dämonenfürsten

Ravana von Lanka gestartet. Der dortige Ramanathasvami-Tempel ist einer der wichtigsten in Südindien und daher Ziel ganzer Pilgerströme.

*Ujjain,* im Westen von Madhya Pradesh gelegen, zählt ebenfalls zu den besonders heiligen Städten der Hindus. Ein alter Mythos, demzufolge Götter und Dämonen auf der Suche nach dem Nektar der Unsterblichkeit die Ozeane durchquirlten, ist mit dieser Stadt verbunden und verleiht ihr Heiligkeit. Nachdem die Götter den begehrten Nektar-Krug gefunden hatten, versuchten die Dämonen diesen den Göttern bei einer wilden Jagd durch den Himmel abzunehmen, dabei fielen vier einzelne Tropfen auf Haridwar, Nasik, Ujjain und Prayag (heute Allahabad). Auf diesen Mythos geht das alle zwölf Jahre stattfindende ›Krug-Festival‹, *kumbh mela* zurück. 1992 kamen Millionen von Pilgern nach Ujjain, um anlässlich dieses Festes im dortigen Shipa-Fluss zu baden.

*Haridwar,* im Norden Uttar Pradeshs, ist ein außerordentlich heiliger Ort, vor allem weil hier der aus dem Himalaja strömende Ganges in das Flachland mündet. An dem genauen Punkt, wo der Fluss die Berge verlässt, liegt ein Ghat namens *Har Ki Pairi.* Ein beliebter Platz, der in den Augen vieler Gläubiger ganz besonders dazu geeignet ist, schlechtes Karma abzuwaschen. Ein dort befindlicher Stein soll einen Fußabdruck Vishnus zeigen – ein weiteres Zeichen für die Heiligkeit dieses Ortes. Für Nicht-Hindus allerdings ist diese Stätte nur vom anderen Ufer aus zu beobachten.

Morgen für Morgen kämpfen diese Fischer in Puri seit zahlreichen Generationen gegen die Fluten des Meeres an

*Allahabad,* einstmals *Prayag,* ist die Stadt, wo Ganges und Jamuna zusammenfließen. Die Stelle des Zusammenflusses heißt *sangam* und steht ebenfalls in dem Ruf, mit

Har Ki Pairi in Haridwar

Hilfe von Bädern die Seele zu reinigen. Im Monat Magha (Mitte Januar bis Mitte Februar) versammeln sich hier Hunderttausende von Pilgern zum *magh mela,* um zu baden. Astrologen berechnen dabei die günstigste Zeit, in das Gewässer zu steigen. Doch das wichtigste Festival, bei dem sich dort alle zwölf Jahre Millionen von Pilgern zusammenfinden, ist Kumbh Mela, die weltweit größte Versammlung von Pilgern überhaupt.

Zu den wichtigen Pilgerstädten zählt ebenfalls die nordindische Kleinstadt *Ayodhya.* Die Haupt- und Geburtsstadt Ramas steht in enger Beziehung zu vielen Episoden aus dem Ramayana.

In den frühen 90er Jahren erregte Ayodhya internationales Aufsehen, als sich Hindus und Moslems dort blutige Auseinandersetzungen um einen Tempel-Moschee-Komplex lieferten. Im 15. Jh. hatten die Moghulen an der Geburtsstätte Ramas, *Ram Janam Bhumi* genannt, die Babri-Masjid errichtet (*masjid* = arab.: Moschee). 1992 drangen Hindu-Fundamentalisten in die Moschee ein, zerstörten sie und errichteten dort einen kleinen Rama-Schrein. Gewaltsame Ausschreitungen nicht nur in Indien, sondern auch Unruhen in benachbarten Moslem-Staaten waren das traurige Ergebnis.

Ein wichtiger Tempel in Ayodhya heißt *Hanumangadhi*. Er ist dem Affengott Hanuman geweiht, der Rama stets treu ergeben war.

Auch *Kanchi* bzw. Kanchipuram oder Conjeeveram, einstige Hauptstadt der Pallavas und Cholas, gehört zu den heiligsten Städten der Hindus. Kanchi ist als Stadt der Tempel bekannt, von denen die bedeutendsten Shiva oder Vishnu gewidmet sind und die von deren Anhängern gerne besucht werden.

*Badrinath,* ein unscheinbarer, von schneebedeckten Berggipfeln umgebener Ort im Norden Uttar Pradeshs, unweit der Grenze zu Tibet gelegen, ist eine weitere heilige Stätte, an der viele Pilger anzutreffen sind. Neben Puri im Osten, Dwarka im Westen und Rameshvaram zählt Badrinath zu den vier *dhams,* welche als Pilgerzentren die vier ›Ecken‹ und Windrichtungen Indiens markieren. Oft wird auch von den ›sieben heiligen Städten‹ des Hinduismus gesprochen. Diese sind Ayodhya, Dwarka, Haridwar, Benares, Mathura, Ujjain und Kanchi.

## Die Berge Meru und Mt. Kailash

In der Hindu-Mythologie haben auch Hügel und Berge als prachtvolle Naturerscheinung einen hohen Stellenwert. Als Wohnsitz verschiedener Götter sind sie Heiligtümer der Hindu-Religiosität. Vor allem der Himalaja, über dessen Gipfeln nach uralter Auffassung die himmlischen Sphären beginnen, ist noch heute ein Gebirge, das viele Yogis und Sadhus anzieht, die dorthin pilgern und sich in der Abgeschiedenheit in Höhlen zurückzuziehen, um zu meditieren. Am Fuß des Himalaja gibt es *ashrams,* d. h. Lehrstätten der Yogis und Gurus, wo Meditationstechniken gelehrt werden.

Nach antiker Auffassung waren die Berge des Himalaja Ausläufer des mystischen *Meru,* ›dem Weltenberg‹, der die Mitte des Universums markierte. Dabei ist Meru nicht zu verstehen als ein Berg im heutigen Sinn, sondern als eine Erscheinung, die im Zentrum verschiedener Daseinsebenen steht. Die ›Höhe‹ dieses

Nach antiker Kosmologie waren um den Berg Meru Kontinente angeordnet, die durch Ozeane voneiander getrennt waren. Der mittlere Kontinent hieß Jambudvipa, ›Kontinent des Rosenapfelbaums‹ – Indien. Neben diesem Modell gab es aber noch weitere

Berges ist die Transzendenz. In der Mythologie liegt auf dem Gipfel des Meru die Wohnstätte Brahmas, eine lichte und goldene Stadt. Von dort aus fließen die Ströme des himmlischen Ganges herab. Auch Vishnu und Krishna haben ihre Wohnstätten auf dem Berge, an dessen Fuß – entsprechend den acht Himmelsrichtungen der Hindu-Mythologie –acht *lokapalas,* ›Welthüter‹ liegen. *Kuber,* Gott der Schätze und des Reichtums, herrscht über den Norden. *Soma* ist der Regent des Nordosten. *Indras* Bereich ist der Osten, während *Agni* der Südosten gehört. *Yama,* Gott des Todes und zugleich Totenrichter, wacht über den Süden. Der Südwesten ist dem Sonnengott *Surya* unterstellt. Über den Westen herrscht *Varuna,* Gott der Ozeane. Dem Windgott *Vayu* untersteht der Nordwesten. Unter dem Berg liegen die ›sieben niederen Welten‹. In der tiefsten davon lebt die Schlange *Vasuki,* die alle Welten trägt und am Ende eines Weltenzeitalters vernichtet.

Für viele Hindus, aber auch für Buddhisten, ist der im Westen Tibets gelegene Mt. Kailash der heiligste Berg überhaupt und wird folglich zum Ziel manch einer gefahrenvollen Pilgerreise. Mt. Kailash heißt wörtlich ›der silberne Berg‹. Die beiden größten Ströme des Himalaja, Indus und Brahmaputra, entspringen dem Mt. Kailash. Zahlreiche Sagen und Mythen umgeben diesen über 6700 m hohen Berg und Wohnsitz Shivas. So soll es einmal zwischen Indra und dem gewaltigen Kriegsgott Kartikeya zu einer Auseinandersetzung gekommen sein, denn beide hatten dieselben Kräfte, Eigenschaften und Einflussbereiche. Um ihre

**Heilige Kühe**
Zu den besonders geachteten Tieren zählt im Hinduismus zuallererst die Kuh. Seit jeher gehören Kühe zu den Grundlagen hinduistischen Lebens. Sie ziehen noch heute Pflüge, liefern Dung und Milch, die gerne zu Joghurt weiterverarbeitet wird. In der Landwirtschaft sind sie nach wie vor unersetzlich. Während »dumme Kuh« hierzulande ein Schimpfwort ist, versinnbildlichen die Kühe in Indien Duldsamkeit und Gelassenheit. Sie gelten als lebendes Symbol der »Mutter Erde«. Wer nach Indien reist, wird darüber erstaunt sein, dass er auf den Straßen und Gassen indischer Städte vielen Kühen begegnet. Welch ein Respekt ihnen entgegengebracht wird, lässt sich oftmals an den Vollbremsungen erkennen, die Indiens Kühe im Straßenverkehr verursachen können. Mit aller Ruhe wird im Auto oder Bus gewartet, bis eine Kuh die Straße überquert hat. Bleibt sie auf der Straße stehen, wird gehupt, was die Tiere allerdings kaum zur Eile anregt. In gewisser Weise gehören die städtischen Kühe mit zur ›Müllabfuhr‹, denn sie verzehren allerlei Altpapier und Pappe. In Indien werden Obst und Gemüse fast immer auf der Straße verkauft. Unaufmerksamkeiten der Händler entdecken Kühe sofort und Nutzen die Gelegenheit zur Selbstbedienung.

Streitigkeiten zu beenden, willigten sie einem Wettlauf um den Berg ein. Kartikeya siegte, doch Kailash bevorzugte trotzdem Indra. Zornig schleuderte Kartikeya seine Lanze gegen den Berg, spaltete ihn und schuf so den Krauncha-Pass. Ein Hindu-Pilger soll zu den Bergen des Himalaja einmal gesagt haben: »Inmitten solcher Gipfel kann man sich dem wirklich raumlosen, dem wahrhaft Göttlichen nähern.«

## Heilige Bäume und Pflanzen

Seit vielen Jahrhunderten ist der Hinduismus eine Kultur und Religion, in der tiefsinnige und überaus rationale Systeme philosophischen Denkens Hand in Hand gehen mit uralten animistischen Glaubensvorstellungen und lokalen Naturreligionen. Das wird besonders deutlich im Fall der als heilig verehrten Bäume und Pflanzen. Dass Bäume und Pflanzen als lebendige Wesen angesehen werden, die Geister beherbergen, mag für manchen Zeitgenossen lächerlich klingen, doch haben Untersuchungen ergeben, dass Pflanzen sehr wohl positiv reagieren, wenn sie z. B. mit entspannender klassischer Musik ›berieselt‹ werden. Pflanzen wachsen besser, wenn ihnen viel Liebe entgegengebracht wird.

Schon zu Zeiten der Harappa-Kultur gab es Tonsiegel, auf denen weibliche Baumgottheiten abgebildet waren. Männliche Baumgötter kommen jedoch nicht

Die heiligen Kühe wissen, wo es etwas Schmackhaftes gibt. Die kleinen Tonbecher (unten) sind indische Einweggefäße, in denen Händler Joghurt verkaufen, der dann meist vor Ort verzehrt wird

Solche Blumen werden vor den Tempeln verkauft, damit sie einer Gottheit zur Verehrung dargeboten werden können

vor. Die Ehrfurcht vor den Bäumen und den diesen zugeschriebenen Lebensgeistern gehörte seit jeher zum Kultus der ›großen Mutter‹, und heilige Haine, die den Baumwesen geweiht waren, erfreuten sich längst vor der Buddha-Zeit als geheiligte Stätten großer Beliebtheit. Die Baumgeister zählen zu den *yakshas,* einer Klasse freundlicher und wohlwollender Wesen. Die buddhistische Tradition kennt allerdings auch feindselige Yakshas, die an einsamen Plätzen hausen und Mönche und Nonnen gerne bei der Meditation stören. Im Volksglauben werden die Yakshas der Bäume durch Opfergaben von Speisen, das Anbringen kleiner Fahnen an den Zweigen oder das Niederlegen mit rotem Puder bestrichener Steine am Fuß des Baumes wohl gestimmt. Zu den besonders geschätzten Bäumen zählt sowohl für Hindus als auch für Buddhisten der Pipal- oder Bodhi-Baum *(Ficus religiosa)*. In ganz Indien als heiliger Baum Vishnus verehrt, trägt er dessen zweiten Namen, weil Gautama Buddha unter einem dieser Exemplare die Erleuchtung zuteil wurde. Noch heute steht an dieser Stätte in Bodhgaya ein prächtiger Bodhi-Baum, von dem es heißt, er sei ein Nachfahre des damaligen Originals. Weitere heilige Bäume Vishnus sind z. B. der Banyan-Baum *(Ficus indica)* oder der Naga Keshara *(Mesua ferrea)*. Zu den Bäumen Shivas zählt der Ashoka-Baum *(Saraca indica)* mit seinen spitzen Blättern. Auch Göttinnen wie Lakshmi oder Parvati haben ihre Bäume.

Kaila, bei uns als Wegerich bekannt und unter Gartenfreunden nicht sonderlich beliebt, ist eine Pflanze, die einer Erscheinungsform Kalis zugeordnet ist. Nicht nur bei Hochzeiten, auch bei religiösen Festlichkeiten wird Kaila als Wegdekoration genutzt, um die Richtung zum Gebetsraum oder Tempel zu kennzeichnen.

Tulsi, ein Basilienkraut, wird von den Hindus außerordentlich geschätzt. Eine alte Legende erzählt, Tulsi sei eine Geliebte Vishnus gewesen. Aus Eifersucht habe Lakshmi sie in eine Pflanze verwandelt. Wer in Indien einen Garten hat, verzichtet nicht darauf, einen Tulsi-Strauch anzupflanzen und ihn mit Kuh-Dung zu düngen. Auch kleine Lampen werden oft neben den Tulsi-Pflanzen angebracht. Die Blätter, deren Geschmack etwas an Pfefferminze erinnert, haben eine desinfizierende Wirkung, sorgen rasch für frischen Atem und werden oft nach dem Essen zur besseren Verdauung gekaut. Gebräuchlich ist die Sitte, einen Tulsi-Zweig neben den Kopf einer sterbenden Person zu legen.

Kusha-Gras *(Poa cynosuroides)* steht im Ruf, vor bösen Einflüssen zu schützen und findet daher seit ältesten Zeiten in zahlreichen Ritualen der Hindus Verwendung.

Der Lotus, ein Seerosengewächs, hat vielseitige Bedeutungen. Die Blüte symbolisiert die Energiezentren im Menschen, zugleich steht sie für die spirituelle Freiheit gegenüber allem Irdischen. Die Sitzhaltung, in welcher der Buddha abgebildet ist, heißt ›Lotus-Sitz‹. Der Lotus, *padma,* ist das Zeichen für Schönheit, Reinheit und Heiligkeit schlechthin. Er schwimmt im Wasser, wird aber nicht vom Wasser benetzt, während die Wurzeln im Schlamm stecken. Ganz in diesem Sinn lautete das Motto Ramakrishnas: »In der Welt, aber nicht weltlich.« Nicht weniger bedeutsam ist der Lotus im Buddhismus: *Om mani padme hum,* ›Om ist das Juwel im Lotus‹, ist das älteste und wichtigste Mantra der tibetischen Buddhisten, das die enge Verwandtschaft mit dem Hinduismus erkennen lässt.

Die Blumen werden oft zu Ketten *(mala)* gebunden und den Götterstatuen umgehängt. Das ist eine indische Sitte, die Respekt bekundet und auch bei lebenden Personen oder Denkmälern üblich ist. Das wissen auch die Affen. Am Durga-Tempel in Benares, der auch ›Affen-Tempel‹ heißt, weil es dort so viele davon gibt, stehlen die Affen gerne manch einer frommen Durga-Verehrerin die Blumenketten, um sie dann zu verspeisen

Der Lotus – Inbegriff für Reinheit und Vollkommenheit

Weitverbreitet ist heutzutage die Auffassung, eine eigentliche (strenge) Wissenschaft gäbe es erst seit den Tagen der Aufklärung, die der ›vorwissenschaftlichen Zeit‹ folgte, einer Zeit, in der die Wissenschaften durch die Kirchenmacht unterdrückt und bekämpft wurden. Tatsächlich aber ist diese Auffassung ebenso unangemessen wie der Glaube, Europa sei der Hort der Wissenschaften. Es ist heute den Wenigsten bekannt, dass die Grundlagen unserer modernen Welt aus dem Orient stammen!

Heute kennen wir die klare Unterscheidung von »Glaube« und »Vernunft«, wobei wir christliche Religion und (Natur-)Wissenschaft auseinander halten, zumal beide grundsätzlich im Widerspruch zueinander stehen. Auf die Welt des Hinduismus sind diese Verhältnisse nicht übertragbar. Allein weil der Hinduismus kein Glaubensbekenntnis ist, sondern eine Sammlung ganz unterschiedlicher geistiger Strömungen, die bei weitem nicht alle im Widerspruch zu heutigen Naturwissenschaften stehen.

Bereits die antiken und mittelalterlichen wissenschaftlichen Leistungen der Hindus bezeugen den hohen Stand der kulturellen Entwicklung in Indien. Von Musik, Kunst oder auch der Architektur abgesehen, sei zunächst die Medizin als ein besonderes Zeugnis erfahrungswissenschaftlicher Kenntnisse genannt, dabei insbesondere die Chirurgie.

Wichtige Texte dazu stammen von Caraka (1. Jh. u. Z.) und Susruta (4. Jh. u. Z.). Hinsichtlich des Alters verschiedener medizinischer Kenntnisse und Fähigkeiten gibt es ja nach Quelle deutlich unterschiedliche Altersangaben. Anzunehmen ist aber, dass es in Indien schon lange vor Caraka ein umfangreiches medizinisches Wissen gegeben haben dürfte. Schon in der indischen Antike waren Skalpelle, Lanzetten oder auch Knochen-Zangen in Gebrauch. Überlieferungen zufolge soll es damals über hundert verschiedene chirurgische Instrumente gegeben haben, einige davon scharf wie Rasiermesser, dazu vierzehn verschiedene Arten von Verbänden und verschiedene Schienen aus Bambus. Zu den durchgeführten Operationen zählten Amputationen mit blutungsstillenden Spezialverbänden ebenso wie Unterleibs- und Gebärmutter-Operationen. Die Chirurgen heilten Leistenbrüche, Fisteln und Hämorrhoiden. Selbst Hirnoperationen sollen erfolgreich durchgeführt worden sein. Antike indische Chirurgen waren Experten in der Kunst, Nasen, Ohren und Lippen zu reparieren, die missgestaltet oder verletzt waren. Damit waren sie den Europäern bis ins 17. Jh. voraus.

Beachtlich ist auch die indische Mathematik. Indien ist darüber hinaus das Land, in dem das heutige

Dezimal-System erfunden wurde. Wann das geschah, ist unbekannt. Die frühesten Aufzeichnungen stammen aus dem 4. Jh. Die Zahlen 1 bis 9 wurden einfach mit den Anfangsbuchstaben der Zahlwörter geschrieben, und als Zahl »Null« diente der Anfangsbuchstabe des Sanskrit-Wortes *shunya*, ›leer‹. Dieses praktische Zahlensystem zählt zu den genialsten Erfindungen der Menschheit, ohne die unsere heutige Mathematik und Technik gänzlich unmöglich wäre. Araber, die mit der indischen Mathematik in Berührung kamen, bezeichneten diese als *hindisat*, die ›indische Kunst‹. Die Araber haben das System übernommen, wodurch es über Umwege auch nach Europa gelangte.

Zu den großen indischen Mathematikern des frühen Mittelalters gehören Brahmagupta (7. Jh.), Mahavira (9. Jh.) und Bhaskara (12. Jh.) Letzterer verfasste ein Buch namens *Siddhanta Siromani*, in dem er Algebra und Arithmetik lehrte. Im Rahmen der Algebra befassten sich die Hindus bereits vor den Europäern z. B. mit irrationalen Wurzelzahlen, Infinitesimalrechnung oder der Lösung von Gleichungen zweiten Grades.

Die Zahl $\pi$ war schon im 4. Jh. genauer errechnet als bei den Griechen. Im Mittelalter wurde die Zahl auf neun Stellen nach dem Komma berechnet. Erst mit der Renaissance konnte in Europa das Niveau damaliger indischer Mathematiker erreicht werden.

Nennenswert ist ebenfalls die Astronomie. Dazu heißt es in indischen Büchern häufig, schon vor weit über 4000 Jahren hätten Astronomen in Indien von der Drehung der Erde um ihre eigene Achse gewusst. Auch sei die Rotation der Erdachse und die damit verbundenen Prezession bekannt gewesen, d. h. man habe von der Wanderung des Frühlingspunktes durch die zwölf Sternzeichen gewusst.

Zudem wird wiederholt hervorgehoben, dass man schon im alten Indien die Ekliptik in Mond-Häuser eingeteilt hatte und wusste, dass sich der Mond um die Erde dreht. Der Abstand zwischen Mond und Erde sei den antiken Astronomen ebenfalls bekannt gewesen. Mit Jahresangaben und Datierungen wird in Indien gerne großzügig umgegangen. Nach indischen Auffassungen erscheint vieles wesentlich älter, als es in hierzulande wissenschaftlichen Abhandlungen angegeben ist. Gesichert ist aber, dass zu Beginn unserer Zeitrechnung indische Astronomen der Auffassung widersprachen, die Erde sei eine Scheibe. Im 5. Jh. ging man davon aus, dass sich die Erde um die Sonne dreht, und die Prezession wurde von den mittelalterlichen indischen Astronomen genau berechnet.

**1799**
die Briten besiegen Tipu Sultan endgültig
**1803**
der Herrscher von Oudh tritt das Gebiet von Agra bis Allahabad an die Briten ab
**1818**
die Marathen unterliegen endgültig den Briten
**1850**
in Indien fährt die erste Eisenbahn
**1857**
in Kalkutta, Madras und Bombay werden Universitäten gegründet
**1858**
Indien wird direkt von der britischen Krone regiert
**1861**
das Imperial Legislative Council wird geschaffen
**1885**
der indische Nationalkongress wird gegründet
**1892**
das Imperial Legislative Council wird reformiert
**1905**
Bengalen wird in West-Bengalen und Ost-Bengalen geteilt
**1906**
Gründung der All-India Muslim League
**1911**
die britisch-indische Hauptstadt wird von Kalkutta nach Delhi verlegt
**1916**
Moslem-Liga und Nationalkongress schließen einen Pakt, für die Liga spricht dabei Mohammad Ali Jinnah
**1919**
bei einem Massaker der Briten in Amritsar werden 2000 friedlich demonstrierende Inder

## Ein neues Selbstverständnis

Wenn wir heute vom Hinduismus als *einer* Religion und von Indien als Nationalstaat sprechen, dann verwenden wir damit zwei Begriffe, die zwar auch unter den Indern geläufig sind, aber von westlichen Zuschreibungen herleiten. Indien als zentral regiertes Land hat es vor der britischen Herrschaft und den dadurch geschaffenen Voraussetzungen nie gegeben. Auch den Begriff ›Hinduismus‹ als Bezeichnung für die indischen Religionen kannte man ursprünglich nicht.

Religionsgeschichtlich gesehen lässt sich die Entwicklung der indischen Religionen in sechs Epochen aufteilen. Der Epoche ›vorvedischer Religionen‹ folgte ab ca. 1750 v. u. Z. die ›vedische Zeit‹, die sich durch den brahmanischen Ritualismus auszeichnete. Ab 500 v. u. Z. setzte der ›asketische Reformismus‹ ein. Die tiefe Spiritualität und der Erlösungsgedanke sind dieser Epoche zuzuordnen.

Die Spanne von 200 v. u. Z. bis etwa 1100 wird als Epoche des ›klassischen Hinduismus‹ verstanden. Literatur, Kunst und Philosophie, aber auch ganz besonders religiöse Inbrunst herrschten vor. Anschließend begann die Periode des ›Sekten-Hinduismus‹ und verschiedener Verbindungen von Islam und Hinduismus. Ab der Mitte des 19. Jh. setzte eine Reformbewegung ein, die den ›modernen Hinduismus‹ einläutete, wobei Begriffe wie ›Neohinduismus‹ und ›Missionarischer Hinduismus‹ geläufig sind. Was aber heißt das eigentlich: *moderner Hinduismus?*

Durch die britische Kolonialmacht wurde die indische Geisteswelt mit westlichen Denk- und Lebensweisen konfrontiert. Englisch wurde 1836 Amtssprache und damit zum landesweit verbreiteten Kommunikationsmittel der Gebildeten. Der Buchdruck setzte sich durch und Bahnlinien entstanden. Traditionelle Lebensformen standen – nicht nur in Indien, sondern auch in Europa! – neuester Technik gegenüber, die dazu beitrug, bisher ungekannte Mittel und Wege landesweiter Kommunikation zu ermöglichen. So war es verschiedenen indischen Gelehrten und Denkern mög-

Das Victoria-Memorial in Kalkutta erinnert heute an die Zeit der britischen Kolonialherrschaft

lich, Vorteile und Schwächen ihrer eigenen Traditionen zu erkennen und neue Gedanken zu verbreiten. Eine Zeit der Reformen brach an. Das hinduistische Selbstverständnis wandelte sich. Moderne Formen der Hindu-Literatur entstanden, und sogleich erwuchs ein neues Selbstbewusstsein indischer Spiritualität. Doch bei allen Erneuerungen, die der Hinduismus in seiner Geschichte erfahren hat, seit der Zeit des asketischen Reformismus sind die jeweils bestehenden Lebensformen neben den Neuerungen bestehen geblieben.

## Die Reformer

Der Brahmane *Ram Mohan Roy* (1772–1833) gründete 1828 die erste Reformbewegung, den *Brahmo Samaj,* ›die Gemeinschaft Gottes‹. Er betonte, dass er mit seiner Bewegung keine neue Religionsgemeinschaft begründen, sondern den Hinduismus von ›Auswüchsen‹ befreien wollte. Er hatte noch persönlich erlebt, dass sich seine Schwägerin beim Tode seines Bruders mitverbrennen ließ. Diese erschütternde Erfahrung prägte seinen Reformwillen. Roy war ein ausgezeichneter Kenner des Christentums und konzentrierte sich bei seinen Bestrebungen auf die Upanishaden und die Vedanta-Lehre. Roy, der die Gemeinsamkeiten von Hinduismus und Christentum betonte, setzte sich entschieden gegen die Witwenverbrennung und die Verheiratung von Kindern ein. Ab 1842 übernahm *Devendranath Tagore* (1817–1905) die Leitung des Brahmo Samaj und setzte die Reformbestrebungen fort. *Keshab*

durch Schüsse der Gurkha-Truppen getötet; erneute Verfassungsreform

**1920–1922**
Mahatma Gandhis Kampagne der ›Nichtzusammenarbeit‹

**1934**
der Nationalkongress beteiligt sich an Wahlen zum Imperial Legislative Council, dem Zentralparlament

**1940**
die Moslem-Liga fordert die Gründung eines eigenen Moslem-Staates, Pakistan, ›Land der Reinen‹

**1942**
die Losung »Briten verlasst Indien« wird ausgegeben

**1944**
Gandhi und Jinnah werden sich über die Zukunft Indiens nicht einig

**1947**
es finden Wahlen zur verfassungsgebenden Versammlung statt, Indien wird unabhängig; am 14./15. August wird der Subkontinent in Indien und Pakistan aufgeteilt

**1948**
am 30. Januar wird Gandhi erschossen

**1950**
Indien erhält seine Verfassung, Premierminister ist Jawaharlal Nehru

**1962**
Grenzkrieg mit China

**1964**
Tod Nehrus

**1965**
Pakistan-Konflikt über die Kaschmir-Frage
**1966**
Indira Gandhi wird indische Premierministerin
**1968**
mit der ›grünen Revolution‹ beginnen Reformen der Agrar-Politik
**1971**
erneuter Pakistan-Konflikt; als Bangladesh wird das bisherige Ost-Pakistan selbständig
**1974**
Indien zündet den ersten atomaren Sprengsatz
**1975**
Indira Gandhi erklärt den nationalen Notstand
**1984**
im Oktober stürmt die indische Armee den ›Goldenen Tempel‹ in Amritsar
**ab 1985**
Indiens Wirtschaft wird liberalisiert
**1989**
die indische Armee stürmt noch einmal den ›Goldenen Tempel‹
**1991**
Rajiv Gandhi wird während des Wahlkampfs ermordet
**1992**
im Dezember zerstören militante Hindu-Fanatiker die Moschee in Ayodhya, die BJP übernimmt die Verantwortung
**1995**
in Maharashtra wird bei Landtagswahlen eine Koalition von BJP und Shiv Sena gebildet
**1998**
Indien gerät durch seine Atom-Tests ins Kreuzfeuer internationaler Kritik

*Candra Sen* (1838–1884), der sich 1857 dem Brahmo Samaj anschloss, war der radikalste Erneuerer. Er wollte einen völligen Bruch mit alten Hindu-Riten und forderte, die Brahmanen in der Bewegung sollten ihre heilige Schnur ablegen. Sen wollte die Heirat zwischen verschiedenen Kasten ermöglichen und setzte sich für die Anerkennung Jesu als Propheten ein. Das Resultat seines (Über-)Eifers war die Spaltung der Bewegung.

Der Sanskritgelehrte *Svami Dajanand Sarasvati* (1824–1883) gründete als Gegenpol 1875 in Bombay und 1877 in Lahore, das im heutigen Pakistan liegt, den »traditionsbewussten« Arya Samaj, ›die Gemeinschaft der Arier‹. Für ihn stellten die Veden die höchste Autorität dar. Die Geringschätzung der Frauen, Witwenverbrennungen, das bestehende Kastenwesen, Kinderheirat und andere eher negative Aspekte des hinduistischen Lebens seiner Zeit betrachtete er als unvereinbar mit dem Gehalt der Veden. Auch war die Situation der ›Unberührbaren‹ *(asprishyas)* nicht mit den Veden in Einklang zu bringen. So schlossen sich viele der Kastenlosen seiner breiten Volksbewegung an. Sie sollte vor allem noch im Punjab bei dem Kampf um Indiens Unabhängigkeit eine bedeutende Rolle spielen. Die Bewegung betrieb eine stark anti-christliche und anti-islamische Propaganda, was dazu führte, dass die Moslems sich nach der Teilung Indiens in Lahore, dem damaligen Hauptsitz des Arya Samaj, bitter rächten. Die Anhänger wurden niedergemetzelt.

### Die Ramakrishna-Mission

Eine herausragende Persönlichkeit des modernen Hinduismus war ohne jeden Zweifel der aus Bengalen stammende Brahmane *Ramakrishna Paramhamsa* (1836–1886), der für viele bis in die Gegenwart hinein das verkörpert, was man ›Seele des Hinduismus‹ nennen kann. Die Achtung vor allen Geschöpfen, der Respekt vor den verschiedensten Formen der Verehrung eines absoluten und göttlichen Prinzips – sei es Gott, Allah oder das Nirvana – und die Führung eines spirituellen und einfachen Lebens standen für Ramakrishna im Mittelpunkt. Aufgewachsen mit der religiösen Verehrung der Göttin Kali, wurde Ramakrishna Priester in einem Kali-Tempel. In seinem Bestreben, Dimensionen des Göttlichen zu erfahren, widmete er sich intensiver Meditation. Trance-Zustände und Visionen wurden ihm zuteil. Er setzte sich mit anderen Religionen wie dem Islam und dem Christentum auseinander. In den verschiedenen Religionslehren sah Ramakrishna Wege, die zum gleichen Ziel führen. Jesus sah er als eine göttliche Inkarnation Vishnus an, lehnte aber zugleich den christlichen Ausschließlichkeitsanspruch ab. Ramakrishna war kein Gelehrter oder sonderlich gebildeter Mensch, aber dennoch ein kluger Mann von hoher Genialität, dem es gelang, Skeptiker zu überraschen und für sich zu gewinnen. Sein Schüler Vivekananda urteilte: »Ramakrishna predigt keine neuen Wahrheiten, aber er brachte die alten Wahrheiten wieder ans Licht.« Ramakrishnas Lehre schließt an die Upanishaden-Philosophie an. Er betonte das Göttliche im Menschen, das er bei seinen Anhängern zu erwecken suchte. Trotz aller Einfachheit übte Ramakrishna einen großen Einfluss auf die indische Oberschicht aus.

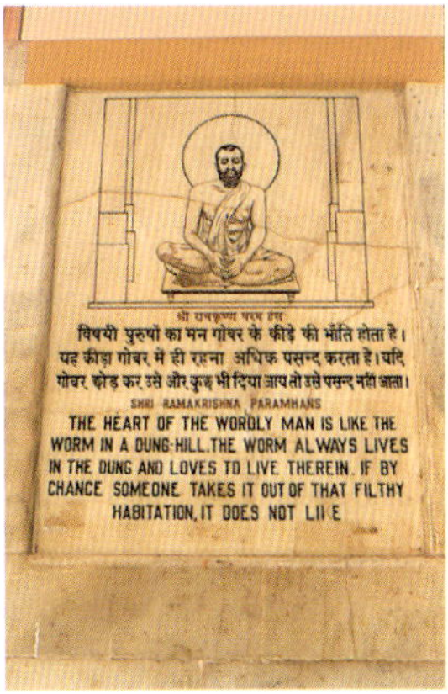


Ramakrishna. Das Zitat lautet: »Das Herz eines weltlichen Menschen ist wie ein Wurm im Mist-Haufen. Der Wurm lebt immer im Mist und liebt es, dort zu leben. Wenn ihn zufällig jemand aus dieser schmutzigen Behausung herausnimmt, mag er es nicht.«

### Vivekananda

Zu den bedeutendsten Schülern Ramakrishnas zählte *Narendranath Datta* (1863–1902), der als *Vivekananda* bekannt wurde. Von seiner Mutter schon früh mit den spirituellen Tiefen seiner Tradition vertraut gemacht, stellte Vivekananda die Frage nach der Existenz Gottes. Ob sie Gott je gesehen hätten, fragte er Svamis und Gelehrte, aber die Antworten blieben unbefriedigend. Erst Ramakrishna erwies sich als der richtige Guru. Sechs Jahre wurde Vivekananda von seinem Meister unterwiesen.

1887 gründete er in Kalkutta die Ramakrishna-Mission. Auf dem Weltkongress der Religio-

In Kalkutta wird besonders die Göttin Kali verehrt. Dies sind ihre Abbilder – an einem Baum mitten in der Stadt

nen, der 1893 in Chicago stattfand, erregte er durch sein überzeugendes Auftreten großes Aufsehen. Das trug entschieden dazu bei, hinduistisches Selbstvertrauen zu stärken. Im Anschluss an seinen Erfolg von Chicago reiste Vivekananda durch die Staaten, hielt weitere Vorträge zur Vedanta-Lehre und gründete Vedanta-Schulen. Vivekananda verfasste mehrere Bücher über einzelne Yoga-Disziplinen und -Praktiken.

Noch heute hat die Ramakrishna-Mission in den großen Städten Indiens ihre Zentren, die neben der Sozialarbeit auch Gottesdienste und Bildungs- sowie Erziehungsprogramme anbieten. Es war eine der Grundüberzeugungen Vivekanandas, dass es keinen Sinn habe, Belehrungen über Religion zu erteilen, ohne zuvor Armut und Leid behoben zu haben. Der Hauptsitz der Mission ist Belur-Math in Kalkutta. Zweigstellen gibt es in England, Frankreich und den USA. Vor allem Vivekanandas Wirken hat im Westen zu der Auffassung geführt, Vedanta sei die Hindu-Philosophie schlechthin.

### Sri Aurobindo und sein Ashram

*Sri Aurobindo Ghose* (1872–1950) stammte ebenfalls aus Bengalen. Während Vivekanandas Lehren auf dem Vedanta beruhen, war Sri Aurobindo von vornherein bestrebt, westliches und östliches Denken miteinander zu verknüpfen. Er wurde vorwiegend in England erzogen. 1893 reiste er nach Indien zurück und wandte sich der eigenen Tradition und dem Yoga zu. Beruflich arbeitete er als Sprachlehrer an englischen Schulen. 1905 schloss er sich der gegen die englische Kolonialmacht gerichteten Freiheitsbewegung an und wurde drei Jahre später verhaftet. In Gefangenschaft gelangte er zu einer tiefgreifenden spirituellen Erfahrung, die den Freiheitskämpfer in einen stark philosophisch orientieren Mystiker verwandelte. Aus der Gefangenschaft entlassen, begab er sich nach Pondicherry, das damals von den Franzosen verwaltet wurde. Er entwickelte die Disziplin des

Sri Aurobindo in jungen Jahren

›integralen Yoga‹ und verfasste etliche philosophische Bücher. Einerseits war Sri Aurobindos Denken von der Vedanta-Vorstellung getragen, Brahman sei der Kern allen Lebens, und andererseits übte der Evolutionsgedanke Einfluss auf sein Denken aus. Sri Aurobindo war ebenfalls ein Kenner der Philosophie Friedrich Nietzsches, dessen Bild des »Übermenschen«, der sich in freier Selbstbestimmung seine Werte selbst setzt, ihn beeindruckte. Sri Aurobindo gelangte zu dem Schluss, dass der heutige Mensch sich in einem Prozess der Evolution befindet, der nicht nur ein rein biologischer sei, sondern gleichermaßen auch ein Prozess des spirituellen Wachstums bedeute. Hatte Friedrich Nietzsche dem Christentum vorgeworfen, es betreibe »die Entgöttlichung des Menschen statt seine Vergöttlichung«, so sah Sri Aurobindo in der Vergöttlichung des Menschen ein evolutionäres Ziel. Anders gesagt: Der gegenwärtige Mensch ist für Sri Aurobindo nicht das Ende der Entwicklung. Körper, Seele und Geist müssen harmonisch zur Vollkommenheit gelangen. Dazu gehört nach Sri Aurobindo auch eine Wandlung des Bewusstseins und die Entwicklung noch verborgener geistiger Potentiale im Menschen.

Daher rührt die Bezeichnung *integral,* ›vollständig‹, ›ein Ganzes bestimmend‹. Gewissermaßen ist Sri Aurobindos Denken tantrisch – ein weltentsagender Pessimismus liegt ihm fern, und Sri Aurobindo war mit tantrischen Lehren wohl vertraut. Er war derjenige unter den Vertretern des modernen Hinduismus, der als erster eine konsequente Verbindung des westlichen Geistes mit dem des Ostens schuf.

Sri Aurobindos Lebensgefährtin war die Französin Mira Richard, schlicht ›die Mutter‹ genannt. Sie baute den von Sri Aurobindo gegründeten Ashram aus. Bei Pondicherry entstand das von dem französischen Architekten Roger Anger entworfene Kulturzentrum ›Auroville‹, gedacht als »ein Experiment internationalen Zusammenlebens, wo Männer und Frauen ungeachtet der Religion, politischen Weltanschauung und Nationalität in Frieden und Harmonie ihr Leben gestal-

Sri Aurobindo übte heftige Kritik an der westlichen Psychoanalyse:
»Ich habe Schwierigkeiten, Jung und die Psychoanalyse in irgendeiner Weise ernst zu nehmen, wenn sie versuchen, mit dem Geflacker ihrer Lampen spirituelle Erfahrung zu untersuchen – obgleich man es vielleicht tun sollte, denn Halbwissen ist eine mächtige Sache und kann ein großes Hindernis für das Hervortreten der echten Wahrheit sein ... Diese neue Psychologie vermittelt mir den Eindruck von Kindern, die irgendein verkürztes und nicht sehr angemessenes Alphabet lernen, frohlockend darüber, dass sie ihr a-b-c-d des Unterbewussten und des geheimnisvollen Untergrund-Super-Egos zusammensetzen und sich vorstellen, dass ihr erstes Buch obskurer Anfänge (K-a-t-z-e = Katze, B-a-u-m = Baum) das Innerste des wahren Wesens sei. Sie blicken von unten nach oben und erklären die höheren Lichter durch die unteren Verdunklungen; aber die Grundlage dieser Dinge ist in der Höhe, nicht in der Tiefe ... Das Überbewusste, nicht das Unterbewusste, ist die wahre Grundlage der Dinge. Man findet die Bedeutung des Lotus nicht durch die Analyse der Geheimnisse des Schlammes heraus, aus dem er hier wächst; sein Geheimnis findet man in dem himmlischen Archetyp des Lotos, der für immer im Licht der Höhe erblüht. Der selbstgewählte Bereich dieser Psychologen ist außerdem armselig, dunkel und begrenzt; man muss das Ganze kennen, bevor man die Einzelteile verstehen kann, *und dabei das Höchste zuerst, bevor man das Niedrigste begreifen kann. Das ist die Reichweite der umfassenderen Psychologie, die auf ihre Stunde wartet und mit der dieses Herumtappen verschwindet und bedeutungslos wird.«*
(Sri Aurobindo in einem Brief an seinen Schüler Dilip Kumar Roy, in: »Sri Aurobindo kam zu mir«, D. K. Roy, 1978, S. 32f.)

ten können.« Am 28. Februar 1968 wurde das Kulturzentrum in Anwesenheit des indischen Präsidenten und Repräsentanten aus 121 Ländern feierlich eingeweiht. Seither hat Auroville vor allem viele europäische Intellektuelle angezogen. Eine umfassende Volksbewegung aber entwickelte sich aus dem Werk Sri Aurobindos und seiner Anhänger nicht. Die Aurobindo-Bewegung war und ist dazu zu sehr philosophisch ausgerichtet.

### Mahatma Gandhi, ›die große Seele‹

Mahatma Gandhi, eigentlich *Mohandas Karamcand Gandhi* (1869–1949) verstand sich selbst nicht als Reformer, sondern als orthodoxer Hindu, der nach sei-

Eine Aufnahme Gandhis vom August 1934, die entstand, nachdem er einen Hungerstreik begonnen hatte

ner Religion lebt. Als jüngstes von vier Kindern in Gurajat geboren, gehörte er, aus einer tief religiösen Familie stammend, einer wohlhabenden Kaste von Händlern an (das Wort *gandhi* bedeutet ›Krämer‹). 1887–1890 studierte er in England Jura. Nach Indien zurückgekehrt, waren seine Erfolge als Advokat bescheiden, so ging er 1894 nach Südafrika. Der dort herrschende Rassismus richtete sich nicht nur gegen die schwarze, sondern auch gegen die indische Bevölkerung. Das veranlasste Gandhi zum Eingriff in das politische Geschehen. Seine gewaltfreien Protest-Maßnahmen gegen die Diskriminierung seiner Landsleute zeigten Erfolge. 1915, im Alter von 46 Jahren, kehrte Gandhi nach Indien zurück. Auch wenn er als tiefreligiöser Hindu seiner Tradition verbunden blieb, das steife Kastenwesen lehnte er ab. Er plädierte für eine gerechtere Gesellschaftsordnung. *Ahimsha,* ›das Nicht-Verletzen‹, gehörte neben Bescheidenheit, Enthaltsamkeit und Selbstbeherrschung zu den bedeutendsten Prinzipien seines Denkens. Gandhi war der Überzeugung, auch der Islam lasse sich in eine soziale und gesamtindische Gesellschaftsordnung einbeziehen. Dennoch: die spätere Teilung Indiens konnte er nicht verhindern. Die kastenlosen ›Unberührbaren‹ nannte er *harijans,* ›Kinder Gottes‹ – eine Bezeichnung, die heute nicht mehr gebräuchlich ist und von den Kastenlosen entschieden abgelehnt wird. *Dalit,* ›Unterdrückte‹, ist inzwischen geläufig.

Gandhis ethisches Grundprinzip hieß *satyagraha,* ›Festhalten an der Wahrheit‹. Statt auf Gewaltmaßnahmen gegen die britische Kolonialmacht setzte er schon 1920 auf ein Programm der ›Nichtzusammenarbeit‹ mit den Engländern. Auf britische Orden, Auszeichnungen und Ehrentitel sollte verzichtet und britische Waren, Schulen, Universitäten und Gerichtshöfe sollten boykottiert werden. »*Swaraj* (wörtl.: ›Selbstregierung‹, d. h. Unabhängigkeit) in einem Jahr«, hatte Gandhi bereits 1920 versprochen. Er arbeitete seither

Mahatma Gandhi kurz vor seinem Tod

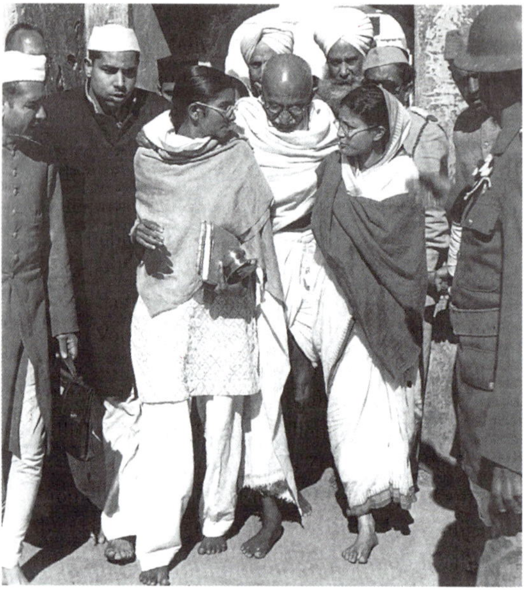

Nach der Unabhängigkeit Indiens ereignete sich die größte Massenflucht der Menschheitsgeschichte. 12–14 Mio. Menschen wurden vertrieben. Quer durch den Punjab flüchteten Moslems nach Pakistan und Hindus von Pakistan nach Indien. Züge wurden gestoppt und die Flüchtlinge beider Seiten getötet. Insgesamt kamen bei den Massenfluchten schätzungsweise zwischen 250.000 und einer halben Million Menschen ums Leben. Aus dem geteilten Bengalen flohen etwa eine Million Hindus von Ost-Pakistan, dem heutigen Bangladesh, nach Indien.

unermüdlich an diesem Ziel. Nachdem es im Rahmen der Boykottkampagne zu Gewalttätigkeiten kam, brach Gandhi sie 1922 ab. Bis 1924 hatte er eine anschließende Haftstrafe zu verbüßen. Gandhi besaß ein hervorragendes Organisationstalent und verstand es, friedliche Massenbewegungen zu steuern. Zu seinen bekanntesten Maßnahmen gegen die Briten gehört der ›Salzmarsch‹ aus dem Jahr 1930. Die britische Regierung hatte damals das Monopol der Salzproduktion und erhob eine erhebliche Salzsteuer. Schon wer ein Salzkorn am Strand aufhob, hatte laut Gesetz das Monopol gebrochen. Gandhi legte einen langen Marsch zur Küste zurück und ›produzierte‹ dort Salz. Tausende folgten ihm dabei, und die Gefängnisse quollen über. Der ›Salzmarsch‹ gehörte zu Gandhis zweiter Kampagne, dem »bürgerlichen Ungehorsam«.

Die Briten konnten das indische Streben nach Unabhängigkeit nicht aufhalten, aber um die Einheit Indiens hatte sich Gandhi vergeblich bemüht. Ein unabhängiges Indien würde von Hindus beherrscht sein, das fürchteten die Moslems. Unter der Führung von

Ali Jinnah (1876–1948) bestand die bereits 1906 gegründete Moslem-League auf der Teilung Indiens. »Ich will ein geteiltes oder zerstörtes Indien«, so Jinnahs Worte. Die Feindseligkeiten zwischen Hindus und Moslems konnte Gandhi trotz seiner außerordentlichen Autorität auch mit wiederholten Hungerstreiks nicht stoppen. Allein und ohnmächtig stand er der Teilung des Landes gegenüber. Am 15. August 1947, 0$^{00}$ Uhr wurden Indien und Pakistan zu unabhängigen Staaten. Der genaue Verlauf der Grenzen wurde erst in den folgenden Monaten festgelegt.

Anderthalb Monate nach dem Ende britischer Herrschaft verlässt dieser Zug mit moslemischen Flüchtlingen Indien in Richtung des neu gegründeten Pakistan

Nach der Unabhängigkeit brach der Konflikt um das zu 90 Prozent von Moslems bewohnte, aber von einer Hindu-Dynastie beherrschte Kashmir aus. Gleichzeitig stand die Teilung der Staatskasse zwischen Indien und Pakistan zur Debatte. Gandhi, der in seinem Versuch, die Teilung zu verhindern, der Moslem-Liga bereits etliche Zugeständnisse machte, sprach sich für eine gerechte Aufteilung aus, was ihm die Feindschaft vieler radikaler Hindus einbrachte. Am 30. Januar 1948 wurde Mahatma Gandhi, der führende Architekt der indischen Unabhängigkeit, in Delhi getötet. Nathuram Godse, ein junger Brahmane und Anhänger radikaler Hindu-Organisationen, feuerte aus unmittelbarer Nähe aus einer Pistole drei Schüsse auf Gandhi ab, der mit den Worten »O Rama!« zu Boden sank und verstarb.

Mahatma Gandhis Leiche wurde in Delhi verbrannt. Heute erinnert an der Verbrennungsstelle eine Gedenkplatte daran

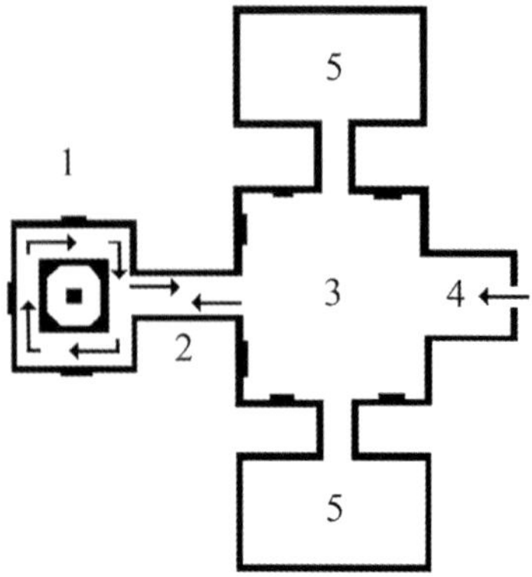


Anders als christliche Kirchen oder islamische Moscheen sind Hindu-Tempel keine Bauwerke, in denen in regelmäßigen Abständen Gottesdienste abgehalten werden. Fast immer ist die Verehrung der Hindu-Götter eine persönliche Angelegenheit. In vedischer Zeit kannte man noch keine Tempelbauten. Es gab lediglich geheiligte Ritual-Plätze, die von einer Mauer umgeben waren. Als die Hindus begannen, Tempel zu bauen, wurden genaue Grundlagen der Planung entwickelt, denn als Wohnstätten der Götter sollten die Tempel die kosmische Ordnung wiederspiegeln. So verschiedenartig die Hindu-Tempel aussehen, sie alle sind nach den gleichen Grundprinzipien erbaut.

Das Allerheiligste im Tempel (1), *garbha-griha,* ist ein quadratischer Raum, in dessen Mitte sich entweder eine Götterstatue oder, wie es in den Shiva-Tempeln der Fall ist, ein Shiva-Linga befindet. Das Quadrat versinnbildlicht die himmlischen Sphären und der Kreis die Erde. Als Vorlage des Allerheiligsten dient ein bestimmtes *mandala,* ›Kreis‹ oder ›Abschnitt‹. Dieser Grundriss wird in weitere Quadrate geteilt, an denen dann die Anlage von Nischen und Vorsprüngen der Tempelwände ausgerichtet werden. Im Allerheiligsten vollzieht der Brahmanen-Priester seine Tempelrituale. Zur Verehrung einer Gottheit gehört es, die Statue zu umschreiten, daher steht sie in der Mitte des Raumes. Es gibt aber auch kleinere Tempelanlagen, in denen die Statue aus Platzgründen nicht in der Mitte des Allerheiligsten steht, sondern an der Wand.

Als Symbol für den mystischen Berg Meru befindet sich über dem Raum ein nach geometrischen Regeln gebauter pyramidenförmiger Dom oder Turm *(shikhara).*

Eine kleine Vorhalle (2) oder Passage *(antrala)* verbindet das Allerheiligste mit einer größeren Säulenhalle (3) *(mandapa),* an die der Zugang (4) anschließt. In diese Säulen sind oftmals Abbilder anderer Götter, Zitate spiritueller Meister oder auch Episoden aus den Epen eingemeißelt. In der Säulenhalle können sich die Gläubigen versammeln. Früher wurden dort auch Tempeltänze dargeboten. Viele Tempel sind so gebaut, dass in der Säulenhalle ein Umgang angelegt ist, damit dort das Ritual des Umschreitens vollzogen werden kann. Größere Tempel sind oft mit Seitenhallen

Handschriften wie diese aus dem 18. Jh. fassen die hinduistische Kosmologie in geometrische Formen. Solche Yantras stehen zugleich in engem Bezug zur Gestaltung der Tempelanlagen

(5), einem hohen Eingangstor und einem Vorhof ausgestattet.

Zum Bau eines Tempels gehören vorweg astrologische Berechnungen eines günstigen Zeitpunktes der rituellen Grundsteinlegung. Auch muss der priesterliche ›erste Baumeister‹, *sthapaka,* zuvor genau untersuchen, ob die Bodenbeschaffenheit den Bau eines Tempels zulässt, denn bei den heftigen Monsun-Regenfällen ist eine gute Entwässerung notwendig.

Je nach Gottheit und Standort sind die Ausrichtung des Tempels sowie die jeweiligen Details der Gestaltung streng festgelegt. Auch wenn die Tempel dabei nach den gleichen Grundsätzen gebaut sind, weichen die Bauplanungen je nach religiösem Konzept und den dazugehörigen überlieferten Bauregeln voneinander ab. Die praktische Umsetzung des Planes und die Leitung der jeweiligen am Bau beteiligten Handwerker untersteht dem ›ausführenden Baumeister‹, *sthapati.*

### Die vier Lebensabschnitte

Wollte man versuchen, die traditionellen und gebräuchlichen Riten näher zu beschreiben, die das hinduistische Leben und seine Abschnitte entsprechend jeweiliger Kasten- und Sektenzugehörigkeit begleiten – es würde ein mehrbändiges Werk entstehen, denn viele Riten und Brauchtümer weichen von Region zu Region erheblich voneinander ab.

Nach alter Auffassung teilte sich das Hindu-Leben – besonders das der Brahmanen – entsprechend der vedischen Vorschrift in vier *ashramas* bzw. ›Abschnitte‹. *Brahmacarya,* ›die Zeit der Enthaltsamkeit‹, dauerte höchstens bis zum 25. Lebensjahr. Nachdem der Jugendliche von den Eltern in allen Belangen des Lebens unterwiesen war und als Zeichen der Reife zeremoniell den heiligen Faden umgehängt bekam, begab er sich zu einem Guru, der ihn in den Heiligen Schriften, im Yoga, den Künsten und Wissenschaften weiter unterrichtete. Der Schüler sollte erzogen werden zu Bescheidenheit, Respekt und Aufrichtigkeit. Anschließend begann die Zeit als ›Haushälter‹, *grahasthya,* d. h. der junge Mann kehrte zurück zu seiner Großfamilie und heiratete.

Die Frau galt als die ›zweite Hälfte‹ des Haushälters, der ohne ihre Mitwirkung kein Ritual zelebrieren konnte. Die Ehe galt nicht als Vertrag, sondern als spirituelle Übung zur Selbstbeherrschung! Der Familienvater hatte auf moralische Weise, d. h. seinem persönlichen Dharma entsprechend, für materiellen Wohlstand und für den Unterhalt der Kinder zu sorgen. Seiner Frau hatte er sich mit Liebe und Leidenschaft zu widmen. Ein Zehntel des Einkommens sollte für karitative Zwecke gespendet werden. *Vanaprashta,* ›Waldaufenthalt‹, war die Zeit des Sich-Zurückziehens, nachdem die Kinder für sich selbst sorgen konnten und die Familie abgesichert war. In diesem Abschnitt lebte man zwar noch häufig in der Familie, widmete sich jedoch vorwiegend der Meditation und spirituellen Dingen. Ansonsten zog man sich in die Einsamkeit des Waldes zurück, um gänzlich ungestört zu sein. Der vierte und letzte Abschnitt hieß *sannyasa,* ›Entsagung‹. Hier galt es, sich von allen irdischen Bindungen völlig zu lösen, persönliche Bestrebungen aufzugeben und nach Befreiung zu streben. Diese Art der Lebensweise muss als eine vedische Idealvorstellung gelten, die mit den Jahrhunderten moslemischen und britischen Einflusses nahezu völlig ausgestorben ist.

### Initiationen

Alle Religionen kennen Riten der Initiation oder Einweihung, seien es Beschneidung (Judentum), Taufe (Christentum) oder die Zuflucht zur Mönchsgemeinschaft (Buddhismus). Für den Hinduismus ist zuerst die Geburt entscheidend. Es gibt kein Glaubensbekenntnis, das auszusprechen wäre, um Hindu zu werden. Es ist deshalb unmöglich, zum Hinduismus überzutreten. Zwar betreiben verschiedene Hindu-Sekten – als Antwort auf Islam und Christentum – ebenfalls bewusst Mission und haben vorwiegend westliche Anhänger, doch wenn es darum geht, einen Tempel zu betreten, der nur für Hindus erlaubt ist, bleibt ihnen der Zutritt verwehrt. Sie sind keine ›echten‹ Hindus. Die körperliche Geburt ist jedoch nur eine äußere Form oder Hülle. Schon im alten Indien war man erst durch Initiation ein vollwertiges Mitglied der Gesellschaft, wobei vorausgesetzt wurde, dass schon der Vater initiiert war. Die Mitgliedschaft im Hinduismus ist folglich abhängig von Geburt und Zeremonie bzw. ›Weihe‹, *diksha*. Der Hinduismus kennt Riten zur Schwangerschaft, wie die Harrscheitelung der Schwangeren, einen Ritus zur Geburt, Kindheitsriten wie Namensgebung oder etwa den ›ersten Ausflug‹, die ›erste feste Speise‹, ›Lernbeginn‹ u.s.w. Diese Weihen und Rituale setzen sich fort bis zum ›letzten Opfer‹, d. h. der Verbrennung einer Leiche.

Traditionsbewusste Brahmanen sind an ihrem Baumwollfaden zu erkennen, den sie über die Schulter tragen. Als Zeichen religiöser Reife wird diesem Jungen das Band im Rahmen einer Zeremonie überreicht. Ein jungfräuliches Mädchen hat es aus drei einzelnen Fäden geflochten

Die Braut

## Die Hochzeit

Zu den wichtigsten Momenten im Leben gehört traditionell die Hochzeit. Das gilt besonders für die Hindus. Die Feiern sind überaus farbenfroh und für den Brautvater kostspielig. Häufig werden teure Kredite aufgenommen, um das Ereignis bezahlen zu können. Zahlreiche Gäste werden geladen. Die Frauen legen die kostbarsten Gewänder an und tragen den edelsten Goldschmuck. Die Hochzeit ist in den Augen traditionsbewusster Hindus die eigentliche ›Initiation‹ der Frauen.

Treue ist im Hinduismus ein fundamentaler Wert und Scheidungen sind entschieden seltener als im Westen. Nur selten gibt es unter Hindus eine westlichen Vorstellungen entsprechende Liebesheirat. Diese ist nur in anonymen Großstädten möglich und in Kleinstädten geradezu undenkbar. Gewöhnlich wird die Ehe arrangiert. Dabei geht es nicht nur um ein Brautpaar, vielmehr treffen zwei Großfamilien aufeinander und bilden eine neue wirtschaftliche Einheit. Die Verwandtschaft vergrößert sich. Andererseits wird ein Mitglied aus dem engsten Kreise – die Tochter – verloren, die von einer anderen Familie gewonnen wird. Seit 1961 gesetzlich verboten, aber dennoch üblich ist die Mitgift-Praxis. Die Braut-Eltern haben in den meisten Fällen je nach Stellung und Kastenzugehörigkeit des Bräutigams gehörig zur zukünftigen Ehe beizusteuern. Wer mehrere Töchter hat, ist nach deren Hochzeiten oftmals finanziell ruiniert. Als negative Begleiterscheinung gibt es im Hinduismus eine seltene, aber aufsehenerregende Form der Kriminalität, bei der nach der Hochzeit noch gewaltige Mitgift-Forderungen gestellt werden, weil die junge Frau beispielsweise keinen Sohn zur Welt brachte. Wird nicht gezahlt, kommt es zu einem tragischen ›Küchenunfall‹, bei dem die junge Ehefrau verbrennt, weil angeblich der Gaskocher versagte.

Unter der Leitung eines Priesters wird das Hochzeitsritual vollzogen

Offiziell ist das Kastenwesen in der Indischen Union abgeschafft, aber nur offiziell. Die Heirat innerhalb derselben Kaste ist die Regel, und in indischen Zeitungen gibt es Heiratsanzeigen, in denen ausdrücklich und gezielt Männer und Frauen jeweiliger Kastenzugehörigkeiten gesucht werden. Andererseits werden auch Annoncen aufgegeben, in denen es heißt: »Cast and dowry no bar« – zu deutsch: »Kastenzugehörigkeit und Mitgift bedeutungslos«. Mit diesen Anzeigen wird allerdings Wert gelegt auf die Zugehörigkeit des erwünschten Partners zu einer gleichartigen – fast immer akademischen – Berufsgruppe. Nach indischem Recht gibt es die Zivilehe, die auch ohne religiöse Zeremonien ihre Gültigkeit hat.

Der Bräutigam

Die übliche Hindu-Hochzeit ist ein von der Tradition geprägter und zugleich rituell genau festgelegter Vorgang. In den meisten Fällen wird zuvor seitens der Familie einer heiratswilligen Frau Ausschau nach einem möglichen Partner gehalten. Kommt jemand in Betracht, wird ein Astrologe aufgesucht, der für das voraussichtliche Paar Geburtshoroskope erstellt und die Konstellationen vergleicht. Stimmen die Konstellationen, und ist man sich auch ansonsten einig geworden, steht der Hochzeit nichts mehr im Weg. An einem als günstig erachteten Tag bereitet die Großfamilie der Braut ein prächtiges Festessen vor. Mit seinen männlichen Angehörigen, mit Freunden und einer lärmenden Blaskapelle, in festlicher Tracht, umhängt mit einer Blumengirlande, kommt der Bräutigam – meist auf dem Rücken eines Pferdes – zur Familie seiner zukünftigen Frau. Die ganze Parade wird begleitet von Lichtern, Trommel und Tanz.

Je nach Region, Kaste und Sektenzugehörigkeit mögen Bräuche und Rituale der Hochzeiten mehr oder weniger voneinander abweichen. In Rajastan gibt es z. B. den Brauch, dass die Mutter der Braut mit einem kleinen Band symbolisch Maß nimmt, ob der Mann auch ›passt‹. Immer werden Grüße und Girlanden ausgetauscht. Erst dann betritt der zukünftige Ehemann das Haus der Braut. Nach einer Begrüßungszeremonie versammelt man sich in einem Festsaal. Der Bräutigam nimmt auf einem Podest platz. Die Braut wird hereingeführt und setzt sich an seine rechte Seite. Der Brautvater legt die rechten Hände beider ineinander und sie werden mit einem Band umbunden. Anschließend werden Geschenke und Glückwünsche entgegengenommen. Nach dieser Zeremonie wird kräftig getafelt – Braut und Bräutigam, Männer und Frauen speisen getrennt voneinander. Erst am späten Abend findet das eigentliche Hochzeitsritual statt, das bis in die Nacht hinein andauert. Schwiegereltern, Onkel, Brautpaar und ein Priester sitzen um eine sorgfältig vorbereitet Stelle – das Opferfeuer – herum, wo Öllampe, allerlei Symbole, Gewürze, Reis, Süßigkeiten, Früchte und Farbpulver nach alten Vorschriften zusammengestellt sind. Siebenmal ist die Stätte zu umschreiten, denn auch im Hinduismus ist die Zahl Sieben heilig. Der Priester spricht seine Sanskritformeln, und nach ritueller Ordnung werden einzelne Dinge zum Zeichen der Ehre und Verbundenheit gegenseitig überreicht. Sieben Schritte hat der Bräutigam seine zukünftige Frau auf ausgestreutem Reis zu führen. Wenn sich das Brautpaar wieder gesetzt hat, ist es mit dem siebenten Schritt rechtskräftig verheiratet. Abschließend wird die Versammlung rituell aufgelöst, der Priester erhält seinen Opferlohn, und die Stätte wird verlassen. In den folgenden Tagen folgen noch einige weitere Rituale. Die junge Ehefrau verlässt das Haus ihrer Familie und ist fortan Mitglied der Familie des Mannes.

Eine Leiche wird zur rituellen Reinigung vor der Verbrennung kurz in den Ganges eingetaucht

**Das letzte Opfer**

Je nach Region, Kastenzugehörigkeit und sozialem Status weichen auch die Bestattungsriten voneinander ab. Die Leiche wird gewaschen, gesalbt und in ein weißes Totentuch gehüllt. Für Frauen sind rote Tücher üblich. Der Leichnam wird mit den Füßen zuerst aus dem Haus getragen, fest auf eine Bahre gewickelt, die rechts und links aus zwei dicken Bambusstäben besteht. Der Trauerzug geht zur Verbrennungsstätte, vorweg der älteste Sohn. Dabei wird von der Trauergemeinschaft ständig *»rama nama satya he«,* ›der Name Ramas ist Wahrheit‹, gerufen. Frauen dürfen die Verbrennungsstätte nicht betreten, sie haben in einiger Entfernung zu verharren. Am Verbrennungsplatz wird der Scheiterhaufen von Mitgliedern der dort ansässigen Unterkaste, die für Bestattungen zuständig ist, vorbereitet. Vor der Verbrennung wird der Leichnam rituell in den Ganges getaucht. Auf den Scheiterhaufen gelegt, wird er mit Holz bedeckt. Oft wird der Leichnam noch mit Rosenwasser und ätherischen Ölen besprenkelt. Die engsten Verwandten umschreiten die Verbrennungsstätte fünfmal im Uhrzeigersinn, als Sinnbild für die fünf Elemente (Wasser, Erde, Licht, Luft und Äther). Schließlich entzündet der älteste Sohn das Feuer – bei Männern am Kopf- und bei Frauen am Fußende. Söhne von jüngst Verstorbenen sind daran zu erkennen, dass sie sich alle Haare vom Kopf rasiert haben. Nur ein kleines Büschel bleibt am Hinterkopf. Nach einiger Zeit, wenn das Feuer schon weit fortgeschritten ist, wird der Schädel mit einem schweren Bambusrohr zertrümmert. Rituell gesehen ist die ›Öffnung des Schädels‹ der Todeszeitpunkt, bei dem der Geist endgültig von allen Banden des irdischen Leibes gelöst ist.

Der Scheiterhaufen wird entzündet

Innerhalb von drei Stunden verbrennt die Leiche nahezu völlig. Kinder bis zu fünf Jahren oder auch Sadhus und Leprakranke werden traditionell nicht verbrannt, sondern soweit möglich im Ganges versenkt. Westliche Beobachter denken dabei oft an Seuchengefahr. Doch der Ganges enthält Mikroorganismen, die eine desinfizierende Wirkung haben, daher hatte der Fluss in den zurückliegenden Jahrhunderten einen steten Selbstreinigungseffekt. Inzwischen ist der Ganges durch zahlreiche Abwässer aus Haushalten und Industrie an vielen Stellen in höchstem Maße belastet, was die Situation drastisch verändert hat. Daher haben in Benares inzwischen die Infektionskrankheiten Besorgnis erregende Ausmaße angenommen.

Zeichen der Trauer: ein geschorener Kopf

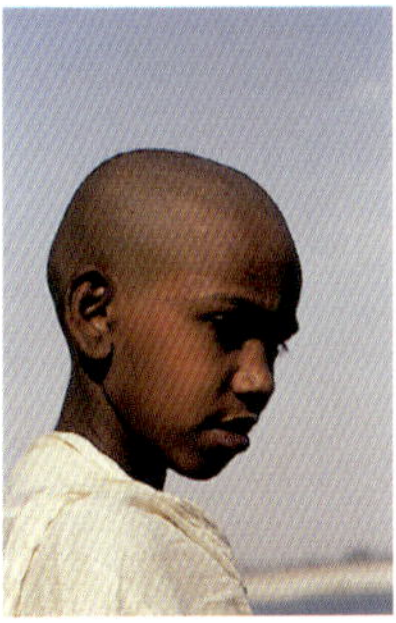

## Die großen Hindu-Feste

Zur Vielfalt des Hinduismus zählt ein Kalender voller farbenfroher Feiertage, die von Region zu Region verschieden sind. Alle hinduistischen Traditionen haben ihre individuellen Feierlichkeiten. Zu den wichtigsten Ereignissen des allgemeinen Festtagskalenders zählen:

*Vasanta Pancami,* ›Frühlingsfünfter‹, am fünften Tag des Monats Magha. An diesem Tag tragen etliche Hindus gelbe Kleidung. In vielen Gegenden Indiens wird Sarasvati, die Göttin der Gelehrsamkeit und Künste, verehrt.

»Tika-Powder« – aus diesem bunten Pulver werden die Farben der Stirnmarkierungen oder auch der Markierungen heiliger Stätten angerührt. Beim Holi-Fest wird das Pulver in die Luft geworfen

*Shivarati,* ›Shivas Nacht‹, liegt im Monat Phalguna (Februar/März). Zu Ehren Shivas finden Tempelprozessionen statt. Es wird gefastet und nachts gewacht.

*Holi* ist das Farben- oder Frühlingsfest, das im Monat Caitra (März/April) zu Ehren von Vishnu, Krishna und Radha stattfindet. Wer am Tag des Holi-Fests unterwegs ist, sollte sich darauf einrichten, kräftig mit Farbpulver überschüttet und eingerieben zu werden. Freunde und Verwandte werden besucht, und Beutel mit Farbpulver werden überall umhergeworfen. Abends werden Figuren des Dämons Holika verbrannt.

*Ramanavami,* der Geburtstag Ramas, wird ebenfalls im März/April besonders in den Vishnu- und Rama-Tempeln gefeiert. Schon in der Woche vor diesem Fest werden überall Geschichten aus dem Ramayana gelesen und Stücke aufgeführt.

Zum Holi-Fest wird Abends der Dämon Holika symbolisch verbrannt

In Rajastan findet im März das *Gangaur*-Festival statt, um Shiva und Parvati zu ehren. Die rajastanischen Frauen, traditionell bunt gekleidet, zeigen sich dabei noch farbenprächtiger. Sie singen, beten und tanzen überall dort, wo Shiva-Statuen zu sehen sind.

*Teej* ist ein weiteres Fest in Rajastan, mit dem Juni/Juli der Anfang der Monsun-Zeit zelebriert wird.

*Naga Pancami,* der ›Schlangen-Fünfte‹, ist ein Festtag im Monat Shravana (Juli/August), der Ananta, der kosmischen Schlage, geweiht ist, auf der Vishnu zwi-

schen den Perioden der Weltenschöpfungen ruht. Die vielen Schlangenbeschwörer Indiens kommen an diesem Tag auf ihre Kosten.

*Raksha Bandhana,* das ›Anbinden der Dämonen‹, findet am Vollmondtag desselben Monats statt. An diesem Tag binden Mädchen ihren Brüdern einen Faden mit einem Amulett um das Armgelenk, um sie für das folgende Jahr von bösen Einflüssen zu schützen. Die Brüder bedanken sich ihrerseits mit Geschenken.

Eine Besonderheit Rajastans ist das Brahma-Festival in Pushkar

*Ganesha Caturthi,* ›Ganeshas Vierter‹, ist der vierte Tag des Hindu-Monats Bhadrapada (August/September). Dieser in ganz Indien gefeierte Tag ist Ganesha gewidmet. Ton-Statuen werden gefertigt und kleine Schreine aufgebaut. Viele Familien kaufen kleine Ton-Ganeshas und tragen sie nach Hause. Nach einiger Zeit der Verehrung werden die Statuen zeremoniell in einem Fluss, Bach oder See versenkt.

*Krishna Janmashtami,* der Geburtstag Krishnas, wird im August/September gefeiert. Der Tag ist zwar in ganz Indien ein Festtag, aber in Mathura, dem Geburtsort Krishnas, hat er besonderes Gewicht. Die Anhänger Krishnas fasten den ganzen Tag über bis Mitternacht.

Solche kleinen Götterfiguren sind in Indien beliebt und zieren die Wohnzimmer vieler Hindus

Der Monat Ashvina (September/Oktober) beginnt mit dem neuntägigen *Durga-Puja.* Dieses Fest wird auch *Dussehra* oder *Navarati* genannt. In diesen neun Tagen herrscht bis in die Nacht hinein auf den mit zahlreichen Lichterketten geschmückten Strassen reges Treiben. Überall werden Schreine mit Durga-Statuen aufgebaut, um an den Sieg der Göttin über den Büffel-Dämon Mahishasura – Sinnbild für Erkenntnislosigkeit – zu erinnern. Am Ende des Fests werden die Durga-Statuen unter großem Menschen-

andrang an Flüsse wie den Ganges oder ans Meer getragen und dort versenkt. In diese Zeit fällt auch *Pitripaksha,* ein Fest ›zu Ehren der Ahnen‹.

*Divali* oder *Dipavali* (Neumond) wird am Neumondtag des Monats Kartika (Oktober/November) gefeiert. In dieser Nacht werden zahllose kleine Öllampen entzündet, um Rama auf symbolische Weise den Heimweg zurück aus seinem Exil zu zeigen. In vielen Gegenden gibt es dazu Feuerwerk. Divali ist inzwischen auch ein Fest der Süßigkeiten geworden. Insgesamt dauern die Feiern fünf Tage. Am ersten Tag werden die Wohnungen und Häuser gründlich gereinigt und die Treppen dekoriert. Der zweite Tag ist Krishna gewidmet, und tags darauf wird je nach Region die Glücksgöttin Lakshmi oder Kali besonders verehrt. Für indische Firmen ist dieser Tag zumeist der Beginn des neuen Geschäftsjahres. Tag vier erinnert daran, dass Vishnu den Dämon Bali in die Unterwelt versetzt hat, und am letzten Tag lassen sich die Männer von ihren Schwestern zum Segen *tikas,* farbige Markierungen, an der Stirn anbringen.

Bei der abendlichen Feststimmung des Durga-Pujas segnet dieser Sadhu aus Benares Geschäfte – und erwartet dabei eine kleine Spende

Zu Ehren der heiligen Kühe gibt es ein Fest namens *Govadharna Puja,* das im selben Monat stattfindet.

### Die Frau in Familie und Gesellschaft

Wenn es um das Thema ›Frau im Hinduismus‹ geht, ergibt sich sofort das Problem, dass der Hinduismus keine einheitliche Religionslehre und Lebensform ist. Der Versuch, ein eindeutiges Bild zu zeichnen, ist daher stets mit dem Makel behaftet, eine Vielzahl von Gegebenheiten auszuklammern und andere stark zu verallgemeinern.

In Kovalam (Bundesstaat Kerala) wird das Elefantenfestival gefeiert

Zur vedischen Zeit genossen die Frauen ein gesellschaftlich hohes Ansehen, ohne ihre Mitwirkung konnten z. B. Opferhandlungen nicht stattfinden. Die Mädchen heirateten aus Liebe und besaßen das Recht, sich scheiden zu lassen. Ebenso konnten Witwen wieder heiraten.

Für ihre Männer und Brüder beten diese Frauen am Ganges

In gebildeten Schichten wurde oft Wert darauf gelegt, dass auch Frauen zu Gelehrten, *pandita*, werden konnten. Doch mit dem langsamen Ausklingen der vedischen Epoche wandelte sich das Bild der Frauen. Mit dem Aufkommen des asketischen Pessimismus im 6. Jh. v. u. Z. ging eine langsam anwachsende Geringschätzung des weiblichen Geschlechts einher. So war auch z. B. Gautama Buddha zunächst nicht gewillt, Frauen als Nonnen zu ordinieren. Erst nach langer Überredung erklärte er sich dazu bereit und kommentierte seinen Entschluss mit der Aussage, ohne die Frauen hätte seine Lehre 1000 Jahre bestand, mit ihnen seien es fortan nur noch 500. Für die Nonnen wurden die Regeln überaus streng. Vor allem hatten sie sich den Mönchen völlig unterzuordnen und ihnen nicht zu widersprechen.

Dass sich die Situation des weiblichen Geschlechts in den folgenden Jahrhunderten nach der Buddha-Zeit verschlechterte, lässt sich an einigen Stellen aus Manus Gesetzbuch ersehen. Dort heißt es z. B.: »Den Frauen kann man kein Vertrauen entgegenbringen. Ihr Geist ist unbeständig und sie können keine Zeugen sein, selbst dann nicht, wenn sie rein sind und in Gruppen erscheinen.« (8, 77) An anderer Stelle steht geschrieben: »Bett, Sitz, Schmuck, Gier, Zorn, schlechter Charakter und üble Wesensart sowie schlechtes Verhalten« würden das Leben der Frauen bestimmen. (9, 17) Folgenschwer war und ist der Satz: »Eine Frau zu töten ist eine kleines Vergehen« – und zwar gegenüber anderen »großen Vergehen.« (11, 67).

Die Konsequenz dieses Frauenbildes ist im Gesetzbuch deutlich beschrieben: »Der Vater beschützt die Tochter, der Ehemann seine Frau, der Sohn die Mutter.

»Frauen sind die besonderen Hüter all dessen, was rein und fromm ist im Leben. Von Natur aus konservativ, sind sie langsam im Ablegen abergläubischer Bräuche, aber auch langsam im Ablegen all dessen, was rein und edel ist im Leben.«
Mahatma Gandhi

Auch die Frauen müssen bei der Arbeit mit anfassen

Das Recht, über sich zu verfügen, hat die Frau nicht.« (9, 3) Ein besonderes Übel sah das Gesetzbuch übrigens darin, dass sich Frauen zum Buddhismus bekannten. Dadurch waren sie für die damaligen hinduistischen Sittenwächter verloren.

Es ist ein Phänomen, dass sich die Lage der Frauen in nahezu allen Hochkulturen ab schätzungsweise den 5. Jh. v. u. Z. drastisch verschlechterte und sich erst mit dem 19. und 20. Jh. allmählich zu bessern begann. Die Rolle der Frau beschränkte sich auf Kindererziehung und Haushalt. Als ergebene Mütter von Söhnen genossen sie hohes Ansehen – und das nicht nur in Indien. Zu den dortigen Unsitten gehörte die Vorstellung, Witwen dürften sich nicht wieder verheiraten und folgten am besten ihrem Mann auf dem Scheiterhaufen in den Tod, um zu einer *Sati* zu werden. Dieser Brauch ist darauf zurückzuführen, dass es von der Göttin Sati heißt, sie habe sich verbrannt.

Noch in den 20er Jahren des 19. Jh. gab es allein in Bengalen jährlich Hunderte von Witwenverbrennungen. Doch bereits 1829 wurden die Verbrennungen gesetzlich verboten. Erloschen war diese kriminelle Unsitte damit nicht. 1856 wurde ein weiteres Gesetz erlassen, demzufolge Witwen wieder heiraten durften. Aber Gesetz und Wirklichkeit klaffen auch in dieser Hinsicht bis in die Gegenwart hinein weit auseinander, und auch das gilt nicht nur in Indien. Das Gesetz des Mitgift-Verbots, der »Dowry Probition Act« von 1961, wurde in den Jahren 1984 und 1986 noch einmal verschärft. In der Praxis werden die Mitgift-Forderungen trotzdem immer höher und übersteigen die Zahlungsfähigkeit vieler Elternpaare, die sich verschulden. Schon Manus Gesetzbuch fordert, dass Töchter unter allen Umständen zu verheiraten seien. Unverheiratete Töchter gelten demzufolge als Schande. Eine Frau, die ihrem Mann berichtet, sie erwarte eine Tochter,

In folkloristischer Tracht ist diese Frau aus Rajastan gekleidet

braucht nicht mit einer freudigen Reaktion zu rechnen. Unter diesen Voraussetzungen ist es nur allzu konsequent, dass weibliche Föten bedeutend häufiger abgetrieben werden als männliche.

Über Jahrhunderte hinweg war die Verheiratung von Kindern gängige Praxis. Als im 11. Jh. islamische Heere Indien überfielen, herrschten katastrophale Zustände, zu deren Opfern Frauen gehörten. Sie wurden häufig geraubt und entführt. Um dem entgegenzuwirken, wurden sie bereits verheiratet, bevor sie alt genug waren, um den Eroberern als Beute geeignet zu erscheinen – so die Erklärung vieler Hindus. Mit dem »Child Marriage Restraint Act« von 1929 sollte der Kinder-Heirat ein Ende gesetzt werden. Nach diesem Gesetz dürfen Mädchen zu deren Schutz erst ab 18 Jahren geheiratet werden. Doch noch immer ziehen viele Inder es vor, Strafe zu zahlen, anstatt auf die frühe und gesetzeswidrige Vermählung ihrer Kinder zu verzichten.

Zwar ist in der indischen Verfassung von 1949 die Gleichberechtigung von Männern und Frauen unabhängig von Kaste, sozialer Position und Religion verankert, nur sind mit einer Verfassung Jahrhunderte alte Denkweisen und Verhaltensnormen längst nicht beseitigt. Auch in der Ernährung und Schulbildung sind Mädchen gegenüber den Jungen oftmals entschieden benachteiligt. Seit der Unabhängigkeit arbeitet der indische Staat mit einer Vielzahl von Gesetzen und Maßnahmen daran, diese Situation zu ändern und die Lage der Frauen in Belangen der Bildung, Geburtenkontrolle, Lohnzahlung, Wohnverhältnisse zu verbessern, wobei sich z. T. klare Erfolge abzeichnen. Aktiv sind auch verschiedene Frauenrechtsbewegungen. Beispielhaft ist Kerala, wo mittlerweile nahezu genauso viel Frauen alphabetisiert sind wie Männer, während der Bundesstaat Bihar das Schlusslicht bildet. Dort sind es gegenüber den Frauen doppelt so viele Männer. Erschwert werden die Bestrebungen zur Gleichberechtigung durch den erstarkten Hindu-Traditionalismus im Land.

Die Schauspielerin Nagris zählte in den 50er Jahren zu einer der Größen des indischen Kinos. Hier ist sie zu sehen in der Rolle Radhas in Mehtoob Khans »Mutter Indien« aus dem Jahr 1957. Sie spielt die Rolle eines Dorfmädchens, das um das Überleben ihrer Söhne und ihres Landes kämpft. Inder nennen ihr Land »Mutter Indien«. Ihre Rolle symbolisierte gewissermaßen die Situation ihrer Heimat. Ihren Ruhm nutzte Nagris für eine politische Karriere. Sie wurde in das föderative Parlament gewählt

Zu unterscheiden ist zwischen der Situation der Frauen auf dem Lande und in den Großstädten, wobei dort wiederum die soziale Stellung entscheidend ist. Eine Inderin, die z. B. an einer renommierten Hochschule oder gar in Japan oder in den USA studiert hat und für eine internationale Firma arbeitet, führt fast immer ein Leben, das nicht länger von der religiösen Tradition geprägt ist. Auch in der städtischen Mittelschicht zeichnet sich ein vorsichtiger Umdenkungsprozess in Richtung Liberalisierung und Abkehr von traditionellen Wertvorstellungen ab.

**Das Kastenwesen**

Laut indischer Verfassung ist das Kastenwesen zwar offiziell abgeschafft, aber praktisch ist die Zugehörigkeit zu einer bestimmten sozialen Schicht und zu einer Großfamilie bzw. einem Clan im Leben der meisten Hindus nach wie vor ein schicksalsbestimmender Faktor, zumal bestehende Gefüge u. a. auch religiös begründet sind und nicht nur ein gutes Stück hinduistischer Identität, sondern auch soziale Sicherheit bedeuten.

Es wird angenommen, dass das Wort ›Kaste‹ aus dem Portugiesischen stammt. Völlig eindeutig ist das jedoch nicht. Das von den Portugiesen, die 1510 Goa besetzten, gebrauchte Word *casta* bedeutet ›sittliche Reinheit‹, ›Unvermischtheit‹ oder auch ›Keuschheit‹. Bei genauerem Hinsehen wird der Begriff ›Kaste‹ allerdings problematisch, denn die alte indische Sozialordnung mit ihren vier Ständen hieß *varna*, ›Farbe‹, und entsprach noch längst nicht dem, was heute ›Kastenwesen‹ heißt. Die Portugiesen benutzten das Wort Kaste auch im Sinne von ›aus gutem Hause‹ und als Bezeichnung der Religions- und Berufszugehörigkeit; so waren die Christen gleichermaßen eine ›Kaste‹

wie etwa Schuster oder Bäcker. Auch im Sinn von ›Stamm‹ war das Wort Kaste geläufig.

Versucht man die sozialen Strukturen der hinduistischen Gesellschaft in ein klar geordnetes Kastensystem einzuordnen, so erweist sich dieser Versuch als ein Ding der Unmöglichkeit, denn die vier ursprünglichen Varnas haben sich im Laufe von weit über 2000 Jahren in Tausende von Unterkasten aufgeteilt. Das bedeutet: Bei dem Versuch, das Kastenwesen fassbar zu machen, löst es sich auf in ein immer feiner werdendes Gewebe von Clans, Sippen, Stämmen und Berufsgruppen. ›Kaste‹ ist folglich ein überaus schwer definierbarer Begriff. Dabei ist die wirtschaftlich gesehen weniger bedeutende Brahmanenkaste trotz des gesellschaftlichen Ranges auch nicht grundsätzlich die dominanteste. Oftmals sind es andere Schichten und Gruppierungen, die führende gesellschaftliche, wirtschaftliche und politische Rollen spielen.

Andererseits gab es schon in den ältesten Tagen Brahmanen, die keine Priester waren und in anderen Berufen arbeiteten. Ursprünglich war die Einordnung der Berufsgruppen eher ein loses Gerüst, das aber in späterer Zeit besonders unter der Wirkung des Islam entschieden verschärft wurde, um die eigene traditionelle Identität zu wahren und zu schützen. Zudem eignen sich soziale Hierarchien bestens dazu, Macht über andere Gruppen auszuüben. Je höher eine Kaste im sozialen Gefüge steht, desto weniger Mitglieder hat sie,

Weil sie zu einem Stamm indischer Ureinwohner zählt, gehört sie zu einem »scheduled tribe«

Eine alte Frau bei untergeordneter Hilfsarbeit. Viele Angehörige unterer Kasten haben keine bessere Chance

deren Macht ist aber umso größer. Kurzum: Was heute Kastenwesen heißt, ist nicht allein auf das alte Varna-Modell zurückzuführen, das schließlich brahmanische Vorstellungen darlegt, die im damaligen Indien längst nicht Allgemeingut waren.

Wie schwierig es heutzutage ist, bestehende Hierarchien aufzulösen, zeigen die Versuche des Staates seit Mitte des 20. Jh. Mit dem Inkrafttreten der indischen Verfassung entstand eine Quotenreglung für »scheduled castes« und »scheduled tribes« – vom Staat aufgelistete Schichten und Stämme. Das bedeutet: Für ›Unberührbare‹, die außerhalb der vier Kasten stehen, und für Shudras, die ebenfalls in großer Zahl sozial benachteiligt sind, sollten 15 Prozent der Posten im öffentlichen Dienst, an Schulen und Universitäten sowie in staatlichen Restaurant- und Hotelbetrieben freigehalten werden, und für die etwa 170 aufgelisteten Volksstämme 7,5 Prozent. Dieses Ziel hatte die Regierung Nehru in den 50er Jahren angestrebt. Nicht ohne Grund: Noch zu Beginn der 90er Jahre besetzten Angehörige höherer Kasten, das sind ca. 25 Prozent der Gesamtbevölkerung, 70 bis 90 Prozent der Posten im öffentlichen Dienst, je nach Region unterschiedlich gewichtet.

Die Quotenreglung ist immer wieder zum Anlass schwerer Unruhen geworden. Um die Quoten zu sichern, gibt es ein Gesetz, demzufolge ›Unberührbare‹, Shudras und Angehörige der aufgelisteten Volksstämme in den Schulen und Universitäten weniger streng zu benoten sind als Mitglieder höherer Kasten. Wer einer höheren Kaste zugehört und zum Studium zugelassen werden will, braucht daher wesentlich bessere Qualifikationen. Das widerspricht dem Leistungsprinzip, so die Gegenargumentation.

1990 erweiterte der damalige Premierminister Vishwanath Prasad Singh die Quotenreglung. 27 Prozent der Stellungen im Öffentlichen Dienst sollten für »backward castes«, ›benachteiligte Kasten‹, freigehalten werden. Eine Welle der Gewalt fegte durch Indiens Städte. Es kam zu Massendemonstrationen, schweren Ausschreitungen und öffentlichen Selbstmorden. Die so bezeichneten »backward castes« setzen sich aus über 3700 Unterkasten zusammen und bilden zusammen über die Hälfte der Gesamtbevölkerung! Durch dieses Gesetz sahen sich die Angehörigen höherer Kasten plötzlich als benachteiligte Minderheit. Auch Sikhs, Buddhisten, Christen und Jaina fragten, ob sie nicht ebenfalls Minderheiten seien? Welche Chancen sollten ihnen noch bleiben? Und in einem Staat wie Kerala gehören 90 Prozent zur staatlich geförderten Minderheit, während die Brahmanen z. B. lediglich ein paar Prozent der Bevölkerung stellen. Waren sie nicht plötzlich die schützenswerte Minderheit?

Ohne Frage, die Beschaffenheit der Hierarchien, welche die indische Gesellschaft in allen Lebensbereichen prägen, führen zu Verhaltensweisen, die der Gesellschaft als ganzes gesehen alles andere als förderlich sind. Schon in Fabriken ergeben sich Schwierigkeiten, wenn diese und jene Mitarbeiter sich weigern, mit anderen zusammenzuarbeiten, weil letztere niederen Kasten zugehörig sind und man sich gegen sie abzugrenzen sucht. Zu bedenken sind die Selbsterhaltungsmechanismen des Systems: Wer in ihm lebt, ist davon abhängig und kann nicht heraus. Die Mobilität der indischen Gesellschaft ist gering. Man braucht die Familie, den Clan, um überleben zu können. Diese Dynamik der Selbsterhaltung zeigt sich in vergleichbarer Weise bei der Mitgift-Praxis: Wer zur Verheiratung seiner Tochter ein Vermögen bezahlt hat, wird nicht darauf verzichten, sich das

Frauen auf dem »country market« in Goa

Geld durch die Eheschließung eines Sohnes wieder zurückzuholen.

Traurig aber wahr: Die gesetzliche Quotenreglung hat dazu geführt, dass die ›Unberührbaren‹ und andere unterprivilegierte Schichten in Wirklichkeit kaum ernsthaft gefördert wurden. Sie wurden in den überwiegenden Fällen lediglich zu Handlangern und Hilfsarbeitern staatlicher Betriebe. Es sind noch immer die untersten Kasten, die oftmals – jedoch inzwischen als staatliche – Straßenfeger ihr Dasein fristen.

### Gandhis Erben, die Radikalen und das 21. Jahrhundert

Mit über 930 Mio. Menschen ist Indien ein Land, in dem etwa ein Sechstel der Weltbevölkerung lebt. Zu Recht wird gesagt, Indien, »die größte Demokratie der Erde«, befinde sich in einer politischen, sozialen, kulturellen und wirtschaftlichen Krise. Dabei fällt, seitdem fanatisierte Hindu-Extremisten 1992 die Babri-Moschee zerstörten und seitdem die hindu-nationalistische *Bharatiya Janata Party* (BJP), die ›Indische Volkspartei‹, stattliche Wahlerfolge erzielte, auch der Begriff des sog. ›Hindu-Fundamentalismus‹.

Zwar gibt es radikale hinduistische Parteien und Gruppierungen – einige davon sind vor gar nicht langer Zeit durch die Verfolgung von Christen in die internationalen Schlagzeilen geraten –, der Begriff eines hinduistischen Fundamentalismus ist jedoch schwierig, weil der Hinduismus als Sammelbegriff für eine Vielfalt an religiösen Strömungen und philosophischer Ausrichtungen als solcher gar kein tatsächliches ›Fundament‹ hat. Schon der Mord an Mahatma Gandhi machte deutlich, dass es im hinduistischen Selbstverständnis enorme Differenzen gab und gibt.

1906 wurde die radikale Organisation *Hindu Mahasabah*, ›große Hindu-Vereinigung‹, gegründet, die argumentierte, die Hindus müssten vor islamischen Übergriffen geschützt werden. Von vornherein hat sich diese Vereinigung wortstark gegenüber dem Indian National Congress abgegrenzt, aus dem sich unter der

**Die christliche Mission – eine Bedrohung?**

»Die Mission erfordert *Geduld.* Sie beginnt mit der Verkündung des Evangeliums an die Völker und Gruppen, die noch nicht an Christus glauben, sie geht weiter in der Errichtung christlicher Gemeinden, die ›Zeichen der Gegenwart Gottes in der Welt‹ sein sollen, und in der Gründung von Ortskirchen. Sie erfordert einen Vorgang der Inkulturation, durch den das Evangelium in den Kulturen der Völker eingepflanzt wird, und es bleibt ihr nicht erspart, auch Misserfolge zu erleben. ›Was die Menschen, Gemeinschaf-

Leitung von Mahatma Gandhi und Jawaharlal Nehru die Kongresspartei bildete. Mit deutlicher Mehrheit gewann die Partei 1952 die ersten gesamtindischen Wahlen, und Nehru wurde Präsident.

Jallianwala Bagh in Amritsar – das Denkmal des Parks erinnert an das Massaker der Briten im Jahr 1919

Der Gandhi-Attentäter Godse stand u. a. in engster Beziehung zu einer noch radikaleren Organisation als die Hindu Mahasabah. 1925 wurde die *Rashtyra Svayam Saevak Sangh*, kurz RSS, die ›Gemeinschaft der Diener des Staates‹, ins Leben gerufen, deren Ideologie die »Überlegenheit der Hindu-Kultur« besonders hervorhebt. Um vor fremden Einflüssen geschützt zu werden, müsse die Ordnung notfalls mit Gewalt verteidigt und »rein gehalten« werden. Denkart und Zielsetzungen des RSS sind nationalistisch und antidemokratisch. So war denn auch Gandhi für die militante RSS-Bewegung ein »verräterischer Feind«, der einem »Hindu-Staat« im Weg stand.

Bleiben wir bei dem Begriff des ›Fundamentalismus‹, dann ergibt sich die Frage, wer eher grundlegende Anschauungen hinduistischer Religiosität verkörpert – Mahatma Gandhi oder die Radikalen? Gandhi wurde zum Märtyrer, der RSS wurde vorübergehend verboten, und die Extremisten standen lange Jahre im Abseits. Als 1964 Papst Paul VI. mit Katholiken aus verschiedenen Ländern in Bombay den Eucharistischen Weltkongress feierte, formierte sich dort gleichzeitig als Abkömmling des RSS der ›Weltrat der Hindus‹, *Vishva Hindu Parishad* (VHP), um, wie es heißt, dem weiteren Einfluss »fremdländischen Gedankenguts« entgegenzuwirken. Obwohl selbst keine Partei, unterstützt die Organisation hindu-nationalistische Bestrebungen politischer Art. Zu den jüngsten Forderungen gehört das Verbot der Konversion von Hindus zu Christen.

1966 gründete der indische Journalist Bal Thackeray, der sich selbst diesen englischen Namen zulegte, in Bombay den rechtsextremen *Shiv Sena*. ›Shiv‹ steht

ten und Völker anlangt, so berührt und durchdringt sie diese nur schrittweise‹.« (Aus dem Katechismus der katholischen Kirche von 1993. »Außerhalb der Kirche kein Heil«, S. 254, Nr. 854) Selbst bei den tolerantesten und fortschrittlichsten Hindus erzeugen diese noch immer gültigen missionarischen Gedanken der katholischen Kirche Unverständnis und Ablehnung. Umso mehr sehen sich dadurch Radikale in ihren Positionen bestätigt. Sie rufen laut nach Maßnahmen gegen »Inkulturation« und »schrittweise Durchdringung« durch eine fremde Religion.

Old Delhis ›Chandni Chowk‹. Verkehrschaos und eine enorme Belastung der Luft durch Vehikel mit Zweitakt-Motoren und Pkws ohne Katalysatoren zählen nicht nur in der indischen Hauptstadt zu den akuten Problemen der Gegenwart

dabei allerdings nicht für den Gott Shiva, sondern für den Fürsten Shivaji, der im 17. Jh. erfolgreich gegen die islamische Mogul-Herrschaft kämpfte. Die Symbolik spricht für sich. Thackeray ist in Bombay angesehen und zugleich gefürchtet. Seine radikalen Äußerungen finden in der krisengeschüttelten Millionenstadt in geeigneten Kreisen Anklang.

Die ›Indische Volkspartei‹, BJP, die sich zwar gemäßigt gibt, aber trotzdem in Verbindung mit dem RSS und anderen rechten Gruppierungen steht, formierte sich 1980. Der populistischen Partei gelang es in den 80ern zur stärksten Opposition gegen die damals regierende Kongress-Partei anzuwachsen. Die 90er brachten weitere Erfolge. Schon 1990 stellte die BJP in vier Bundesstaaten die Ministerpräsidenten. Der Partei hatte es zunächst keine Stimmen-Gewinne beschert, lautstark gegen Korruption und Armut antreten zu wollen. Zu groß war das Misstrauen gegenüber den Worten der Politiker. Erst das Schüren der Ressentiment gegen die Moslems und die Betonung religiöser Gefühle erwies sich als Erfolgsrezept. Nachdem die Partei die Verantwortung für die Zerstörung der Babri-Moschee in Ayodhya übernahm, wurden vier BJP-Ministerpräsidenten abgesetzt. Im November 1993 erlitt die Partei bei Neuwahlen ernste Verluste. Dennoch befinden sich die Rechten seither wieder auf Erfolgskurs. Die Bundestagswahlen von 1996 ließen die BJP als stärkste, aber dennoch nicht regierungsfähige Partei hervorgehen. Aus 13 Partein bildete sich die ›Nationale Front‹, eine von der Kongress-Partei geduldete Minderheitsregierung. 1998 wurde Atal Bihari Vajpajee von der BJP Premierminister, und die BJP führt die Regierungskoalition. Noch im gleichen Jahr startete Indien seine Atomtests, um gegenüber Pakistan Stärke zu beweisen – ein Schritt in die falsche Richtung. Das bisherige nationalistische BJP-Konzept *hindutva,* ›die Hinduherrschaft‹, wird Indien wohl kaum in eine globale Zukunft führen können. Das hat auch die Partei erkannt, und so schlägt die BJP inzwischen moderatere Töne an.

Der spürbare Rechtsruck der indischen Politik hat seine Ursachen: Seit der Unabhängigkeit hat sich die Bevölkerung Indiens in nur 50 Jahren verdreifacht, nicht aber die wirtschaftliche Produktivität. Die bekannten Folgen sind Massenarmut, Bildungsmangel, Umweltzerstörung, Unterernährung und Korruption. Knapp über die Hälfte der indischen Bevölkerung besteht heute aus Analphabeten. Drückend ist dabei die Tatsache, dass nur die wenigsten Inder überhaupt Lohn- und Einkommenssteuer zahlen. So fehlen dem Staat dringend benötigte Gelder, um Infra-Strukturen spürbar zu verbessern. Zugleich weist Indien ein hohes Außenhandelsdefizit auf. Mit immerhin einem Sechstel der Weltbevölkerung trägt das Land gegenwärtig nur zu 0,5 Prozent zum Welthandel bei.

Laut Verfassung ist Indien ein säkularer Staat. Nur bedeutet Säkularität in Indien nicht etwa – wie im Westen – die Freiheit und Unabhängigkeit des Einzelnen gegenüber der *einen* Religion, namentlich gegenüber dem Christentum, sondern ›säkular‹ bedeutet nach indischem Verständnis Freiheit und Schutz *der einzelnen Religionen*. Damit ist in der Praxis exakt das realisiert, was der Westen unter dem Begriff ›Religionsfreiheit‹ versteht. Religiös motivierte Konflikte sind ein gehöriger Hemmschuh kultureller Entwicklung – und das nicht nur zwischen Hindus und Moslems, sondern auch zwischen Sikhs und Hindus oder den einzelnen Hindu-Kasten.

Andererseits zeichnen sich auch positive Tendenzen ab: Indiens Demokratie hat sich bisher als stabil erwiesen, und technologisch gesehen ist Indien inzwischen ein Export-Land, das über eine eigene Computerindustrie verfügt und hochmoderne Software für den internationalen Markt produziert, während indische Wissenschaftler gleichsam eigene Satelliten in den Äther schießen. Wie sich Indien und damit auch die Geisteswelt des Hinduismus entwickeln werden, ist eine Frage, die nur die Zukunft beantworten kann.

Die Spannung zwischen der Tradition und der Welt des modernen »Bollywood-Kitsch« könnte kaum größer sein

**Glossar**

**Advaita**
›Nicht-Dualität‹, das Absolute, die Einheit des Gegensätzlichen

**Agni**
›Feuer‹, in den Veden als Gottheit personifiziert

**ahimsha**
›Nicht-Verletzen‹ – ethisches Gebot in Hinduismus und Buddhismus wurde durch Gandhis Prinzip des gewaltlosen Widerstands weltbekannt

**Amba**
›Mutter‹ – auch ein Name für die Göttliche Mutter

**Ananda**
›Seligkeit‹, ein Zustand des Eins-Seins mit dem Absoluten

**Ardhanarishvara**
eine im Tantra gebräuchliche Gestalt, halb männlich halb weiblich, die Shiva in der Einheit mit seiner Shakti und somit die Einheit des Gegensätzlichen symbolisiert

**Arya**
›adlig, vornehm‹, die arischen Einwanderer Indiens

**Ashram**
Zentrum für Yoga, Meditation und spirituelles Streben

**Astrologie**
spielt seit jeher im Hinduismus eine herausragende Rolle. In Indien ist es üblich, vor wichtigen Anlässen wie Hochzeiten u.s.w. einen Astrologen aufzusuchen und sich von diesem beraten zu lassen

**Atman**
das unsterbliche Selbst im Menschen, identisch mit dem unpersönlichen Absoluten, Brahman

**Aum**
siehe Om

**Avatar**
die ›Herabkunft‹ eines göttlichen Wesens auf Erden bzw. die Inkarnation einer Gottheit. Viele Hindus betrachten Rama, Krishna aber auch Moses oder Jesus als Avatare

**Avidya**
›Nicht-Wissen‹, Zustand des Verhaftet-Sein im alltäglichen, weltlichen Bewusstsein

**Ayurveda**
›Das Wissen vom Leben‹, naturmedizinisches System Indiens, eines der ältesten naturheilkundlichen Systeme überhaupt

**Bhagavad-Gita**
›Der Gesang des Erhabenen‹, spirituelles Lehrgedicht aus 700 Versen in 18 Kapiteln, auch als »Evangelium des Hinduismus« bekannt, Teil des Mahabharata

**Bhagavata-Purana**
›Purana der Vishnu-Anhänger‹, das jüngste der 18 Puranas

**Bhairava**
ein Name für Shiva

**Bhakti**
Hingabe und Liebe zur persönlichen Gottheit

**Bodhi-Baum**
*Ficus religiosa*, Feigenbaum, unter dem Gautama Buddha die Erleuchtung erlangte

**Brahma**
der erste Gott der Hindu-Trinität von Brahma, Vishnu und Shiva, Schöpfer des Universums

**Brahman**
das Ewige, Unveränderliche, Unentstandene, unpersönliche Absolute, die nicht-duale Wirklichkeit

**Brahmane**
Priester oder Angehöriger der Priester-Kaste. Nicht alle Brahmanen üben den Beruf das Priesters aus

**Brahmanismus**
1. Bezeichnung für die frühe Form des Hinduismus, 2. Verehrung des Gottes Brahma

**Buddha**
›Der Erwachte‹, Titel für Gautama Siddharta; jemand, der durch vollkommene Erleuchtung aus dem Daseinskreislauf der Wiedergeburten befreit ist

**Chakra**
›Rad‹, Bezeichnung für feinstoffliche Energie-Zentren des menschlichen Körpers. Das Rad steht u. a. auch für den Kreislauf der Wiedergeburten

**Chandogya-Upanishad**
die zweitälteste der Upanishaden, enthält die Atman-Lehre vom wahren ›Selbst‹ des Menschen

**Chela**
›Diener‹, Schüler eines spirituellen Lehrers

**Cit**
absolutes Bewusstsein, kennt vier Zustände: Wachen, Träumen, Tiefschlaf und Samadhi

**Dalit**
›Unterdrückte‹, heutige Bezeichnung für Kastenlose bzw. sog. »Unberührbare«

**Darshana**
›Anschauung, System‹, Bezeichnung für die sechs philosophischen Systeme des Hinduismus

**Dekhan**
mittelindisches Hochland

**Devi**
›Göttin‹, ist als Beiname für jede Hindu-Göttin möglich

**Dharma**
im weitesten Sinn des Wortes ›Ordnung‹, Grundlage der Moral, im Buddhismus auch ›Lehre‹

**Gandhi**
zu Deutsch: ›Krämer‹, Mohandas Karamchand, »Mahatma«, die ›große Seele‹, 1869–1948, führte die indische Widerstandsbewegung und wurde von einem Hindu-Fanatiker erschossen

**Ganesha**
elefantenköpfiger Sohn Shivas und Parvatis

**Ganga**
der für gläubige Hindus heilige Fluss Ganges im Norden Indiens

**Ghat**
Zugang zu seinem See oder Fluss, meist aus Stufen, dient zum Baden, zu rituellen Waschungen, zum Wäschewaschen und zum Verstreuen der Asche nach Verbrennungen der Toten

**Gopis**
Freundinnen und Verehrerinnen Krishnas

**Guna**
›Element, Grundeigenschaft‹. Drei Grundelemente werden in der hinduistischen Samkhya-Philosophie genannt: Sattva, rajas und tamas.nSattva steht für Reinheit, Licht, Wahrheit und Güte. Rajas ist Aktivität und Impulsivität, während Tamas ›Trägheit‹, ›Schwere‹ und ›Dunkelheit‹ bedeutet

**Gupta**
Dynastie von Rajas, die zwischen 350 und 650 n. u. Z. in Maghada (in Nordindien) regierten; nach ihnen ist eine Periode der indischen Kunstgeschichte benannt, die Gupta-Periode

**Guru**
(spiritueller) Lehrer. Noch heute haben viele, auch durchschnittliche Inder einen Guru, den sie oft zu Rate ziehen und dessen Erkenntnisse und Weisheiten sie sehr ernst nehmen

**Hare Om**
heilige Formel, wird nicht selten auch als Grußform gebraucht

**Harijans**
›Gotteskinder‹, eine Bezeichnung Gandhis für die Kastenlosen. Ist heute nicht mehr gebräuchlich und durch das Wort dalit, ›Unterdrückte‹ abgelöst worden

**Hanuman**
auch Hanumat, Affengott aus dem Ramayana, treuer Diener und Freund Ramas

**Hatha-Yoga**
die im Westen bekannteste Form des Yoga, basiert auf verschiedenen Körperhaltungen und Atemübungen. Hatha-Yoga ist die Form des Yoga, die zu einer hervorragenden Gelenkigkeit und Körperbeherrschung führt

**Hinayana**
›kleines Fahrzeug‹, Bezeichnung für den ursprünglichen Buddhismus

**Holi**
farbenfrohes indisches Frühlingsfest, war ursprünglich Kama, dem Liebesgott, geweiht

**Indra**
war zur vedischen Zeit als Kriegs- und Gewittergott die bedeutendste Gottheit im Pantheon der in Indien eingewanderten Stämme

**Ishvara**
›Herrscher des Universums‹, ein personifizierter Gott als Weltenschöpfer

**Itihasa**
›So war es‹, mythologische Geschichten. Die wichtigsten sind das Mahabharata und das Ramayana

**Jai/Jaya**
›Heil!‹, wird bei Lobpreisungen von Göttern und Gurus gebraucht

**Jaina**
eine atheistische Religion Indiens, von dem Wanderasketen Mahavira gegründet. Die Jaina lehnen das Kastenwesen ebenso ab wie die religiöse Autorität der Veden. Das Gebot, Lebewesen nicht zu verletzen, spielt im Jainismus eine wichtige Rolle

**Jati**
›Geburt‹, indisches Wort, das im Hinduismus anstatt des im Westen geläufigen Begriffs für ›Kaste‹ gebraucht wird

**Jiva**
eine verkörperte Seele, die an den Kreislauf von Geburt und Tod gebunden ist.

**Jivanmukti**
›ein zu Lebzeiten Erlöster‹, der sich aus dem Rad des Daseinskreislaufs befreit hat

**Kali**
›die Schwarze‹, die »Göttliche Mutter« und Gemahlin Shivas, u. a. Symbol für Auflösung und Zerstörung, wird in Bengalen besonders verehrt

**Kali-Yuga**
das gegenwärtige Weltenzeitalter, gilt im Hinduismus als ›Zeitalter der Miseren‹ und des Verfalls

**Kalpa**
eine Weltenperiode, dauert 4 320 000 Jahre und enthält vier Zeitalter bzw. Yugas

**Kama**
›Begierde‹, persönliche Liebe und sexuelle Lust, zugleich auch ein Liebesgott

**Kama-Sutra**
›Lehrbuch der Erotik‹

**Karma**
›Tat, Handlung‹, aber auch die Auswirkungen von Taten, die ein verursachendes Wesen selbst zu tragen hat, das Gesetz von Ursache und Wirkung in der moralischen Welt

**Kaste**
ein Wort aus dem Portugiesischen, bezeichnet heute die vier sozialen Stände im Hinduismus und die dazugehörigen Unterteilungen in eine Vielzahl von Berufsklassen und Klan-Zugehörigkeiten, von denen es mehrere Tausend gibt. Im Sanskrit war ursprünglich varna, ›Farbe‹ gebräuchlich, um die soziale Zugehörigkeit zu bezeichnen

**Krishna**
der ›Schwarze‹, Held der Hindu-Mythologie, gilt als Inkarnation Vishnus. In der Bhagavad-Gita spielt Krishna eine bedeutende Rolle als spiritueller Lehrmeister. Krishna ist auch ein flötespielender Hirtengott

**Kshatriya**
Angehöriger der Krieger-Kaste

**Kundalini-Yoga**
oder auch Tantra-Yoga,

dient der Erweckung der ›Schlangenkraft‹, die sich nach tantrischer Auffassung als spirituelle Energie im Menschen befindet

**Lakshmi**
hinduistische Glücksgöttin

**Linga, Lingam**
Phallus-Symbol, bezeichnet Shivas Zeugungskraft. Die Shiva-Lingas werden heute nur noch in stilisierter Form dargestellt

**Lotus**
Sanskrit: ›Padma‹, eine Seerose, symbolisiert die Chakras im Körper, aber auch die Spiritualität und das Nicht-Verhaftet-Sein im weltlichen Geschehen

**Mahabharata**
›das große Epos von den Nachkommen des Bharata‹, das umfangreichste Heldenepos der Hindus

**Mahadeva**
›der große Gott‹, ein oft verwendeter Titel Shivas

**Mahavira**
›der große Held‹, Begründer der Jaina-Religion, war ein ungefährer Zeitgenosse Gautama Buddhas, lebte ab seinem 30. Lebensjahr als Wanderasket, fastete sich zu Tode

**Mahayana**
›das große Fahrzeug‹, Bezeichnung für den nördlichen Buddhismus, der etwa im 1. Jh. u. Z. aufkam, dazu zählt u. a. der tibetische Buddhismus

**Mandir**
›Tempel‹

**Mantra**
Gebetsformel oder Silbe, die der Konzentration dienlich ist, die kürzeste und bekannteste ist ›Om‹, auch ›Aum‹ gesprochen, als Ausdruck des Absoluten

**Manu**
›Mensch‹, Stammvater der Menschheit

**Mathura**
eine der sieben heiligen Städte des Hinduismus, Geburtsort Krishnas

**Maya**
weist verschiedene Bedeutungen auf, zumeist als ›Täuschung, Schein‹ übersetzt, die Kraft der kosmischen Illusion und Erscheinung, hat zwei Aspekte: Wissen und Nicht-Wissen. Letzteres führt zur Verweltlichung des Geistes

**Meru**
der mystische Weltenberg, steht nach altindischer Vorstellung im Zentrum des Universums und ist Wohnstätte der Götter

**Mimamsa**
›Erörterung‹, bezeichnet zwei Schulen der Hindu-Philosophie

**Moksha**
Erlösung, Befreiung

**Mt. Kailash**
der ›silberne Berg‹, 6700 Meter hoch und heiligster Berg des Hinduismus. Indus und Brahmaputra, die beiden größten Ströme des Himalaya, entspringen dem Mt. Kailash. Der Berg gilt als Wohnsitz Shivas

**Mudra**
›Zeichen‹, Handhaltungen im Yoga oder symbolische Geste

**Nagara**
›Stadt‹, in sieben heiligen Städten Indiens kann religiöser Vorstellung gemäß die Seligkeit erlangt werden: Ayodhya, Mathura, Haridwar, Kashi (Varanasi bzw. Benares), Kanshi (Conjeeveram), Dwarka und Ujjain. Nach anderer Darstellung zählen Gaya und Avanti zu den sieben heiligsten Städten der Hindus

**Nataraja**
›König des Tanzes‹, Shiva als kosmischer Tänzer

**Nirguna-Brahman**
›Brahman ohne Eigenschaften‹, ein Begriff für das nicht zu beschreibende Absolute

**Nirvana**
›das Verwehen, Verlöschen‹, ein Zustand des Erlöschens der Person, durch das Aufgehen des Bewusstseins im reinen Sein

**Om**
auch Aum geschrieben, das höchste Symbol spiritueller Erkenntnis im Hinduismus, symbolisiert Brahman, das Absolute. Die mantrische Silbe Om oder Aum wird gleichfalls als Zeichen für den Hinduismus als solchen verwandt. Die Silbe ist auch im Buddhismus gebräuchlich

**Padmasana**
der im Yoga verwendete ›Lotussitz‹, in dieser Haltung ist Gautama Buddha zumeist dargestellt

**Parvati**
die ›Tochter der Berge‹, Shivas Gemahlin. Andere Aspekte der Göttin lassen sie als Kali oder Durga erscheinen

**Prakriti**
›Materie‹, auch ›Natur‹

**Purusha**
›Seele‹ oder ›Geist‹, das Unsterbliche im Menschen

**Pralaya**
die Auflösung der manifestierten Erscheinungswelt am Ende eines Weltenzyklus

**Prana**
kosmische Energie, die als Lebensprinzip die Körper durchdringt

**Rishi**
›(Hell-)Seher‹, bezeichnet auch Heilige und inspirierte Denker und Dichter, vor allem aber sind damit die sieben legendären Seher bezeichnet, denen nach religiöser Überlieferung die Veden offenbar wurden

**Rita**
›göttliche Weltordnung‹, aus diesem Begriff entwickelte sich die Vorstellung des Dharma

**Rudra**
›der Heulende‹, vedische Gottheit, die sich zu Shiva entwickelte

**Sadhu**
ein Heiliger, der der Welt entsagt und nach dem Göttlichen strebt. Nach indischen Schätzungen leben dort etwa 18 Mio. Sadhus. Sie sind zumeist an ihrer roten oder orangefarbenen Kleidung zu erkennen

**Sanatana-Dharma**
die ›ewige Weltordnung‹ bzw. Religion, indische Bezeichnung für den Hinduismus

**Samadhi**
meditativer Zustand höchster Konzentration

**Samkhya**
eines der sechs orthodoxen philosophischen Systeme des Hinduismus

**Shaivismus**
Sammelbegriff verschiedener religiöser Ströme im Hinduismus, die Shiva verehren

**Shakti**
›Kraft, Macht, Energie‹, Shivas Gemahlin, die Göttliche Mutter, die in Indien meistens als Amba, Kali oder Durga verehrt wird

**Shiva**
›der Gütige‹, der dritte Gott der Hindutrinität. Shiva wird auch insoweit als »gütig« angesehen, als dass er in seinem zerstörerischen Aspekt die Unwissenheit aufhebt und so zu geistiger Erkenntnis drängt

**Siddhi**
›Vollkommenheiten‹, paranormale Fähigkeiten, die mit der spirituellen Entwicklung einhergehen. Ihnen wird in der Hindu-Literatur keine große Bedeutung zugemessen. Als besonders fehlerhaft gilt es, solche Fähigkeiten vorzutäuschen oder sie zum Ziel spiritueller Bestrebungen zu machen

**Sita**
›Ackerfurche‹ Ramas Gemahlin

**Smriti**
›Tradition‹, Teile der heiligen Schriften der Hindus, die nicht offenbart sind, aber bezug zu den Offenbarungen haben

**Sutra**
›Text, Lehrreihe‹

**Tantra**
›Gewebe, Zusammenhang‹, eine der Grundlagen des Hinduismus. Im Mittelpunkt tantrischer Lehren und Praktiken steht die Erweckung göttlicher Energien im Menschen. Dabei spielt die Dualität Shiva-Shakti in den tantrischen Traditionen eine herausragende Rolle. Zu unterscheiden sind die Wege »zur linken« und »zur rechten« Hand

**Trimurti**
die hinduistische Dreiheit Brahma-Vishnu-Shiva

**Upanishad**
›bei jemandem niedersitzen‹, bedeutet Geheimlehre, Grundlage der Vedanta-Philosophie

**Vaisheshika**
eines der sechs Systeme orthodoxer Hinduphilosophie

**Vaishnavismus**
eine in ganz Indien weit verbreitete Richtung der Gottesverehrung des Hinduismus, bei der Vishnu in Form seiner verschiedenen Inkarnationen verehrt wird

**Varna**
›Farbe‹, ursprüngliches Sanskrit-Wort für die soziale Stellung, geht zurück auf die Unterschiede zwischen den hellhäutigen Einwanderern Indiens und den dunkelhäutigen Ureinwohnern

**Veda**
›Wahrheit‹, die Veden

**Vedanta**
›das Ende der Veden‹, abschließende Betrachtungen der Veden, wie sie den Upanishaden entsprechen

**Vidya**
›Wissen‹, spirituelle Erkenntnis

**Vishnu**
der ›Wirkende‹, zu verstehen als Bewahrer, Beschützer und Erhalter, neben Brahma und Shiva einer der drei Götter der Hindu-Trinität (die keinerlei Gemeinsamkeiten mit der des Christentums aufweist)

**Yantra**
›Stütze, Instrument‹, symbolische geometrische Zeichnungen, die besonders im Tantra vorkommen und dort als Hilfe für verschiedene Konzentrations- und Meditationsübungen genutzt werden

**Yoga**
›Joch‹, im Sinne einer Anbindung an das Göttliche, steht für die verschiedenen spirituellen Erkenntniswege im Hinduismus

**Yoni**
weibliches Geschlechtsteil, wird oft symbolisch gemeinsam in stilisierter Form mit einem Shiva-Linga dargestellt und steht so für die göttliche Zeugungskraft

**Yuga**
Begriff für die vier Weltzeitalter

**Bibliografie**

Nachschlagewerke


Avalon, Arthur: Die Schlangenkraft. Bern 1982

Avalon, Arthur: Shakti und Shakta. Weilheim 1962

Basham, A.L.: The Wonder that was India. Rupa & Co. Calcutta, Allahabad, Bombay, Delhi 1991

Bharati, A.: Die Tantra-Tradition. Freiburg 1977

Braßel, Frank: Gandhis Erben. Bonn 1994

Cavendish, Richard (Hrsg.): Mythologie der Weltreligionen. München 1981

Dasgupta, S. N.: Indische Mystik. Satteldorf 1998

Deussen, Paul: Allgemeine Geschichte der Philosophie – Mit Berücksichtigung der Religion. Bd. I, 2. Abteilung. F. A. Brockhaus, Leipzig, 3. Aufl. 1919

Deussen, Paul: Das System des Vedanta – Nach den Brahma-Sutra's des Badarayana und dem Kommentare des Cankara über dieselben als ein Kompendium der Dogmatik des Brahmanismus vom Standpunkte des Cankara aus. Leipzig, 2. Aufl. 1906

Deussen, Paul: Die Geheimlehre des Veda - Ausgewählte Texte der Upanishad's. Leipzig 1907

Deussen, Paul: Sechzig Upanishad's des Veda aus dem Sanskrit übersetzt. Leipzig 1897

Eck, L. Diana: Banaras – City of Light. New Delhi 1993

Edwardes, Michael: Illustrierte Geschichte Indiens. München, Zürich 1961

Elgood, Heather: Hinduism and the religious Arts. London 1999

Eliade, Mircea: Geschichte der religiösen Ideen. Freiburg im Breisgau 1978 u. 1981

Eliade, Mircea: Yoga, Unsterblichkeit und Freiheit. Frankfurt am Main 1988

Filippi, Gian Giuseppe: Mrityu – Concept of death in Indian traditions. New Delhi 1996

Fischer-Schreiber, Ingrid/Ehrhard, Franz-Karl/Friedrichs, Kurt/Diener, Michael S.: Lexikon der östlichen Weisheitslehren. Bern München Wien 1986

Fritz, M./Kämpchen, M.: Krishna, Rikscha, Internet – Indens Weg in die Moderne. München 1998

Glasenapp, Helmuth von: Das Indienbild deutscher Denker. Stuttgart 1960

Hiriyanna M.: The Essentials of Indian Philosophy. Delhi 1995

Johnson, Gordon: Weltatlas der alten Kulturen – Indien. München 1995

Klostermaier, Klaus: Hinduismus. Köln 1965

Kulke, Hermann/Rothermund Dietmar: Geschichte Indiens. München (2) 1998

Laux, Branislava: Die Frau in der Hindugesellschaft zwischen Tradition und Moderne. München 1997

Lemaitre, Solange: Ramakrischna. Reinbek bei Hamburg 1963

Lipner, Julius: Hindus – their religious belief and practices. London 1994

Michaels, Axel: Der Hinduismus. München 1998

Mookerjee, Ajit/Khanna, Madhu: Die Welt des Tantra in Bild und Deutung. Bern, München, Wien 1978

Phillips, Charles/Kerrigan, Michael/Gould, David: Wiedergeburt und Nirwana: Indien. Amsterdam 1998

Radhakrishnan, S.: Indische Philosophie. 2 Bde. Darmstadt, Baden-Baden, Genf 1956

Radhakrishnan, S.: The Bhagavadgita. New Delhi 1993

Roy, Dilip Kumar: Sri Aurobindo kam zu mir. Frankfurt am Main 1978

Schumann, Hans Wolfgang: Die großen Götter Indiens. München 1996

Schweizer, Gerhard: Indien – Ein Kontinent im Umbruch. Stuttgart 1995

Sharma, Arvind: Innenansichten der großen Religionen. Frankfurt am Main 1997

Torwesten, Hans: Vedanta. Olten (Schweiz) 1985

Vivekananda, Swami: Raja-Yoga. Zürich 1937

Vivekananda, Swami: Vedanta – Ozean der Weisheit. Bern München Wien 1989

Zimmer, Heinrich: Indische Mythen und Symbole. Düsseldorf, Köln 1972

Zimmer, H.: Philosophie und Religion Indiens. Frankfurt/Main 7. Aufl. 1992

Zimmer, H.: Yoga und Buddhismus. Baden-Baden 1990

**Sach- und Ortsregister**

**Personenregister**

# Bildnachweis

AllOver 49 oben
AllOver/Görgens 49 unten, 69, 137
AllOver/Haafke 167 unten
AllOver/Helmstetter 67, 136, 144, 166 oben, 173, 175, 178
AllOver/Kaminski 145 unten
AllOver/Kunz 89
AllOver/Link 105 oben
AllOver/Nagels 88
AllOver/Scholz 13, 18, 27, 35, 57 oben, 79 unten, 98, 104 unten, 111, 113 oben, 114, 128 unten, 130 oben, 130 unten, 132 oben, 157 unten, 168 oben
AllOver/Werner 110, 168 unten
Associated Press Photo, London 155, 157 oben
Barylski, Pat 84, 85
BBC, Pebble Mill 45
British Library, London 109 oben
British Museum, London 53
Fitzgerald, Thérèze 24
Ghose, Madhuvanti 107 unten
Glanville, Christopher 127
Roland Grant Archive/Doordarshan/BBC 51
Grunfeld, Fred, Mallorca 63, 93
Robert Harding Picture Library, London 23, 94, 62, 122, 174
John Hilleson Agency/Raghubir Singh, London 161
Holford, Michael/Horniman Museum 78
Kobal Collection 172
Lachmann, Hans, Düsseldorf 152
Magnum Photo Ltd., London/Henri Cartier-Bresson 156
Oriental Museum, Durham University 107 oben
Peerless, Anne und Bury 30, 80, 81 83
Scholz, Werner 9, 12, 16, 17, 32, 34, 36, 40, 41, 42, 43, 44, 47, 48 oben, 50 oben, 57 unten, 61, 65, 72, 74, 75, 76, 77, 82, 101, 104 oben, 105 unten, 106 oben, 108 oben, 109 unten, 113 unten, 115, 116, 117, 118, 120 128 oben, 129, 131 oben, 132 unten, 133, 139, 140, 143, 145 oben, 151 unten, 158, 162 oben, 162 unten, 163 oben, 164, 165 oben, 165 unten, 166, 169, 170 oben, 170 unten, 177, 179
Victoria and Albert Museum, London 50 unten, 73, 79 oben, 103

Pläne und Karten: DuMont Buchverlag, Köln

Die Rechte für alle nicht aufgeführten Abbildungen liegen beim Autor, beim Verlag oder konnten nicht ausfindig gemacht werden.